Hans G. Hönig / Paul Kußmaul

Strategie der Übersetzung

Tübinger Beiträge zur Linguistik · Band 205

herausgegeben von Gunter Narr

Hans G. Hönig / Paul Kußmaul

Strategie der Übersetzung

Ein Lehr- und Arbeitsbuch

gnv Gunter Narr Verlag Tübingen

Die Deutsche Bibliothek - CIP-Einheitsaufnahme

Hönig, Hans G.:
Strategie der Übersetzung: ein Lehr- und Arbeitsbuch/Hans G. Hönig; Paul Kussmaul.
- 3., durchges. Aufl. - Tübingen: Narr, 1991
(Tübinger Beiträge zur Linguistik; Bd. 205)
ISBN 3-87808-586-9

NE: Kussmaul, Paul:; GT

3., durchgesehene Auflage 1991

Dischingerweg 5 · D-7400 Tübingen 5

Gedruckt auf säurefreiem und alterungsbeständigem Werkdruckpapier.

Druck: Müller + Bass, Tübingen
Verarbeitung: Geiger, Ammerbuch-Poltringen
Printed in Germany

ISBN 3-87808-586-9

VORBEMERKUNG

Dieses Buch ist aus unserer Lehrtätigkeit am Fachbereich Angewandte Sprachwissenschaft der Universität Mainz in Germersheim hervorgegangen, und viele der Beispiele und Aufgaben wurden in Übersetzungsübungen und Seminaren diskutiert bzw. erprobt. Unser Dank gilt daher zunächst den Studierenden, die als kritisches und anregendes Publikum uns bei den Vorarbeiten zu unserem Buch ermutigten.

Wir danken ferner den Kolleginnen und Kollegen, mit denen wir Fragen der Theorie und Praxis des Übersetzens erörtern konnten, insbesondere Hans Josef Vermeer, dessen neueren Aufsätzen zur Übersetzungswissenschaft wir viele Anregungen verdanken, sowie Sigrid Kupsch-Losereit, Walter Reinecke und Klaus-Peter Lange für ihre Bereitschaft zu Diskussion und Kritik.

Besonders herzlich danken wir Christel Zeising, die mit großer Hilfsbereitschaft und Sorgfalt das Typoskript erstellte.

Germersheim, im Mai 1982

Hans G. Hönig　　　　　　Paul Kußmaul

INHALT

0 DAMIT WIR UNS RICHTIG VERSTEHEN

„Wissen Sie, mit dem Übersetzen ist es genau so wie mit dem Autofahren: Es gibt Leute, die lernen es einfach nie. Und diese ‚Trockenschwimmkurse‘, diese ‚Einführungen in die Theorie . . . ‘, die helfen dem Unbegabten am allerwenigsten. Was wir brauchen, das ist Praxis: Übersetzen, übersetzen, und nochmal übersetzen. Auf gelehrte Bücher können wir verzichten, besonders dann, wenn sie lediglich mit einem riesigen Aufwand von Fachausdrücken die trivialsten Dinge problematisieren, und die eigentlichen Probleme nicht einmal ansprechen!“

So sprechen Studenten über die Wissenschaft vom Übersetzen, und so ähnlich scheinen auch viele Dozenten zu denken. Sie lehren das Übersetzen im Rahmen von Übungen in den universitären Fachbereichen, aber ihr Unterricht ist oft darauf ausgelegt, möglichst viel „Stoff“ zu bewältigen und eine vorformulierte, mustergültige Übersetzung durchzusetzen.

Theoriefeindlichkeit auf der einen, Praxisgläubigkeit auf der anderen Seite haben zu einer Abwehrhaltung gegenüber der Übersetzungstheorie geführt, die nicht nur bei den eigentlichen Praktikern, den Berufsübersetzern, verbreitet ist, sondern auch bei denen, die mit der Vermittlung der übersetzerischen Kompetenz beauftragt sind: Den Lehrern und Hochschuldozenten.

Häufig wird die übersetzerische Kompetenz immer noch als ein Abfallprodukt angesehen, das bei der Erweiterung der fremdsprachlichen Kompetenz mehr oder weniger automatisch anfällt. Wer Englisch, Italienisch oder Französisch kann – so glaubt man –, der kann auch aus diesen Sprachen ins Deutsche übersetzen. Allenfalls wird diese Behauptung noch mit der Einschränkung versehen: „Er muß natürlich auch seine Muttersprache beherrschen“.

Wenn sich die übersetzerische Kompetenz tatsächlich „automatisch“ einstellt, muß man sich fragen, weshalb sie wohl so selten zu finden ist. GOOD BYE IN LAKE PLACID konnte man 1976 auf einer riesigen Leuchtschrift lesen, als die Olympischen Winterspiele in Innsbruck in einer Schlußveranstaltung zu Ende gingen. Millionen von Zuschauern an den Fernsehapparaten konnten diese wahrhaft olympische Fehlleistung bewundern – von Protesten wurde nichts bekannt. Vielleicht haben die Betroffenen schon resigniert, vielleicht erwarten sie von einer Übersetzung auch nur, daß sie „so ungefähr“ stimmt.

Der Übersetzer hatte den Auftrag, auf Englisch die Äußerung „Auf Wiedersehen in Lake Placid“ in die entsprechenden Worte zu fassen. Und genau das tat er auch: Er orientierte sich an *dem Wort* „Auf Wiedersehen“, und fragte nicht nach der Situation, in der man „Auf Wiedersehen“ sagt.

Hätte er sich an der Situation orientiert, so wäre er zu folgendem Ergebnis gekommen: „Auf Wiedersehen“ wird verwendet, wenn eine Person sich von der anderen verabschiedet. Dabei kann entweder ein Wiedersehen geplant sein (wie in unserem Beispiel) oder auch nicht.

Aus der Sicht des deutschen Sprachsystems stellt sich die Situation der englischen Sprache an dieser Stelle etwas komplizierter dar: *Goodbye* wird zwar auch verwendet, wenn sich Personen voneinander verabschieden. Dabei bleibt – wie bei „Auf Wiedersehen" – offen, ob ein Wiedersehen in absehbarer Zeit stattfindet oder nicht. Sobald jedoch – und darin liegt der Unterschied zum Sprachgebrauch im Deutschen – zum Ausdruck gebracht wird, daß es sich nur um einen Abschied für eine bestimmte Zeit handelt, und wenn gar angegeben wird, an welchem Ort oder zu welcher Zeit dieses Wiedersehen stattfinden wird, kann *goodbye* nicht verwendet werden.

In solchen Fällen müssen – je nach dem Grad der Vertrautheit, der die Kommunikation zwischen den Personen bestimmt – Formulierungen wie *See you, Till Thursday, So long* (Amerikanisches Englisch) oder *We'll meet again in* (Lake Placid) verwendet werden.

Wenn wir den geschilderten Sachverhalt allgemeingültiger (und abstrakter) formulieren, so können wir sagen: Obwohl sich die beiden Wörter weitgehend zu decken scheinen, unterscheiden sie sich doch deutlich in einem wesentlichen Punkt: *Goodbye* kann nicht verwendet werden, wenn der Sprecher einen bestimmten – oben beschriebenen – Sachverhalt ausdrücken will, während der gleiche Sachverhalt im Deutschen ebenfalls mit „Auf Wiedersehen" zum Ausdruck gebracht werden kann. Betrachten wir diesen Unterschied von den verschiedenen Sachverhalten her, so können wir sagen: Der Unterschied zwischen „Abschied auf Zeit" und „Abschied" muß im englischen Sprachsystem durch die Verwendung verschiedener Wörter markiert werden, im Deutschen jedoch nicht. Die beiden Sprachsysteme unterscheiden sich also dadurch, daß ein bestimmter Sachverhalt in der Differenzierung gegenüber einem anderen in der einen Sprache obligatorisch zu markieren ist, in der anderen aber nicht.[1]

---

[1] Auf verschiedenen Ebenen der Sprachanalyse stellen wir beim Vergleich zweier Sprachsysteme fest, daß an bestimmten Stellen in der einen Sprache eine Markierung obligatorisch ist, in der anderen nicht.

Wir nennen einige Beispiele:

Phonologie:

(z) und (s) im Anlaut, wie in (si:l) und (zi:l) oder in (sip) und (zip). Im Deutschen dagegen (sommer) oder (zommer), ohne Bedeutungsveränderung.

Semantik:

essen
          eat
fressen

heaven
          Himmel
sky

Syntax:

'Continuous Form', vgl.:
(1a) Look, it's raining!
(2a) It rains an awful lot here!

Aber im Deutschen:

(1b) Schau' mal, es regnet!
(2b) Hier regnet's aber wirklich oft!

Diese Erscheinung, auf die wir beim Vergleich zweier Sprachsysteme immer wieder stoßen, ist keine „Ausnahme". Sie verweist vielmehr auf die Erkenntnis, daß die einzelnen Zeichen eines Sprachsystems ihre Bedeutung nicht (nur) von den Objekten und Begriffen bekommen, auf die sie verweisen, sondern auch durch die Stellung definiert werden, die sie im System einer Sprache einnehmen.

Insofern sind Aussagen wie „Auf Wiedersehen heißt auf Englisch *goodbye*" grundsätzlich problematisch. Dieser Tatsache war sich offenbar unser Übersetzer bei der Olympiade nicht bewußt. Er ging wohl etwas naiv davon aus, daß man deshalb, weil sich in vielen Situationen „Auf Wiedersehen" mit *goodbye* übersetzen läßt, eine Regel „Auf Wiedersehen" = *goodbye* ableiten kann.

Selbstverständlich lassen sich Fehler dieser Art vermeiden, und sie werden ohne Zweifel in demselben Maß seltener auftreten, wie der Übersetzer seine fremdsprachliche Kompetenz (seine Kenntnisse im Bereich der englischen Sprache und Kultur) verbessert. Insofern könnte man einen Fehler dieser Art dem Mangel an Sprachkenntnissen zuschreiben, und zur Vermeidung dieser Fehler Übersetzer fordern, die „besser Englisch können".

Mit einer derartigen Trennung der übersetzerischen von der fremdsprachlichen Kompetenz sind wir jedoch nicht einverstanden. Grundsätzlich müssen wir nämlich davon ausgehen, daß kein Übersetzer eine vollkommene fremdsprachliche Kompetenz hat. In anderen Worten gesagt: Jeder Übersetzer steht in der Gefahr, feine Differenzierungen des fremden Sprachsystems zu übersehen. Vor einem Fehler schützt ihn deshalb auch das intensivste Studium der fremden Sprache und Kultur nicht — so notwendig das ist —, sondern seine Einstellung zum Übersetzen selbst. Was wir darunter verstehen, hoffen wir, in unserem Buch klar zu machen. An dieser Stelle wollen wir diese Haltung so beschreiben: Beim kompetenten Übersetzer leuchtet ein rotes Warnlämpchen auf, *bevor er* aufgrund einer mangelhaften fremdsprachlichen Kompetenz falsch übersetzt.

Drücken wir diese These noch einmal anders aus: Ein guter Übersetzer ist besser als es seine Kenntnisse der Fremdsprache zuzulassen scheinen. Und ein schlechter Übersetzer ist schlechter, als man es aufgrund seiner fremdsprachlichen Kompetenz erwarten würde.

Betrachten wir ein anderes Beispiel einer mißlungenen Übersetzung: In einem amerikanischen Spielfilm sucht eine Frau ihren Hausschlüssel. Sie sucht und kramt, bis ihre Freundin sagt: „Hast Du schon in Deinem Taschenbuch nachgeschaut?" (So der Originalton der deutschen Synchronisation).

Nun bewahrt so gut wie niemand, auch nicht eine Dame der höheren amerikanischen Gesellschaft, einen Hausschlüssel in einem Taschenbuch auf. Die Gefragte reagiert aber in dieser Filmsynchronisation so, als ob diese Frage ganz logisch wäre. Sie antwortet: „Da hab ich schon geschaut".

Der Zuschauer könnte sich fragen, ob es vielleicht in den USA spezielle ausgehöhlte Taschenbücher gibt, die sich als Versteck für Hausschlüssel eignen. Des Rätsels Lösung ist jedoch wesentlich einfacher: Im Originalton hieß der entsprechende Satz: "Have you looked in your pocket-book?" Und *pocket-book* ist in der amerikanischen Sprache ein ganz normaler Ausdruck für *Handtasche.* Mit seinem *Taschenbuch* ist der Übersetzer also einem „Falschen Freund" aufgesessen. Man mag es beklagen, daß ein Übersetzer nicht weiß, wie *pocket-book* zu verstehen ist. Aber ohne Einschränkung verurteilen muß man die Tatsache, daß hier ein Übersetzer einen Text verfaßt, der absolut unsinnig ist. Und man muß sich fragen, woraus ein Übersetzer — im Unterschied zu anderen Verfassern von Texten —

die Berechtigung ableitet, bei übersetzten Texten so eklatant gegen alle Gesetze der Logik zu verstoßen.

Erklärbar wird ein solcher Fehler eigentlich nur, wenn man davon ausgeht, daß der Übersetzer keinerlei Gedanken an die Adressaten seines Textes verschwendet. Für ihn scheint eine Übersetzung dann erledigt zu sein, wenn die Wörter des AS-Textes (= ausgangssprachlichen Textes) durch die Wörter des ZS-Textes (= zielsprachlichen Textes) ersetzt sind. Welche Bedeutung dieser AS-Text für seine Adressaten hat, scheint ihm gleichgültig zu sein.

Gerade an diesem Punkt liegt für uns der Ansatz zur Bestimmung der übersetzerischen Kompetenz. Die übersetzerische Leistung ist an der Wirkung zu messen, die der Übersetzer mit seinem ZS-Text bei seinen Adressaten erzielt. Ein Text – und damit auch eine Übersetzung – ist also grundsätzlich als eine Kommunikation zwischen einem Sender und den Empfängern zu betrachten. Seine Bewertung muß von den Voraussetzungen und Interessen der Empfänger ausgehen.

Gerade gegen dieses Grundgesetz der Kommunikation verstößt unser Übersetzer. Oder – positiv gewendet –: Wenn der Übersetzer bedacht hätte, welche Wirkung der von ihm verfaßte Text auf seine Adressaten haben muß, so wäre er mit Sicherheit darauf gekommen, daß ‚hier etwas nicht stimmt'. Er hätte dann auch, unter Benutzung der geeigneten Hilfsmittel, herausfinden können, wo der Irrtum liegt.

Von diesem Ansatz her wird klar, daß auch die fremdsprachliche Kompetenz keine unveränderliche Größe ist. Wozu haben wir die Hilfsmittel der Lexika und Wörterbücher, wenn nicht dazu, um unsere Kompetenz zu verbessern? Wie aber können wir sie verbessern, wenn wir nicht – aufgrund unserer übersetzerischen Kompetenz – merken, wo und wann wir sie verbessern müssen?

Übersetzerische Kompetenz heißt also zunächst einmal: Die Übersetzung als Text und den Empfänger als Adressaten genau so ernst zu nehmen, wie wir das bei jedem Verfasser eines Textes voraussetzen.

Das mag banal klingen, und doch wird gegen dieses Gesetz tagtäglich verstoßen. Nicht immer ziehen diese Übersetzungen berechtigte Kritik auf sich, aber manchmal stoßen sie auf Proteste:[2]

VIEL PFUSCH BEI ÜBERSETZUNGEN

Gebrauchsanleitungen, aus einer Fremdsprache übersetzt, sind oft ein Ärgernis. Woran liegt es, daß bei Übersetzungen so häufig gepfuscht wird? Eine Gruppe von Übersetzern schrieb der Stiftung Warentest dazu: „Die Ursachen können wir Ihnen aus unserer langjährigen Erfahrung sehr leicht aufzählen:

1. Die Übersetzung solcher ‚Nebensächlichkeiten' soll natürlich nichts kosten. So die gängige Meinung der Anbieter. Man sucht sich Hausfrauen, Studenten und jeden, der sich dazu berufen fühlt, speist ihn mit ein paar Mark ab und läßt das Produkt dann auf die Öffentlichkeit los. Eine hausinterne Überprüfung der Machwerke, zum Beispiel durch die deutschen Kundendiensttechniker, finden auch aus Kostengründen nicht statt.

---

2 Abgedruckt in der Zeitschrift Hobby (2/82): 39.

2. Einige Firmen sind der Meinung, daß die Anleitungen zusammen mit den importierten Geräten geliefert werden müßten. Es ist aber eine Tatsache, daß diese Übersetzungen dann im Ausland vorgenommen werden müssen – und das geht häufig schief. Auch hier wird – aus angeblicher Ersparnis – in Deutschland oft nicht nachgeprüft.

3. Die Übersetzungsarbeit wird in Deutschland häufig unterschätzt. Deshalb wird diese Arbeit, die viel handwerkliches Können verlangt, oft Sekretärinnen, Korrespondenten oder auch deutschen Fachleuten übertragen, die mal im Ausland waren.

Gute Gebrauchsanleitungen müssen überschaubar und in einer verständlichen Sprache geschrieben sein. Dabei sind kurze Hinweise oft hilfreich. Fotos und Zeichnungen müssen dem Text eindeutig zugeordnet sein. Eine richtige Bedien-Reihenfolge sollte auch eingehalten werden. Nicht zu vergessen – Tips für Wartung und Pflege.

Leider sucht man in der Übersetzungstheorie meist vergeblich nach Ansätzen, die eine derartige Kritik aufgreifen. Und daran wird sich auch nichts ändern, solange die Theorie von der Praxis wenig Notiz nimmt, und die Vermittlung einer übersetzerischen Strategie nicht als integrierter Teil der Ausbildung zum Übersetzer anerkannt wird.

Um dieses Ziel zu erreichen, brauchen wir eine Strategie des Übersetzens, die uns den jeweils optimalen Weg zur Lösung der übersetzerischen Probleme zeigt. Deshalb möchten wir in diesem Buch nicht eine bloße Technik vermitteln, mit der sich bestimmte Probleme lösen lassen, die sich bei der Konfrontation des deutschen Sprachsystems mit dem englischen ergeben.

Wie jede Strategie muß sich auch die übersetzerische Strategie an den Gegebenheiten orientieren. Insofern ist sie vergleichbar mit der Strategie eines Schachspielers, der sich an der Entwicklungsphase des Spiels, der noch zur Verfügung stehenden Zeit und an der Strategie seines Gegners orientieren muß. Wie er diese Strategie in Züge umsetzt, wird am Plazieren seiner Schachfiguren sichtbar, aber nur für den Sachverständigen. Der Laie braucht den Kommentar eines Experten, wenn er die zugrunde liegende Strategie entschlüsseln will.

Die dem Übersetzen zugrunde liegenden Bedingungen erfassen wir mit der Definition der Funktion, die sie im Kommunikationsprozeß haben. Übersetzen ist für uns also primär eine textgebundene Kommunikation zwischen dem Übersetzer und einem identifizierbaren Kreis von Adressaten. Die übersetzerische Kommunikation unterscheidet sich von anderen Formen der schriftlichen Kommunikation im wesentlichen darin, daß weder die Inhalte, noch die Funktion des Textes aus einem individuellen Mitteilungsbedürfnis des Senders und Textgestalters, nämlich des Übersetzers, hervorgehen. Damit werden alle kommunikativen Funktionen – von der Funktion des Textes bis zur Funktion des einzelnen Wortes – zu Variablen, die auf den jeweiligen Kommunikationszweck hin neu zu bestimmen sind.

Der erste Teil des Buches soll dazu dienen (Kapitel I–VI), diese kommunikative Betrachtung zu entwickeln, und daraus eine übersetzerische Strategie abzuleiten. Im zweiten Teil werden wir zeigen (Kapitel VII–IX), wie sich diese Strategie auf verschiedenen Ebenen der sprachlichen Analyse auswirkt, während das abschließende Kapitel X die Aufgabe hat, die Funktion der Übersetzungskritik und die Rolle der Übersetzerausbildung kritisch zu überdenken.

Übersetzen ist also für uns *nicht* das Austauschen von einzelnen sprachlichen Zeichen oder Ketten von Zeichen („Wörter" und „Sätze") mit dem Ziel, irgendeine vorgegebene „Äquivalenz" auf dieser Ebene der Zeichen herzustellen. Entscheidend ist vielmehr für uns die kommunikative Funktion eines Textes. Wir sind der Meinung, daß sich von diesem „archimedischen Punkt" aus sowohl eine Beschreibung der Vorgänge beim Übersetzen als auch eine Hilfe bei der Arbeit des Übersetzers leisten läßt.

Auf dieser Grundlage werden wir im folgenden unsere Strategie entwickeln. Wir greifen dabei auf linguistische Modelle und Methoden zurück, die wir an gegebener Stelle nennen. Vor allem aber soll dieses Buch ein Lehrbuch sein, und das heißt in bezug auf die wissenschaftliche Ausdrucksweise, daß wir uns mehr an den praktischen Bedürfnissen und kommunikativen Voraussetzungen unserer Leser orientieren als an den Konventionen einer wissenschaftlichen Sprache.

Als unsere Leser stellen wir uns in erster Linie Studenten vor, die entweder im Rahmen eines Philologiestudiums oder eines Fachhochschulstudiums oder einer Ausbildung zum Diplom-Übersetzer Übersetzungsübungen besuchen und Leistungsnachweise im Übersetzen erbringen müssen. Wir gehen dabei von der Situation des Studienanfängers aus, der zwar bereits an Übersetzungsübungen teilnimmt, aber noch keine Einweisung in die Theorie des Übersetzens erhalten hat.

Voraussetzung dafür, daß unsere Kommunikation mit dem Leser glückt, ist seine aktive Mitarbeit. Damit sprechen wir in erster Linie die Funktion der Aufgaben an, die den einzelnen Kapiteln beigegeben sind. Der Leser sollte versuchen, diese Aufgaben zu lösen und seine Lösung schriftlich zu fixieren. Erst dann ist es sinnvoll, die von uns vorgeschlagenen Lösungen mit den eigenen zu vergleichen. Auf keinen Fall sollten die Aufgaben als entbehrliches „schmückendes Beiwerk" mißverstanden werden. Mit unserem Lehrbuch möchten wir erreichen, daß sich das Verhalten unserer Leser bei der praktischen Übersetzertätigkeit im Sinne der dargestellten Strategie ändert. Die Bearbeitung der Aufgaben schafft die Möglichkeit, dieses angestrebte Verhalten schrittweise einzuüben.

In diesem Sinne bekennen wir uns zu der Absicht, die übersetzerische Kompetenz zu verbessern. Dies wird nicht möglich sein, ohne wichtige Einsichten aus übersetzungstheoretischen und -kritischen Studien zur Kenntnis zu nehmen. Es ist jedoch unser Ziel, diese theoretischen Ansätze in eine fundierte Übersetzungsstrategie zu überführen.

Darüberhinaus wollen wir versuchen, eine Brücke von der Praxis zur Theorie der Übersetzung zu schlagen. Ein Blick auf einige wichtige Titel der Übersetzungswissenschaft aus den letzten zehn Jahren zeigt schon, mit welchem Nachdruck in diesen Einführungen der eigenständige und wissenschaftliche Charakter dieser Theorie angemeldet wird:

ALBRECHT (1973), *Linguistik und Übersetzung*
WILSS (1977), *Übersetzungswissenschaft*
DILLER/KORNELIUS (1978), *Linguistische Probleme der Übersetzung*
KOLLER (1979), *Einführung in die Übersetzungswissenschaft*
STEIN (1980), *Theoretische Grundlagen der Übersetzungswissenschaft*

Mit der Anlehnung an die Terminologien und Sprachbeschreibungsmodelle der jüngeren Linguistik (insbesondere des Strukturalismus, der generativen Grammatik und der Textlinguistik) ist es der Übersetzungstheorie gelungen, ihre Legitimationskrise zu überwinden. Aber diese Anerkennung hatte ihren Preis: Sie wurde erkauft mit einer noch größeren Distanz zu den „Verbrauchern", den Praktikern der Übersetzung. Ihnen muß es immer mehr so erscheinen, als ob die Theoriediskussion in einem Reservat der Wissenschaftler stattfinde, zu dem der Übersetzer selbst keinen Zutritt hat.

Überspitzt ausgedrückt nähern wir uns heute schon einem Zustand, in dem die Übersetzer die Theorie nicht mehr zur Kenntnis nehmen und die Wissenschaftler keine Erfahrung mit dem praktischen Geschäft des Übersetzens haben. Eine solche Konfrontation: Hier Praktiker – hier Theoretiker, kann beiden Seiten nur schaden.

Die Praktiker sollten nicht vergessen, daß ihr Beruf eine Aufwertung und wissenschaftliche Fundierung dringend nötig hat. Sie selbst führen – mit Recht – wie im oben zitierten Beispiel, immer wieder die Auch- und Amateurübersetzer an, die mit bescheidener Qualifikation und noch bescheideneren Honoraren den Markt für die eigentlichen Berufsübersetzer ruinieren. Schon aus ganz egoistischen Gründen sollte man deshalb in ihrem Lager daran interessiert sein, daß von der Wissenschaft Kriterien entwickelt werden, mit denen die Qualität einer Übersetzung beurteilt werden kann.

Von der Wissenschaft aber darf man erwarten, daß sie inzwischen soviel Selbstbewußtsein entwickelt hat, daß sie es nicht mehr nötig hat, nur ihre Wissenschaftlichkeit unter Beweis zu stellen. Selbstverständlich ist Grundlagenforschung nötig, aber sie darf nicht zum Alibi dafür werden, daß man lediglich die Grundprobleme in linguistischer Terminologie beschreibt und keine praxisorientierten Modelle entwickelt.

Wo unser kritisches Engagement als ungebührliche Kritik empfunden wird, bitten wir deshalb zu bedenken, daß es unser Ziel ist, das gegenseitige Verstehen zu fördern.

Bevor unsere eigentlichen Ausführungen beginnen, sollte der Leser sich einem kleinen Test unterziehen. Er soll ihm helfen, seinen Standort zu bestimmen. Und er kann nach der Lektüre – und der Bearbeitung der Aufgaben – von Teil I mit seiner Hilfe herausfinden, ob sich dieser Standort inzwischen geändert hat.

Kreuzen Sie also bei den folgenden Feststellungen lediglich an, ob sie Ihrer Ansicht entsprechen oder nicht. Bitte, sagen Sie sich ehrlich die Meinung, und versuchen Sie nicht, darauf zu spekulieren, welche Antwort wir vielleicht gerne hätten.

Wenn Sie Teil I zur Kenntnis genommen haben, nehmen Sie sich die Fragen bitte noch einmal vor und korrigieren Sie gegebenenfalls Ihre Antworten. Erst dann hat es einen Sinn, sich die Lösungen auf Seite 147 anzusehen.

1 Bei vielen Übersetzungen aus dem Englischen fällt auf, daß sie wesentlich länger sind als der Originaltext. Daraus kann man schließen, daß die englische Sprache sich besser dazu eignet, Tatbestände knapp und präzise zu beschreiben, als dies im Deutschen möglich ist.
STIMMT/STIMMT NICHT

2 Wenn man nicht weiß, für welche Leser man einen Text übersetzen soll, dann kann man ihn auch nicht übersetzen.
STIMMT/STIMMT NICHT

3 Wenn man einer Übersetzung anmerkt, daß es sich um eine Übersetzung handelt, dann ist es in jedem Fall eine schlechte Übersetzung.
STIMMT/STIMMT NICHT

4 Das Übersetzen von Fachtexten ist schwieriger als das von allgemeinsprachlichen Texten, weil bei ihnen sehr viel mehr unbekannte Vokabeln verwendet werden.
STIMMT/STIMMT NICHT

5 Eine freie Übersetzung ist immer riskanter als eine wörtliche, weil man sich dabei leicht vom eigentlichen Sinn eines Wortes entfernen kann.
STIMMT/STIMMT NICHT

6 Kein Übersetzer kann auf sein zweisprachiges Wörterbuch verzichten, weil es ihm sagt, welches Wort er an welcher Stelle verwenden muß. STIMMT/STIMMT NICHT

7 Es kann nicht die Aufgabe eines Übersetzers sein, einen Text für seinen Leser verständlicher zu machen, als er es im Original ist. STIMMT/STIMMT NICHT

8 Im Idealfall müßte bei der Rückübersetzung einer Übersetzung wieder der Originaltext entstehen. STIMMT/STIMMT NICHT

9 Es ist zwar praktisch leider nicht immer möglich, aber theoretisch sollte jeder Übersetzer jedes Wort noch einmal kurz im Wörterbuch nachschlagen, um ganz sicher zu sein. STIMMT/STIMMT NICHT

10 Es gibt in jeder Sprache einige Wörter, die man praktisch nicht übersetzen kann – z.B. *gemütlich, Schadenfreude, gentleman, sophisticated* usw. STIMMT/STIMMT NICHT

11 Selbst wenn zwei fähige Übersetzer ein und denselben Text übersetzen, werden die Übersetzungen deutlich voneinander abweichen. Das zeigt schon, daß subjektive Einstellung und individuelle Neigung beim Übersetzen eine solch große Rolle spielen, daß man den Vorgang kaum mit einem objektiven Modell erfassen kann. STIMMT/STIMMT NICHT

Erster Teil

DAS HEILIGE ORIGINAL

I AUTOFAHREN ODER SCHACHSPIELEN?

In der Einleitung wurde das Übersetzen flüchtig mit zwei Tätigkeiten verglichen: Dem Autofahren und dem Schachspielen. Jetzt wollen wir einmal etwas gründlicher darüber nachdenken, welcher Vergleich der Natur des Übersetzens besser entspricht.

Für alle drei Tätigkeiten – Übersetzen, Autofahren, Schachspielen – gilt, daß man sich dabei an Situationen anpassen muß, die sich ständig verändern. Der Autofahrer kann nicht wissen, ob nicht im nächsten Augenblick ein Passant hinter einem geparkten Fahrzeug auftaucht, der Schachspieler kann den Gegenzug seines Partners nicht voraussehen, der Übersetzer wird immer wieder mit neuen Problemen konfrontiert, die vom AS-Text (dem ausgangssprachlichen Text) gestellt werden, ohne daß er die Möglichkeit hat, diese Probleme vorherzusehen.

In einem Punkt sind sich allerdings Schachspielen und Übersetzen näher: Ganz unvorhersehbar sind die Probleme nicht. Der Schachspieler kalkuliert bei der Planung seines nächsten Zuges bereits ein, wie sein Partner darauf reagieren könnte, und eine sehr große Anzahl von Zügen kann er von vornherein als „unmöglich" ausschließen, weil er ihre fatalen Auswirkungen sofort überblickt. Das gilt in besonders großem Umfang für den kompetenten Schachspieler, der die innere Logik – nicht nur die Regeln – des Schachspiels kennt.

Ähnliches gilt für das Übersetzen: Zwar hat der Übersetzer im allgemeinen keinen Einfluß darauf, welchen Text er zu übersetzen hat, er weiß auch nicht im voraus, welche Wörter und Konstruktionen er dabei bewältigen muß. Aber er kann doch davon ausgehen, daß die Probleme in einem Text irgendwie miteinander zusammenhängen, er schließt aus dem Stil und dem Inhalt eines Textes, daß es um ganz bestimmte Aussagen geht. Entsprechend kann auch er eine große Anzahl von möglichen Wortbedeutungen von vornherein ausschließen, und auch dies gilt vor allem für den kompetenten, erfahrenen Übersetzer, der die innere Logik eines Textaufbaus zu erfassen versteht, und nicht nur die „Grammatik" seines Textes kennt.

Fragen wir nun nach den Mitteln, die zur Verfügung stehen, um sich der jeweiligen Situation anzupassen. Sie sind beim Autofahren grundsätzlich beschränkt; letzten Endes gibt es nur drei Möglichkeiten:

- Der Autofahrer kann die Richtung ändern
- Er kann mittels Bremse und Herunterschalten die Fahrt verlangsamen
- Mit Gaspedal und durch das Hinaufschalten kann er die Fahrt beschleunigen

Um sich der unendlichen Vielfalt von Anforderungen im Straßenverkehr jeweils richtig anzupassen, steht ihm also ein recht kleines Inventar an Regeln zur Verfügung.

Für das Schachspielen läßt sich ein solches Regelinventar nicht formulieren. Man könnte z.B. nicht sagen:

- Wenn Du die Dame Deines Gegners schlagen willst, dann greife sie mit Deinem Springer an
- Wenn Du auf ein Remis aus bist, dann mache Deinen Königsflügel stark
- Wenn Du Schwarz hast, dann konzentriere Dich auf die Verteidigung

Jeder Schachspieler würde hier entgegenhalten: Das *kann* zwar zum Erfolg führen, aber ob es wirklich gelingt, hängt von der Situation, vom Gegner, von der Stellung usw. ab.

Dagegen läßt sich für das Autofahren uneingeschränkt sagen:

- Wenn Du die Richtung ändern willst, mußt Du am Lenkrad drehen
- Wenn Du halten willst, mußt Du auf die Bremse treten
- Wenn Du schneller fahren willst, mußt Du das Gaspedal betätigen.

Ob es Regeln für das Übersetzen gibt, ist bereits eine recht umstrittene Frage. Ein englischer Linguist, PETER NEWMARK, ist der Meinung, daß es sehr wohl Regeln gibt. So lautet denn auch der Titel eines Aufsatzes, den er 1973 verfaßt hat: "Twenty-three Restricted Rules of Translation"[1]. Von diesen „Regeln ohne Gewähr" wollen wir uns eine etwas genauer ansehen, nämlich Regel 7:

> It is the hallmark of a good translation to use resources of lexis and grammar (e.g. English verb-nouns, German *Flickwörter* like *auch, halt, eben, mal*) which are not available in the source language, and it is the mark of specious, inaccurate translation to use them where they are unnecessary. A bad translator will do anything to avoid translating word for word; a good translator only abandons a literal version when it is plainly inexact. The unit of translation cannot be generally determined, but it is always the smallest segment of the original which provides an acceptable equivalent to a segment of the target language text.

Aus diesen Feststellungen lassen sich folgende Regeln ableiten:

- Verwende möglichst häufig *Flickwörter,* aber nur da, wo sie notwendig sind. (Frage: Wann sind sie notwendig? Wenn durch ihre Verwendung eine gute Übersetzung entsteht).
- Übersetze so wörtlich wie möglich, und so frei wie nötig. (Frage: Woran erkenne ich, wann ich frei übersetzen muß? Wenn eine wörtliche Übersetzung zu einer schlechten Übersetzung führen würde.)
- Wähle immer das Textsegment als Übersetzungseinheit, das zu einem akzeptablen Textsegment in der Zielsprache führt. (Frage: Wie kann man das erkennen? Wenn die Übersetzung gelungen ist, wurden die richtigen Übersetzungseinheiten gewählt. Und wann ist eine Übersetzung gut? Wenn die richtigen Übersetzungseinheiten gewählt wurden.)

Es wird wohl deutlich, daß hier die Gedanken im Kreis gehen. Würde man mit ähnlichen Zirkelschlüsseln Regeln für das Schachspielen formulieren, so erhielten wir z.B.:

- Wann soll man rochieren?
  Möglichst früh!
  Wie erkennt man den richtigen Zeitpunkt?
  Wenn man durch die Rochade einen Tempoverlust erleidet, hat man zu spät rochiert!

---

1 Newmark 1973: 12–19.

Solche Regeln sind natürlich unbrauchbar, aber sie sind auch wieder typisch, denn sie spiegeln mit ihrem logischen Kreisverkehr eine Tatsache wieder, die für Schachspielen und Übersetzen gilt: Irgendwie hängt bei beiden Tätigkeiten alles mit allem zusammen, es ist sehr schwierig, irgendwo sicheren Boden unter die Füße zu bekommen, man kommt leicht vom Hundertsten zum Tausendsten, und bewegt sich dabei – ohne es zu merken – im Kreise.

Ganz typisch ist hier auch das Verhalten von PETER NEWMARK. Er hat wohl selbst seine 23 Regeln als etwas unbefriedigend empfunden, zog aber daraus den Schluß, daß wir eben noch viel mehr Regeln brauchen. Und so schrieb er 1979 einen Aufsatz mit dem Titel "Sixty Further Propositions On Translation"[2], also weitere 60 Regeln. Damit hätten wir bereits 83 Regeln, und ihre Zahl läßt sich unschwer auf 100 steigern, ohne daß man damit der Lösung des Kernproblems auch nur einen Schritt nähergekommen ist.

Und dieses Kernproblem – hier zunächst noch aus einiger Entfernung gesehen – liegt in der Komplexität des Materials der Übersetzung, und in der Komplexität des Übersetzungsvorgangs selbst. Während das Anpassen an eine Situation beim Schachspielen immerhin noch soweit zu einem Modell abstrahiert werden kann, daß die entstehenden Probleme von einem Computer bearbeitet werden können, ist dies beim Übersetzen nur in einem sehr bescheidenen Umfang möglich.[3]

Die Gemeinsamkeit von Übersetzen und Schachspielen liegt darin, daß beide als strategische Spiele aufgefaßt werden können. Für beide gilt, daß die jeweils richtige Strategie immer nur in bezug auf die jeweilige Situation festgelegt werden kann, so daß absolute Aussagen über d i e Strategie von zweifelhaftem Nutzen sind.

Eine derartige Lage ist für den Praktiker ebenso unbefriedigend wie für den Theoretiker. Der Praktiker fragt sich: Was soll ich mit einer Theorie anfangen, die mir nicht klar und knapp sagen kann, wie man sich beim Übersetzen zu verhalten hat? Und der Theoretiker muß sich fragen, wie er diese Komplexität mit einem Modell erfassen kann, das hinreichend differenziert ist, andererseits aber auch noch in eine praktikable Strategie umgesetzt werden kann. Um diesen Sachverhalt polemisch zuzuspitzen: Theorielosigkeit ist noch lange kein Beweis für Praxisbezogenheit, aber Praxisferne ist auch kein Siegel für Wissenschaftlichkeit.

---

2 Newmark 1979: 42.

3 Zur maschinellen Übersetzung vgl. Wilss 1977: Kapitel XII.

AUFGABEN ZU I

Aufgabe 1

Hier sind zwei weitere „Regeln" von NEWMARK:

> 41. The central concern of translation theory is to determine an appropriate method of translation.
>
> 42. Translation balancing-act
>
> On the one hand, the translator should not use a synonym where a translation will do, in particular, where the translation is a "transparently" faithful cognate or the standard dictionary equivalent and has no special connotations.
>
> On the other hand, he should not translate one-to-one where one-to-two or -three would do better, nor reproduce a SL syntactic structure where he can recast the sentence more neatly. The above is the translator's basic tightrope, balancing pole, etc.
>
> (PETER NEWMARK, "Sixty Further Propositions on Translation", (Part Two), in: *The Incorporated Linguist* Vol. 18 No 2, Spring 1979, pp. 42–47).

Hier wird die These aufgestellt, es sei Aufgabe der Übersetzungstheorie, die jeweils angemessene Übersetzungsmethode zu bestimmen (41). In (42) dagegen werden Empfehlungen ausgesprochen, wie „nahe" man sich beim Übersetzen am AS-Text orientieren sollte, inwieweit Wörter, Sätze und Wortfolgen formal unverändert übernommen werden können.

Frage A:
Versuchen Sie, folgende Übersetzungsalternativen mit den Kriterien der Regel (42) zu beurteilen. Reichen Sie aus, um zu einer begründbaren Entscheidung zu gelangen?

(1) "My wife has to watch her weight. *She's got diabetes,* you see."
(2a) Sie hat Zucker.
(2b) Sie hat Diabetes.

---

(3) "O.K. – I was wrong. *Nobody is perfect!*"
(4a) Niemand ist vollkommen.
(4b) Jeder macht mal einen Fehler.

---

(5) "I shall never forget what my father once told me: *Education is more important than money*".
(6a) Bildung ist wichtiger als Geld.
(6b) Schulbildung und eine gute Erziehung sind wichtiger als Geld.

Kann man mit Newmarks Regel (42) erklären, warum (8a) akzeptabel ist, (10a) jedoch nicht?
(7) No loitering!

(8a) Herumstehen verboten!
(9) Lying in the sun is more pleasant than working in an office.
(10a) Das Liegen in der Sonne ist angenehmer, als im Büro zu arbeiten.

Frage B:
Decken Sie den Zirkelcharakter der Argumentation in (42) auf. Zeigen Sie, daß (41) und (42) nicht miteinander vereinbar sind.

Aufgabe 2

Hier ist noch eine Regel, die von einem erfahrenen Übersetzer formuliert wurde:

> Wenn in einem Wort so vielerlei zusammenkommt, daß kein deutsches Wort alles davon erfaßt, dann bleibt es dem Übersetzer anheimgestellt, wie er das Wort auffassen, das heißt, welche seiner Bedeutungen er hervorheben und welche er vernachlässigen will.
> (FRITZ GÜTTINGER, Zielsprache; (Zürich, 1963), S. 62)

Frage A:
Wie bezeichnet Newmark den Tatbestand, der bei Güttinger dargestellt wird?

Frage B:
Güttingers Äußerung bezieht sich auf einen ganz bestimmten Text. Welcher Art ist dieser Text wohl – ein Fachtext, ein populärwissenschaftlicher Text, ein allgemeinsprachlicher Text, ein literarischer Text?

Aufgabe 3

Eines der unten genannten Bücher stellt so detaillierte Regeln für das Übersetzen auf, daß man es in der Tat mit unserer Metapher „Autofahrer-Manual" charakterisieren könnte. Von welchem Buch ist hier die Rede:

FRIEDERICH, WOLF, *Technik des Übersetzens* (München, 1969)

KÖNIGS, FRANK G., *Übersetzung in Theorie und Praxis: Ansatzpunkte für die Konzeption einer Didaktik des Übersetzens* (Bochum, 1979)

REISS, KATHARINA, *Möglichkeiten und Grenzen der Übersetzungskritik* (München, 1971)

II KOMMUNIKATIVE EINBETTUNG

Warum ist das Übersetzen ein so komplexer Vorgang, was hängt dabei womit zusammen? Betrachten wir einmal, wie ein Text von seiner Erschaffung über verschiedene Stationen zu dem Empfänger der Übersetzung „transportiert" wird.

Am Anfang steht die Intention des Autors in der Ausgangssprache. Er möchte einen Text schaffen, der möglichst kongruent seine Intention verwirklicht, aber er kann durchaus nicht davon ausgehen, daß ihm das gelingt. Wir alle haben schon erfahren, daß unsere Äußerungen „mißverstanden" wurden, obwohl wir es „so" doch gar nicht gemeint hatten. Wir alle haben schon erlebt, wie bei einem Streitgespräch dem Gegner das Wort im Mund herumgedreht wurde, und viele von uns haben im Umgang mit Behörden und Justiz gelernt, daß es nicht darauf ankommt, was wir sagen wollten, sondern entscheidend ist, wie unsere Äußerung interpretiert werden kann.

Die Bedeutung dessen, was wir sagen und schreiben, läßt sich also keineswegs mit unserer Intention gleichsetzen. Die Bedeutung entsteht vielmehr erst an dem Punkt, wo unsere Äußerungen vom jeweiligen Kommunikationspartner interpretiert werden. Zwei einfache Beispiele:

– Ein Autofahrer ist im süddeutschen Raum unterwegs und sucht eine bestimmte Adresse. In einem kleinen Dorf bittet er einen Einheimischen um Hilfe:
  „Entschuldigen Sie, können Sie mir sagen, wo hier die Schwanen-Apotheke ist?"
  „Descht wisawi vom Flaschner. Do misse se glei do ums Eg nom, weil hente isch gschperrt. No faret se allz gradaus, bis se am Lädle vorbei sen. On no sen ses scho."
– Zwei Tennisspieler liefern sich einen erbitterten Kampf. In einer Phase spielt der eine von ihnen seinem Partner einen Ball genau gegen dessen Laufrichtung, so daß dieser den Ball unmöglich erreichen kann. Er ruft darauf übers Netz:
  „Du Sau!"
  Beide lachen.

Der brave Schwabe hatte bestimmt die ehrliche Absicht, dem Fremden den Weg zu beschreiben. Der allerdings, des süddeutschen Dialekts nicht mächtig, konnte der Verbalisierung seines Gesprächspartners eigentlich nur entnehmen, daß dieser Dialekt spricht. Während also der Sprecher behaupten könnte: „Aber ich habe ihm doch ganz genau gesagt, wie er fahren muß" (und die Tatsache, daß er ihm dies auf Schwäbisch gesagt hat, für eine unbedeutende Nebensache hält), kann der Empfänger dieser „Information" bei allem guten Willen nur realisieren, daß er es mit einem hilfsbereiten Schwaben zu tun hat. Senderintention und kommunikativer Effekt decken sich in diesem Beispiel also überhaupt nicht.

Einen anderen Punkt soll das zweite Beispiel verdeutlichen. Einen anderen als „Sau" zu bezeichnen gilt im allgemeinen als ein unfreundlicher Akt, der möglicherweise sehr unerfreuliche Konsequenzen haben kann. Hier aber hat diese Äußerung durchaus nicht diese

Folgen. Mit ihrem Lachen signalisieren die Kommunikationspartner, daß sie sich über die Bedeutung dieses Zurufs im klaren sind: Der Sender artikuliert damit seine komische Verzweiflung darüber, daß er den Ball nicht erreichen kann und macht damit dem Empfänger sogar noch ein Kompliment. Zu dieser Interpretation wird es aber nur kommen, wenn die beiden Partner sich gut genug kennen. Ihr persönliches Verhältnis zueinander ist also hier viel entscheidender für den kommunikativen Effekt dieser Äußerung als deren „eigentlicher Inhalt". Ein Zuschauer, der dieses Verhältnis der Partner zueinander nicht kennt, wird möglicherweise empört zu seinem Nachbarn sagen: „Hast du das gehört – ‚Sau' hat der den genannt!"

Wir alle wissen, daß unser Verhältnis zu einer bestimmten Person darüber entscheidet, was wir ihr sagen können. Unserem besten Freund können wir „alles sagen", während wir bei anderen „jedes Wort auf die Goldwaage legen müssen".

Man sollte also aus diesen Beispielen nicht den Schluß ziehen, daß wegen der subjektiven Interpretationsmöglichkeiten auf der Empfängerseite praktisch jede Äußerung alles mögliche bedeuten kann. Gerade daß Kommunikation normalerweise durchaus funktioniert, beweist schon das Gegenteil. Aber eben nur unter der Voraussetzung, daß der Sender die möglichen Reaktionen seines Empfängers schon einplant – er stellt sich auf ihn ein, und trägt damit der Tatsache Rechnung, daß Bedeutung nicht das ist, was er an „Information" in eine Äußerung hineinsteckt, sondern das, was der Empfänger verstehen kann.

Dabei können – ja müssen – wir mit dem guten Willen des Empfängers rechnen. Er wird zunächst versuchen, die jeweilige Äußerung auf seine Situation zu beziehen, sie – so VERMEER[1] – mit seiner Situation kohärent zu machen:

– Unmittelbar vor seiner mündlichen Prüfung begegne ich einem Kandidaten auf dem Korridor.
  Ich sage freundlich „Guten Morgen!"
  Er entgegnet: „Gute Nacht!"

Der erste Impuls beim Adressaten dieser Äußerung ist Verblüffung: Das sagt man doch nicht! Der Sender verletzt die Konvention, die den Sprachgebrauch in einer derartigen Standardsituation regelt. Doch der Adressat wird nun im allgemeinen nicht den Schluß ziehen, daß dann eben der Sender kommunikativ inkompetent ist, sondern er wird versuchen, die Äußerung auf die Situation zu beziehen. Da offensichtlich „Gute Nacht" nicht als Erfüllung der Konvention gemeint ist, muß der Konventionsverstoß seine Begründung in der gegebenen Situation haben, also im Zusammenhang mit der Prüfung stehen: Der Kandidat will seinem Pessimismus in bezug auf die bevorstehende Prüfung Ausdruck geben, sein kommunikatives Ziel ist es, diese „Ausnahmesituation" zum Thema zu machen, und sich eben nicht auf das Konventionelle zu beschränken. Er protestiert geradezu dagegen, daß für mich dies „ein Tag wie jeder andere" ist, während er ihn als einen Schicksalstag durchleidet.

Grundsätzlich läßt sich davon ausgehen, daß der Adressat einer Äußerung alle Anstrengungen machen wird, diese sinnvoll auf seine Situation zu beziehen. Auf diese „Verständnisbereitschaft" bauen alle Wortspiele, denn ihr Effekt entsteht gerade erst dann, wenn man herausfinden muß, wie „das gemeint ist".

---

1 Vermeer 1978: 99–102.

Auch der Übersetzer kann als Adressat von Äußerungen bezeichnet werden, der versucht, diese auf seine Situation zu beziehen. Allerdings ist seine Situation einigermaßen komplex, denn einerseits versteht er den Text als Übersetzer, andererseits versucht er, das Verständnis eines ‚normalen' Adressaten zu simulieren. Diese Rollen lassen sich in der Praxis nicht voneinander trennen und dürfen deshalb auch in der Theorie nicht als Tätigkeiten verstanden werden, die säuberlich voneinander getrennt sukzessiv erfolgen. Es ist also nicht so, daß der Übersetzer zunächst einmal den Text rezipiert – und zwar genau so, wie dies durch einen Adressaten der AS geschieht –, sondern er versucht, ihn mit seiner Situation als Übersetzer kohärent zu machen. Und diese Situation wiederum beinhaltet, daß er die Rolle eines „typischen" Adressaten in der AS simuliert.

Dieses Simulieren eines „typischen" Adressaten ist natürlich an sich schon problematisch, denn es setzt voraus, daß der Übersetzer den Platz des eigentlichen Adressaten einnehmen könnte. Das ist jedoch schlecht möglich, denn sein Interesse an dem Text ist grundsätzlich anders als das des „eigentlichen Adressaten", er steht – kommunikativ gesehen – in einem anderen Verhältnis zum Sender, und da dieses Verhältnis zwischen Sender und Empfänger eigentlich erst die Bedeutung eines Textes schafft, muß der Text für ihn notwendigerweise eine andere Bedeutung haben. Und das gilt auch dann, wenn wir dem Übersetzer eine ideale sprachliche und kulturelle Kompetenz in der Sprache und Kultur der AS zugestehen, und zusätzlich noch voraussetzen, daß sich ein „typischer Adressat" abstrahieren läßt.

Weil letztere Bedingungen kaum zu erfüllen sind, vor allem aber, weil seine kommunikative Situation grundsätzlich verschieden ist, empfängt der Übersetzer bereits einen AS-Text, der kategorisch andere Bedeutung hat als derselbe Text in einer „natürlichen" Kommunikationssituation.

Diese recht abstrakt formulierte Erkenntnis läßt sich leichter nachvollziehen, wenn wir ein kleines Experiment machen:

Wir legen denselben Text einem Deutschen und einem Engländer vor. Dem Deutschen – er muß selbstverständlich über gute Englischkenntnisse verfügen – sagen wir, er solle den Text später übersetzen, ihn zunächst aber nur einmal durchlesen; dem Engländer sagen wir, er solle diesen Text doch einmal lesen. Den Text, den wir für dieses kleine Experiment verwenden, haben wir einem Buch entnommen, in dem Übungstexte für das Übersetzen zusammengestellt sind.[2] Hier ist der Text:

> A cheering cuppa suits 'em to a T
>
> It was Rupert Brooke who asked if there was honey still for tea. Well, according to a *Caterer and Hotelkeeper* survey published today, there ain't no honey and, what's more, there ain't no tea.
>
> Can it really be that the great British institution, afternoon tea, which sustained Empire builders and the morale of the soldier in his trench and featured so elegantly in many drawing-room plays between the wars, is gone?
>
> "The sad truth is that afternoon tea, possibly the last remaining British culinary experience, simply is not a good enough profit-maker to justify its perpetuation."
>
> That is the conclusion of *Caterer and Hotelkeeper* after a round-up of leading British hotels.

---

2 Chamberlin, Dennis & Gillian White, *English for Translation* (Cambridge, 1977)

But we have news for The *Caterer and Hotelkeeper.* When the clock strikes three, out comes the porcelain and the silver tea-pot and the cucumber sandwiches. In London at least afternoon tea lives.
"My dear, afternoon tea is an institution," said the lady at the Dorchester. "We are nearly always packed out. People have to queue. In the winter we serve something like 100 teas."
"Of course, it will drop off a bit this week, what with people on holiday and at Goodwood."
From 4.0 p.m. to 5.30 p.m. on Monday to Saturday there is tea in the restaurant foyer of the Savoy. The hotel provides a selection of teas and sandwiches with cakes, pastries and "the most delicious cream".
At the Grosvenor Hotel, Victoria, afternoon tea is "flourishing". At the Ritz, tea is still served with a great deal of pomp and circumstance. "We do require people to dress properly for tea at the Ritz", said a spokesman. "Gentlemen must wear a collar and tie."
From an article in *Evening Standard* by Georgina Walsh.

Nach Ablauf von fünf Minuten stellen wir unseren beiden Probanden einige Fragen, um herauszufinden, welche Bedeutung der Text für sie hat. Wir fragen also z.B.:

1. „Findest Du den Text schwierig?"
2. „Wie hat Dir der Text gefallen?"
3. „Hattest Du an irgendeiner Stelle Probleme?"
4. „Würdest Du solch einen Text in Deiner Zeitung lesen?"
5. „Gibt es hier Wörter, die Dir noch nie begegnet sind?"
6. „Könntest Du Dir vorstellen, daß man einen solchen Text ins Deutsche übersetzt?"

Es steht selbstverständlich jedem frei, unser Experiment selbst durchzuführen – wir fordern sogar dazu auf. Wir glauben, daß sich dabei ungefähr dasselbe Ergebnis einstellt, wie bei unserer Befragung:

Die Antworten fallen sehr verschieden aus, nicht nur in ihrer Qualität, sondern auch in der Quantität. Auf die Fragen 1, 3, 5 weiß der *native speaker* kaum etwas zu sagen, während der Übersetzer hierzu viele Einzelheiten erwähnt (z.B. Wer ist Rupert Brooke? Was ist *Goodwood, Dorchester, Caterer and Hotelkeeper?* Was heißt *there is honey still for tea?*). Umgekehrt hält der Übersetzer die Fragen 2 und 4 für relativ unwichtig, weil es „hier ja nicht darum geht, ob mir der Text gefällt und ob ich ihn gerne lese, sondern darum, daß ich ihn übersetzen muß". Unterschiedlich ist schließlich auch die Reaktion auf Frage 6: Der Übersetzer meint: „Es wird sicher nicht einfach sein, aber natürlich kann man das übersetzen", während der *native speaker* eher geneigt ist, die Übersetzbarkeit kategorisch zu verneinen.

Auch dieses kleine Experiment bestätigt unsere Behauptung, daß grundsätzlich der Übersetzer schon einen kategorisch anderen Text A zur Kenntnis nimmt als der „natürliche" Adressat in der AS. Es ist also nicht so, daß der Übersetzer den Text zuerst versteht, und dann übersetzt, sondern er versteht ihn als Übersetzer.[3]

Da diese These eine Grundlage für die weitere Argumentation darstellt, soll sie noch von einer anderen Seite her untermauert werden: Wer selbst als Übersetzer tätig ist, weiß, daß diese Tätigkeit ohne ein großes Maß von automatisiertem Übertragen gar nicht möglich ist.

---

3 Vgl. Hönig 1976.

Schon beim ersten Lesen des Textes drängen sich gerade dem erfahrenen Übersetzer „automatisch", also ohne bewußte Anstrengung, muttersprachliche (also zielsprachliche) Ausdrücke und Formulierungen für Teile und Bruchstücke des AS-Textes auf. Diese automatischen Assoziationen stellen sich ein, ob wir wollen oder nicht. Sie sind dem Übersetzer willkommen, weil sie ihm seine Arbeit erleichtern, ja, sie eigentlich erst möglich machen. Denn schon aus zeitlichen Gründen, kann er es sich gar nicht leisten, jede Textstelle so sorgfältig zu „dekodieren" und zu „analysieren", wie dies in vielen theoretischen Abhandlungen über das Übersetzen beschrieben wird.

Der Übersetzer bahnt sich mit diesen assoziativen Reflexen seinen ersten Weg durch den Text, aber er weiß auch, daß ihn diese Automatismen leicht in die Irre leiten können. Jeder Übersetzer kennt diese leidvolle Erfahrung: Man assoziiert etwas Falsches, bemerkt dies nicht, und anstatt nun diese automatische Assoziation in Frage zu stellen, beginnt man damit, den ganzen sprachlichen Kontext zu vergewaltigen, nur damit er besser zu der (falschen) Assoziation paßt.

Wir werden an anderer Stelle (S. 88ff.) Lösungsvorschläge machen, mit denen dieses ganz zentrale Problem der Übersetzungspraxis (und -theorie!) angegangen werden kann. Zunächst aber müssen wir unsere Betrachtung des Übersetzungsvorgangs vervollständigen, denn bisher haben wir nur betrachtet, wie der Übersetzer sich ein Bild von der Bedeutung des AS-Textes macht.

Er ist aber nicht nur Adressat in der AS, sondern auch Sender in der ZS. Zwar nimmt er diese Rollen nicht unbedingt zeitlich sukzessiv ein, aber zumindest methodisch lassen sich diese beiden Aktivitäten unterscheiden.

Bei der Darstellung des Kommunikationsvorgangs in der ZS gelten dieselben Voraussetzungen, wie sie für die AS gültig sind. Entscheidend ist jedoch hier, daß der Übersetzer eine klare Vorstellung davon haben muß, für welchen Kreis von Adressaten er seinen Text in der ZS verfaßt. Diese Voraussetzung ist zwar in der Praxis der Übersetzung weitgehend erfüllt, wird aber in der Theorie sehr häufig vernachlässigt. Diese unterschiedliche Auffassung hat sehr weitreichende Konsequenzen für die Entwicklung einer Übersetzungstheorie überhaupt, und wir werden diese Unterschiede später schematisch darstellen. Zunächst müssen wir zeigen, daß der Übersetzer tatsächlich in der Praxis sehr wohl weiß, für wen er übersetzt.

Geschäftsbriefe, Gebrauchsanweisungen, Betriebsanleitungen, Beipackzettel, Zeugnisse, Urkunden, wissenschaftliche Vorträge, Referate — Texte dieser Art machen das tägliche Brot der Berufsübersetzer aus. Für sie alle gilt, daß ihre Gestaltung und ihr Inhalt bereits klare Hinweise auf ihre Adressaten enthalten. Der Übersetzer als Sender weiß in allen Fällen, was seine Adressaten mit seinem Text anfangen wollen, wozu sie ihn brauchen, welche Bedeutung er für sie hat.

In der Praxis ist es durchaus nicht ungewöhnlich, einen ganz spezifischen Übersetzungsauftrag auszusprechen: „Übersetzen Sie dieses Referat, aber lassen Sie das ‚schmückende Beiwerk' weg. Ich möchte vor allem wissen, was die für ein neues Produktionsverfahren haben." „Übersetzen Sie diesen Brief, aber schreiben Sie mir nur auf, unter welchen Bedingungen unser Angebot akzeptiert wird." „Übersetzen Sie diesen Katalog, aber seien Sie bei der Beschreibung der einzelnen Produkte etwas sachlicher."

Auch in der literarischen Übersetzung — also bei der Übersetzung von Werken anerkannter literarischer Qualität — ist es durchaus üblich, sich Gedanken über den Leser zu machen, der mit dieser Übersetzung angesprochen werden soll. Die Shakespeare-Übersetzungen von

ROTHE und FRIED machen es sich zum Beispiel zur Aufgabe, Texte zu verfassen, zu denen der moderne Leser einen unmittelbaren Zugang hat.

Es gibt allerdings eine Art von Übersetzung, bei der es in der Tat nicht üblich ist, nach dem Adressaten des ZS-Textes zu fragen. Gemeint ist die Übersetzung, wie sie „zu Übungszwecken" auf der Schule, vor allem aber an den Universitäten praktiziert wird. Dort sieht die übliche Praxis so aus, daß dem Studenten bzw. Schüler ein fremdsprachlicher Text vorgelegt wird, und man ihn ohne weitere Erläuterung auffordert, diesen „zu lesen und dann zu übersetzen". Verwendet werden mit Vorliebe Texte, die feuilletonistisch, humorvoll, geistreich und witzig kulturkritische, historische, soziologische oder philosophische Themen zum Gegenstand haben. Es sind Texte, mit denen der Berufsübersetzer relativ selten in Berührung kommt. Der auf S. 36 abgedruckte Text ist ein ganz typisches Beispiel eines Übungstextes für die Übersetzung aus dem Englischen, ähnliche Texte finden sich in allen Sammlungen dieser Art. (So etwa bei CHAMBERLIN/WHITE (1975), *English For Translation;* CHAMBERLIN/WHITE (1978), *Advanced English for Translation;* HERMS (1975), *Englisch-Deutsche Übersetzung*).

Diese Praxis scheint davon auszugehen, daß man das Übersetzen an jedem Text üben kann, daß es außerdem eine recht langweilige Angelegenheit ist, so daß man sozusagen als Gefälligkeit gegenüber den Studierenden bzw. Schülern zumindest Texte unterhaltender Art auswählen sollte, aus denen sie zusätzlich „auch noch etwas über die englische Geschichte und Kultur erfahren". Außerdem – das sollte nicht verschwiegen werden – bieten Texte, die gespickt sind mit kulturellem Wissen, literarischen Anspielungen und Wortspielen jeder Art, dem Dozenten den Vorteil, mit einem beträchtlichen Informationsvorsprung in die Unterrichtsstunde zu gehen bzw. das Erarbeiten dieses Hintergrunds zum eigentlichen Gegenstand der Stunde zu machen.

Diese recht zweifelhafte Praxis hat für die Theorie des Übersetzens ebenso weitreichende und schädliche Konsequenzen wie für das Erlernen einer Übersetzungsstrategie. Denn wo schon durch die Auswahl der Texte dafür gesorgt wird, daß der Zweck der Übersetzung und die adressatenspezifische Funktion des ZS-Textes gar nicht berücksichtigt werden kann, wird der Übersetzungsvorgang auch nicht mehr in einem allgemein-kommunikativen Rahmen gesehen. Der Übersetzer ist nicht in der Lage zu sagen, für welchen Kreis von Adressaten er seinen ZS-Text verfaßt, und das wiederum hat zur Konsequenz, daß er auch nicht angeben kann, mit welchem spezifischen Übersetzerinteresse er Empfänger des AS-Textes ist. Denn wenn die Position des Adressaten in der ZS nicht besetzt wird, kann auch die Position des Übersetzers als Empfänger in der AS nicht definiert werden. Damit wird der ganze Übersetzungsvorgang aus seiner kommunikativen Einbettung gerissen; übrig bleibt der Vergleich des verbalisierten, des materiell nachweisbaren Materials in AS und ZS. Wenn nun überhaupt noch theoretische Bemühungen stattfinden, so mit Begriffen wie „Äquivalenz", „Invarianz", dem „Gemeinten", die sich alle darum bemühen, eine Symmetrie zwischen „dem Inhalt" des AS- und des ZS-Textes nachzuweisen.[4]

Überspitzt ausgedrückt stellt sich die Situation an Ausbildungssätten in den „Übersetzungsübungen" folgendermaßen dar: Die Studenten übersetzen einen Text, den sie nicht verstehen, für einen Adressaten, den sie nicht kennen. Und das Produkt ihrer Bemühungen wird nicht selten von einem Dozenten beurteilt, der weder praktische Erfahrungen als Übersetzer noch theoretische Kenntnisse in der Übersetzungswissenschaft besitzt.

---

4 Diese Begriffe sind das zentrale Thema in Neubert, Albrecht & Otto Kade, *Invarianz und Transferierbarkeit* (Neue Beiträge zu Grundfragen der Übersetzungswissenschaft, Leipzig, 1973).

In unserem Modell stellt nicht zufällig gerade die Beziehung zwischen dem Übersetzer und seinem Adressaten in der ZS den eigentlichen Ausgangspunkt für die Beschreibung des Übersetzungsprozesses dar. Der Übersetzer bringt nämlich in den Verstehensvorgang als Empfänger in der AS bereits sein Wissen um die Funktion des von ihm zu schaffenden ZS-Textes ein. Damit wird er in die Lage versetzt, zu sagen, welche Bedeutung der AS-Text für ihn hat. Wir sehen damit den AS-Text nicht als ein fertiges Bedeutungsgefüge, sondern im wesentlichen als ein Angebot von linguistischen Instruktionen, das je nach Interesse und Situation des Übersetzers verschieden als Bedeutung realisiert wird. (Der Begriff der *linguistischen Instruktion* wird im nächsten Kapitel erläutert.)

Als Modell erhalten wir so nicht mehr eine symmetrische Gleichung, bei der sich AS-Text und ZS-Text gleichwertig gegenüberstehen, sondern einen sehr viel bewegteren Ablauf von Handlungen:

- Der Übersetzer identifiziert den Adressaten seiner Übersetzung.
- Aus dieser Beziehung zu seinem Adressaten leitet er sein spezifisches Interesse am AS-Text ab.
- Er legt die Bedeutung des AS-Textes aus dieser Perspektive fest.
- Diese Bedeutung versucht er in der ZS zu rekonstruieren, wobei er den verbalisierten Text auf die Situation des Adressaten bezieht.

In dieser Skizze sind sicher noch einige Punkte erklärungsbedürftig, insbesondere der Begriff „Situation" sowie der Vorgang der Festlegung einer Textbedeutung. Sie werden Gegenstand eingehender Betrachtungen sein, die sich in den anschließenden Kapiteln (besonders VI und VIII) finden.

An dieser Stelle geht es um die grundsätzliche Stellung des Übersetzers: Wir sehen ihn nicht als passiven „Sprachwandler", der rezipiert, „was im AS-Text steht" und diesen „Inhalt" dann in einer anderen Sprache wiedergibt, sondern als den entscheidenden Akteur, der zwischen den Zwängen des AS-Textes und den Bedürfnissen „seiner" ZS-Adressaten vermittelt. Wir räumen dem Übersetzer sehr viel mehr Handlungsfreiheit ein, als in den gängigen Modellen üblich, bürden ihm aber deshalb auch wesentlich mehr Verantwortung auf.

AUFGABEN ZU II

Aufgabe 1

Diese Aufgabe beschäftigt sich mit modellhaften Darstellungen des Übersetzungsvorgangs. Sie können sie nur bearbeiten, wenn Sie bei den einzelnen Autoren nachgelesen haben, wie sie ihre Modelle erklären:
KOLLER (1978): 123ff.
DILLER/KORNELIUS (1978): 17ff.
VERMEER (1979): 7ff.
STEIN (1980): 62ff.

Nach der Lektüre beantworten Sie bitte folgende Fragen:

a) Ergänzen Sie die Bezeichnungen, die in unserer Darstellung der Modelle weggelassen wurden.
b) In welchem Modell wird die kommunikative Einbettung des Textes berücksichtigt?
c) Wie läßt sich in den einzelnen Modellen die Darstellung des Übersetzungsvorgangs in Entscheidungen des Übersetzers umsetzen?
d) Welches der Modelle ließe sich auch für eine maschinelle Übersetzung anwenden?

OTTO KADE:

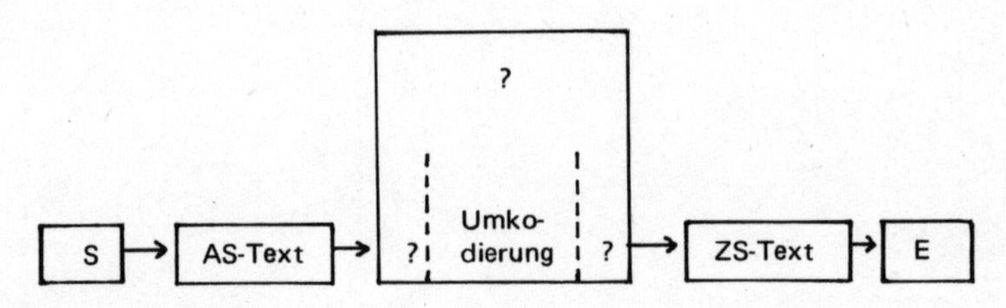

(Nach KOLLER (1978), S. 123)

DILLER/KORNELIUS

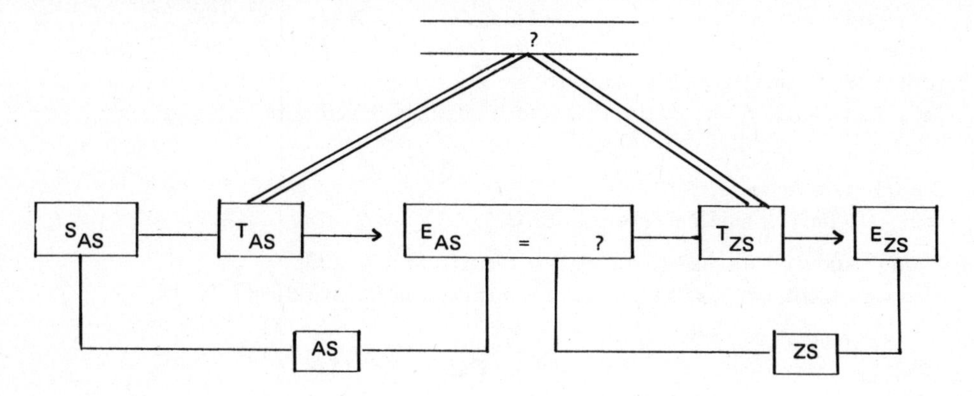

(DILLER/KORNELIUS (1978), S. 17)

VERMEER:

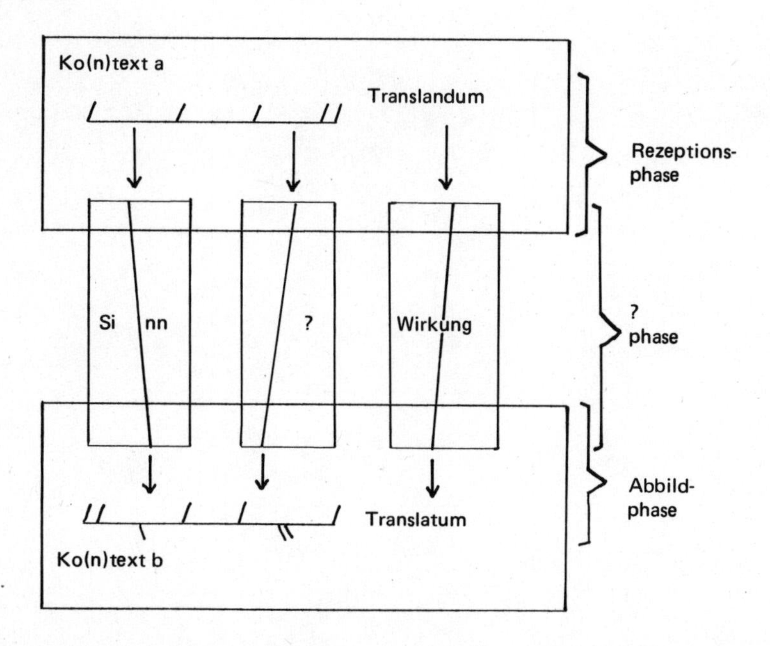

VERMEER, „Vom ‚richtigen' Übersetzen" in: *Mitteilungsblatt für Dolmetscher und Übersetzer* (Nr. 4/25. 1979), S. 7

Aufgabe 2

Beurteilen Sie folgende Übersetzungen unter dem Gesichtspunkt der kommunikativen Wirkung. (Sämtliche Beispiele aus: TOM SHARPE, *Wilt* (London, 1978), Übersetzung von

BENJAMIN SCHWARZ, erschienen unter dem Titel *Puppenmord,* München, 1980.)

a) Sally Pringsheim ist eine emanzipierte Frau, die ihrem Mann mit Worten und Gesten zu verstehen gibt, daß sie sich nicht an das traditionelle Verhalten der Frau gebunden fühlt. Von ihr heißt es in dem Roman:
   Sally had stood in the doorway of the Pringsheim's bedroom, *smoking a cigar* and watching . . . (p. 26)

   Die Übersetzung lautet:
   Sally . . . rauchte eine Zigarette . . . (S. 33)

b) "I don't know where the hell Morris gets them from". (p. 103)
   „Ich weiß nicht, wo Morris sie verdammt noch eins immer herkriegt". (S. 130)

c) "There's mud all along the bottom"
   "Well there would be, wouldn't there", said Gaskell. (p. 111)
   „Den ganzen Boden lang ist alles Schlamm."
   „Na, das möchte so sein, nicht?" sagte Gaskell. (S. 141)

d) "Pissed as a newt", said the caretaker, . . . (p. 64)
   „Blau wie ein Wassermolch", sagte der Hausmeister, . . . (S. 81)

III 3D – ODER: HANDELN UND VERWANDELN

Die Ausführungen am Ende des vorigen Kapitels haben möglicherweise beim Leser zwei Fragen ausgelöst:

- Muß man denn das alles so kompliziert ausdrücken? Genügt es denn nicht zu sagen, daß der Übersetzer eben immer das entsprechende und passende Wort finden muß?
- Überhaupt war bisher sehr oft von Kommunikation die Rede, aber von der Sprache selbst wurde herzlich wenig gesagt. Dabei ist doch die Sprache das eigentliche Material des Übersetzers, also muß er sich doch auch an den sprachlichen Gegebenheiten – also am Text selbst – orientieren.

Beide Fragen lassen sich zusammen beantworten, allerdings nicht in einem Satz:

„Die Sprache" ist ein recht unscharfer Begriff, der auf vielerlei Arten definiert werden kann. Welche Eigenschaft der Sprache dabei zum Gegenstand der Definition wird, hängt von den weiteren Zielen des Theoretikers ab. So kann man z.B. untersuchen, welche Beziehungen zwischen den sprachlichen Zeichen – den „Wörtern" – und den Objekten und Begriffen existieren, auf die sie sich beziehen. Man kann auch versuchen, die einzelnen Bestandteile der Sprache zu klassifizieren und ihre Funktion zu beschreiben, man kann Regeln abstrahieren, nach denen die sprachlichen Zeichen zu größeren Verbänden miteinander kombiniert werden.

Grundsätzlich anders wird die Fragestellung, wenn man den Sprachbenutzer mit einbezieht. Aus dieser Perspektive können wieder andere Probleme betrachtet werden: Welcher Sprachbenutzer verwendet welche Sprachzeichen? Was für Klassen von Sprachbenutzern gibt es? Wozu brauchen wir überhaupt die Sprache?

Es ist unergiebig, die Frage zu stellen, welche dieser Sprachbetrachtungen und -definitionen nun „die richtige" ist. Gerade bei der Übersetzungstheorie ist es aber sehr wichtig, zunächst einmal festzustellen, welche Sprachbetrachtung hier zweckmäßig ist.

Aus unseren bisherigen Ausführungen geht klar hervor, daß wir die *pragmatische* Sprachbetrachtung für zweckdienlich halten. Darunter versteht man – wie oben angedeutet – ein benutzerorientiertes Sprachverständnis. Das hat einige Konsequenzen, die an verschiedenen Stellen dieses Buchs weiter ausgeführt werden. Sie sollen deshalb hier nur angedeutet werden:

„Bedeutung" hat für uns Sprache erst dann, wenn das kommunikative Ziel der Sprachverwendung definiert werden kann. Wenn uns also jemand fragen würde, was Wörter wie *Schrank, Besteck, Aster* oder *Esel* auf Englisch heißen, dann müßte unsere Antwort lauten: „Das weiß ich nicht, denn solange du mir nicht sagst, was der Sprachverwender sagen will, kann ich dir – weder auf Deutsch, noch auf Englisch – sagen, was diese Wörter bedeuten". Würde er daraufhin „Esel!" zu uns sagen, dann wüßten wir, was er meint (und könnten diese Bedeutung auch ins Englische übertragen: *"idiot!"*).

Da wir bei der Entwicklung unseres Übersetzungsmodells von der kommunikativen Funktion von Texten ausgegangen sind, müssen wir konsequenterweise auch die Sprache aus dem Blickwinkel des Sprachbenutzers betrachten. Daraus ergibt sich eine Übersetzungstheorie, die sich in deutlichem Gegensatz zu einer zeichenorientierten Darstellung befindet, wie sie etwa KOLLER (1972) in einer früheren Arbeit formuliert:

> *Linguistisch* kann die Übersetzung als *Umkodierung* oder *Substitution* beschrieben werden: Elemente a_1, a_2, a_3 . . . des Sprachzeicheninventars L_1 werden durch Elemente b_1, b_2, b_3 . . . des Sprachzeicheninventars L_2 ersetzt.[1]

Eine solche Definition ist aus unserer Sicht deshalb sinn-los, weil sie nur den materiell sichtbaren Teil des Übersetzungsvorgangs beschreibt. Genauso könnte man das Schachspielen als abwechselndes Bewegen der Figuren auf den 64 Feldern des Bretts darstellen – das ist zwar nicht falsch, hilft aber keinem, der das Schachspielen erlernen möchte.

Wir grenzen deshalb noch einmal ganz klar ab: Unsere Theorie begnügt sich nicht damit, Aussagen zu machen über das Verhältnis der materiellen Sprachzeichen in einem AS-Text zu denen in seinem Pendant in einem ZS-Text. Für uns ist nicht Sprache als Produkt einer Tätigkeit Gegenstand der Erörterung, sondern Sprache als Handeln.

Nun könnte durchaus der Einwand gemacht werden: Sprache und Handeln haben doch gar nichts miteinander zu tun. Sprache ist Sache der Linguistik, also der Sprachwissenschaft, aber Handeln? Das ist allenfalls das Ergebnis von Erfahrungen, abhängig von Entscheidungen, die nicht sprachgebunden sind.

Gerade in diesem Punkt hat jedoch die Linguistik in den letzten Jahren eine bemerkenswerte Wandlung durchgemacht. In der pragmatisch orientierten Sprachwissenschaft wurden die Begriffe „Handeln" und „Sprache" bzw. „Sprechen" einander immer mehr angenähert. Hören wir dazu die Stimmen einiger Zeugen: JÜRGEN HABERMAS:

> Einer Regel folgen heißt in einem extensiven Sinne „Handeln", gleichviel ob wir es, wie beim sozialen Handeln, mit geltenden Normen . . . oder, wie beim Sprechen, mit grammatischen Regeln oder mit Regeln der Universalpragmatik zu tun haben.[2]

Oder WERNER HÜLLEN:

> Die Annahme einer kommunikativen Kompetenz folgt aus der Einsicht, daß Sprechen eine spezifische Form sozialen Handelns ist, daß Kommunikation zwischen den Partnern also nur im Vollzug einer sozialen Interaktion zuwege gebracht wird.[3]

Und schließlich noch DIETER WUNDERLICH:

> Der Zweck sprachlicher Äußerungen, der Teil der Bedeutung dieser Äußerungen ist, besteht in erster Linie in der Koordination anderer Handlungen.[4]
>
> Jedoch muß man erkennen, daß der Bedeutungsbegriff erst seinen vollen Sinn erhält, wenn man ernsthaft von den „Bedeutungen für einen Sprecher" bzw. „Bedeutungen für einen Hörer" zu reden bereit ist.[5]

---

1 Koller 1972: 69/70.

2 Habermas 1972: 230.

3 Hüllen 1976: 12.

4 Wunderlich 1976: 31.

5 Wunderlich 1972: 14.

Aus der Äußerung Wunderlichs geht besonders deutlich hervor, daß die „Pragmatiker" unter den Sprachwissenschaftlern der Meinung sind, daß erst durch das Einbeziehen des Sprachbenutzers in den Bedeutungsbegriff eine wirklichkeitsnahe Vorstellung von den Vorgängen gegeben werden kann, die sich bei der Sprachverwendung abspielen. HÜLLEN (1973) nennt denn auch die Pragmatik die „dritte linguistische Dimension" – also die Voraussetzung für ein „wahres", „plastisches" Bild von den beschriebenen Phänomenen. Eine weitere Diskussion der Begriffe „Sprache" und „Handeln" – und ihrer Beziehung zueinander – halten wir nicht für nötig. Uns geht es darum, unseren theoretischen Ansatz in der Sprachwissenschaft zu lokalisieren. Viel wichtiger als diese Legitimation ist es, die Konsequenzen dieser „Dreidimensionalität" für das Handeln des Übersetzers aufzuzeigen.

Betrachten wir folgenden Satz:

(1) Ich bin fertig.

Es handelt sich nach den gängigen Definitionen um einen vollständigen Satz, der aus einem Subjekt (Ich) und einem Verb (bin fertig) besteht. Trotzdem läßt sich nicht sagen, was dieser Satz bedeutet, denn es bleibt unbestimmt, was eigentlich gesagt werden soll:

(1a) „Ich kann nicht mehr. Ich brauche eine Pause!"
oder
(1b) „Ich habe meine Arbeit beendet. Wir können jetzt gehen".

Den Satz (1) können wir *nicht* übersetzen, wohl aber die Äußerungen (1a) und (1b):

(2a) "I've had it!"
(2b) "I have finished."

An dieser Unterscheidung zwischen Satz und Äußerung wird *eine* Konsequenz des pragmatischen Ansatzes deutlich: Sätze sind formal definierte Einheiten, während Äußerungen in den kommunikativen Vollzug einbezogen werden. Eine Äußerung ist grundsätzlich eindeutig, während ein Satz potentiell mehrdeutig ist. Aus einem Satz kann eine Äußerung werden, wenn wir ihn – wie (1) zu (1a) – pragmatisch situieren, also kenntlich machen, mit welcher Redeabsicht hier gesprochen wird.

Beim Übersetzen haben wir es also mit Äußerungen zu tun, denn nur die können wir in eine andere Sprache übertragen. Drehen wir diesen Satz – besser gesagt: diese Äußerung – um, so erhält sie einige Brisanz: Was keine Äußerung ist, kann man nicht übersetzen.

Und was ist mit den Wörtern? Was ist z.B. mit dem Wort *Feuer*? Sollte man das etwa nicht „an sich" übersetzen können?

Unsere Gegenfrage muß lauten: Was für ein *Feuer* meinen Sie? Meinen Sie

(3a) „Feu-er, Feu-er!!!"
oder
(3b) „Feuer!"
oder
(3c) „Feuer?"

Je nach Präzisierung wäre zu übersetzen mit:

(4a) "Fire, Fire!!!"
(4b) "Fire!"
(4c) "Got a light?"

Die Äußerungen (3a) – (3c) sind natürlich übersetzbar, nicht aber das Wort *Feuer* an sich. Äußerungen sind also nicht an das formale Kriterium der Satzdefinition gebunden; nicht die Anzahl der sprachlichen Zeichen ist entscheidend, sondern ihre kommunikative Funktion.

Damit soll nicht gesagt sein, daß „Wörter an sich" keine Bedeutung für den Übersetzer haben, wohl aber, daß die Identifikation ihrer jeweiligen Bedeutung nur in ihrer Rolle als Funktionsträger für die Bedeutung der gesamten Äußerung möglich ist. Wie dies im einzelnen zu geschehen hat, wird in Kapitel VII und VIII ausführlich dargestellt.

Nun zu einer anderen Konsequenz einer pragmatisch orientierten Sprachtheorie für das Übersetzen. Nachdem bisher vor allem Wörter, Sätze und Äußerungen als Beispiele herangezogen wurden, wenden wir uns jetzt dem eigentlichen Material des Übersetzers zu: dem Text. Texte sind natürlich wesentlich komplexere Gebilde als Wörter oder Äußerungen, und deshalb wird auch die Diskussion an dieser Stelle etwas komplizierter. Sie folgt aber den bisher erarbeiteten Richtlinien und Modellen: Eine dreidimensionale Betrachtung der Sprache im Rahmen einer allgemeinen Handlungstheorie. Allerdings soll nun nicht mehr nur vom Handeln, sondern auch vom Verwandeln, also vom Übersetzen, die Rede sein.

Auch in der Textlinguistik gibt es eine Richtung, die den Text mit (sprachgebundenem) Handeln in Verbindung bringt. So definiert etwa SIEGFRIED J. SCHMIDT (1973) einen Text als eine „geordnete Menge von Anweisungen an den Kommunikationspartner"[6]. Der Kommunikationspartner reagiert auf diese Anweisungen, indem er sie „einlöst", sie realisiert. Allerdings kann er diese Verstehenshandlung nur im Rahmen der Situation vollziehen, in der er diesem Text begegnet. Doch auch der Sender dieser textgebundenen „Instruktionen" hat die Situation des Empfängers bedacht, und seine Anweisungen bereits so verbalisiert (= in Sprachzeichen umgesetzt), daß seine Anweisungen genau im Sinne des angestrebten kommunikativen Effekts eingelöst werden können.

Wegen der zentralen Bedeutung der *Anweisung* hat dieser Zweig der Textlinguistik sich den Namen *Instruktionslinguistik* zugelegt. Versuchen wir also, einen Text instruktionslinguistisch zu analysieren:

> WHAT'S IN A NAME?
>
> It sounds ordinary on paper. A white shirt with a blue check. In fact, if you asked most men if they had a white shirt with a blue check, they'd say yes.
> But the shirt illustrated on the opposite page is an adventurous white and blue shirt. Yet it would fit beautifully into your wardrobe. And no one would accuse you of looking less than a gentleman. Predictably, the different white and blue check shirt has a different name. Viyella House. It's tailored in crisp cool cotton and perfectly cut out for city life. Remember our name next time you are hunting for a shirt to give you more than just a background for your tie.
>
> On women's and children's wear as well as on men's shirts, our label says – quietly but persuasively – all there is to say about our good quality and your good taste.
> OUR LABEL IS OUR PROMISE
>
> (Anzeige in der *Sunday Times*[7])

---

6 Schmidt, S.J. 1973:76.

7 Abgedruckt in Chamberlin/White 1975: 67.

Der angestrebte kommunikative Effekt wird hier deutlich ausgesprochen: *Remember our name next time you are hunting for a shirt . . .* Der Sender dieses Werbetextes möchte erreichen, daß sich beim Empfänger positive Assoziationen zu seinem Produkt einstellen, wenn er in einer Situation steht, in der ein Kaufentschluß möglich ist.

Einen derartigen Effekt strebt eigentlich jede Werbung an. Damit er sich einstellt, muß der Sender offensichtlich mehr tun, als nur diesen Wunsch auszusprechen. Er stellt sich sehr präzise auf die Situation seines Adressaten ein, wobei er von gruppenspezifischen Merkmalen der Leser der *Sunday Times* ausgeht: Sie sind eher konservativ als avantgardistisch, in ihrem Geschmack eher „leise" als „laut", mehr ausgerichtet nach dem Ideal des *city gentleman* als dem des Popstars.

Die sprachlichen Anweisungen dienen vor allem dem Zweck, dem Adressaten zu zeigen, daß genau er angesprochen wird. Dies geschieht schon durch die Selektion einschlägiger Wörter: *gentleman, city life* verweisen auf einen positiv bewerteten Status, die Spannung zwischen *ordinary* und *adventurous* auf die bevorzugte Geschmacksrichtung, die Formulierung *quietly* but *persuasively* auf die bevorzugte Art der Argumentation und den Lebensstil dieser Gruppe überhaupt.

Das Image des umworbenen Produkts paßt sehr genau in das Stück Welt, das der Adressat realisieren soll, und in dem er sich wohlfühlt: qualitativ hochwertig, konservativ weiß, mit einer kleinen persönlichen Note (den blauen Karos), schick, aber auf keinen Fall auffällig.

Doch auch noch auf einer anderen Ebene wird der Adressat angewiesen, den hier angesprochenen Realitätsausschnitt als seine Welt zu akzeptieren. Die Überschrift (WHAT'S IN A NAME?) ist ein Zitat aus Shakespeare's *Romeo and Juliet:*

> What's in a name? that which we call a rose,
> By any other name would smell as sweet;
> (I, 2; 34–35)

Die Anweisung lautet hier: erkenne, daß dies ein Shakespeare-Zitat ist! Der Leser, der in der Lage ist, diese Anweisung einzulösen, weist damit nach, daß er ein *Gentleman* ist, ein gebildeter Mensch, der sich zu Recht hier angesprochen fühlt. Es ist also nicht deshalb aus *Romeo and Juliet* zitiert worden, weil dort etwas über weiße Hemden (mit blauen Karos) steht, sondern um den Adressaten in den Genuß der gelungenen Einlösung dieser Anweisung zu bringen. Ähnliches gilt für die witzige Definition: *shirt . . . a background for your tie* und die Alliteration: *crisp, cool cotton and perfectly cut out . . .* Sie sollen dem Leser einen ästhetischen Genuß vermitteln; er soll merken, daß er als gebildeter Mensch angesprochen wird.

In der Sprache der Werbefachleute gebraucht man den Ausdruck Akzeptanz zur Beschreibung des Grundsatzes, daß man eine Aussage nur dann an „den Mann bringen" kann, wenn sie in einem Umfeld geäußert wird, das vom Adressaten als positiv bewertet wird. Genau um diese Akzeptanz geht es auch in unserem Text. Die textlichen Anweisungen sind mit dem Ziel gestaltet, daß der Adressat bei ihrer Einlösung fühlt und spürt (nicht eigentlich „erkennt"), daß hier seine Sprache gesprochen wird.

Machen wir uns nun auf dieser instruktionslinguistischen Basis daran, den Text ins Deutsche zu übersetzen – denn schließlich wurde er ja speziell für diesen Zweck in das genannte *English For Translation* aufgenommen. Wir bedienen uns dabei eines spezifisch instruktionslinguistischen Übersetzungsmodells, das DIETER STEIN entwickelt hat:[8]

---

8 Skizze nach Stein 1980: 62

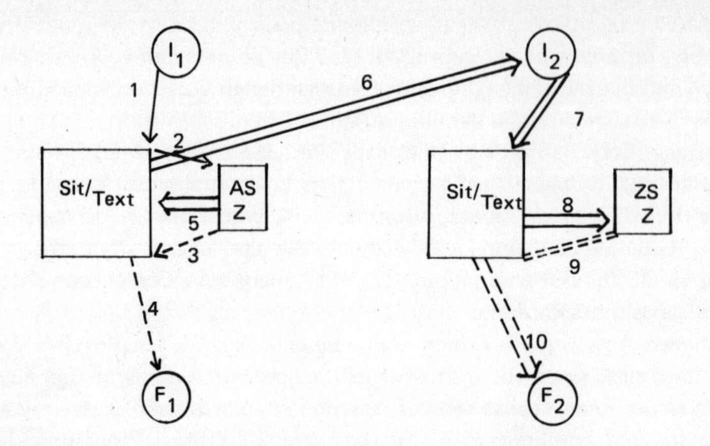

Wir erklären dieses Modell, indem wir es auf den vorliegenden Text anwenden. Dabei folgen wir der Darstellung bei STEIN, verwenden jedoch nicht in allen Punkten seine Terminologie.

Die Kommunikations-Intention (I_1) des Senders in AS soll beim Adressaten einen bestimmten kommunikativen Effekt auslösen, er soll zum Vollzug einer kommunikativen Funktion (F_1) veranlaßt werden. Wir haben diesen kommunikativen Effekt bereits oben (S. 24) definiert als das Auslösen von positiven Assoziationen in bezug auf das angepriesene Produkt.

Um diesen Effekt auszulösen, orientiert sich der Sender an der Situation des Adressaten *(Sit)* und wählt entsprechend aus seinem Zeichenvorrat diejenigen Zeichen aus, die unter Berücksichtigung der Situation und des an dieser Stelle erreichten „Textverständnisses" *(Text)* den Adressaten zur Einlösung dieser vertexteten Anweisungen veranlassen.

Auch diesen Vorgang haben wir bereits dargestellt (S. 37). *Sit*-Daten wären demnach die gruppenpragmatischen Eigenschaften der Leserschaft der *Sunday Times,* die wir hier nicht noch einmal aufzählen wollen. Nicht gesprochen wurde dort von der Komponente *Text,* dem Textwissen, das STEIN in folgender Weise erklärt:[9]

> Als „Textwissen" („Text") wird jeweils die Information verstanden, die an einer gegebenen Textstelle durch die bis an diese Stelle kommunizierten Inhalte zusätzlich zu dem *Sit*-Wissen aufgebaut wurde. Es ist klar, daß – . . . – das „Text"-Wissen letzlich in „Sit"-Wissen überführt wird, jedoch kann dies erst nach erfolgter Kommunikation des gesamten Textes, d.h. nach Vollzug *sämtlicher* kommunikativer Funktionen angenommen werden.

Wenn wir diese Erkenntnis nun wiederum auf das textstrategische Kalkül des Senders beziehen, so heißt dies wohl, daß dieser sich überlegen muß, was er wo plaziert. So ist z.B. die beschriebene Wirkung des Shakespeare-Zitats nur dadurch zu erreichen, daß es an den Anfang des Textes gerückt wird, also an eine Stelle, wo das Text-wissen für den Adressaten noch gar nicht existiert.

Wir halten jedoch die Kategorie „Text"-wissen für eine Modifikation der Dimension *Sit,* und werden deshalb im weiteren Verlauf nicht weiter darauf eingehen.

---

9 Stein 1980: 63

Soweit also der Prozeß der Textproduktion, der dann in der Realisierung der kommunikativen Funktion (F_1) durch den Adressaten seinen End- und Zielpunkt findet. Nun aber zum Übersetzen selbst, oder, besser gesagt, zum Übersetzer.

Er hat bei STEIN – wie auch bei uns (S. 26) – eine grundsätzlich andere Stellung als der Adressat des Textes in der ZS. Er wendet nun ein „retrospektives Kalkül" an, um herauszufinden, welche Intention der Sender hatte, als er diesen Text verfaßte. Denn diese Intention – so STEIN – muß wiederum in der ZS zum Ausgangspunkt der Textproduktion werden: „die erste Leistung des Übersetzers ist optimal erbracht, wenn $I_1 = I_2$ (ist)" (S. 67).

Während also der Sender kalkuliert: „Ich habe die Intention I und ich habe Adressaten in der kommunikativen Situation *Sit.* Wie muß ich jetzt meine sprachlichen Zeichen verwenden, damit meine Intention optimal eingelöst wird?" spekuliert der Übersetzer in die umgekehrte Richtung: „Wenn der Sender die sprachlichen Zeichen *so* verwendet hat, und wenn die Situation der Adressaten *so* ist, dann muß seine Intention folgendermaßen ausgesehen haben".

Das Ergebnis der Schritte 1–5 bei STEIN ist also die Erschließung der Senderabsicht in bezug auf seine Adressaten, wie bereits mehrmals beschrieben. STEIN braucht deshalb so lang, um zu diesem Ergebnis zu gelangen, weil er denselben Vorgang zweimal beschreibt: Einmal aus der Sicht des Senders, und einmal aus der Sicht des Übersetzers.

Im Schritt 6 aber wird der Übersetzer nun aktiv: Er überträgt die Intention I_1 in den Bereich der Zielsprache (und Kultur!) und macht sie damit zur I_2. Und von dieser ausgehend verfährt er nun genauso wie der Sender in der AS, mit dem Ergebnis, daß am Ende eine kommunikative Funktion F_2 mit „maximaler Ähnlichkeit" (STEIN) zu F_1 entsteht.

Als Sender muß der Übersetzer nun erkennen, daß seine Adressaten ganz andere *Sit*-Voraussetzungen mitbringen als die in der Ausgangssprache und -kultur: Sie haben kein weißes Hemd mit blauen Karos in ihrem Kleiderschrank, ein *Gentleman* erinnert sie mehr an einen verschrobenen Engländer mit Stockschirm und Melone, mit *city life* können sie gar nichts anfangen und das Shakespeare-Zitat würde sie nicht erreichen. Das ist weiter nicht schlimm, denn maßgebend für den Sender sind ja die *Sit*-Daten der ZS – und nicht der AS. Voraussetzung zu deren Definition ist jedoch, daß der Sender eine Vorstellung davon hat, für wen er denn nun diesen Text übersetzen soll. STEIN sieht in diesem Punkt kein Problem, denn er geht davon aus, daß man nicht „ins Blaue" übersetzen bzw. textgebundene Instruktionen geben kann. Damit hat er zweifellos recht, wie es ohne Zweifel auch in der Praxis niemals vorkommen wird, daß man kommentarlos zum Übersetzen eines Textes der Art WHAT'S IN A NAME? aufgefordert wird.

Wenn überhaupt ein Übersetzer einen solchen Text zu bearbeiten hätte, dann nur mit einer klaren Vorgabe. Gerade die aber fehlt in der Textsammlung von CHAMBERLIN/WHITE, und damit wird es dem Übersetzer unmöglich gemacht, diesen Text zu übersetzen. Denkbar wäre:

„Die Firma Viyella House will jetzt auch in Deutschland ihre Produkte verkaufen. Machen Sie mal eine Übersetzung, aus der hervorgeht, mit welcher Marketing-Konzeption die in England vorgehen. Schreiben Sie eventuell noch ein paar Zeilen dazu!"

Oder: „Die Firma Viyella House hat uns diese Anzeige geschickt, wir sollen für die was Entsprechendes in Deutschland machen. Also setzen Sie sich mal mit einem von unseren Werbeleuten zusammen, übersetzen Sie ihm die Anzeige und dann formulieren Sie mit ihm zusammen eine gute Anzeige für unseren Raum!"

Beginnen wir mit der zweiten Möglichkeit. Endprodukt wäre in diesem Fall eine Anzeige, in der möglicherweise kein Wort an das „Original" erinnert. Vielleicht entschließt man sich sogar, lieber ein Produkt aus dem Sortiment Kinderbekleidung in den Mittelpunkt der Anzeige zu stellen. Denkbar wäre auch, daß man ganz verschweigt, daß es sich um ein englisches Produkt handelt. Oder man versucht die Akzeptanz zu erreichen, indem man gerade die skurille, spleenige Art der Engländer in den Mittepunkt stellt, wie dies auch bei anderen Produkten geschieht – z.B. *Sir Winston Tea* oder *Schweppes.*

In diesem Fall kann es gelingen, die Intention des AS-Textes zu bewahren. Es fragt sich allerdings, ob eine solche Übertragung noch mit dem Begriff „Übersetzung" erfaßt werden kann. Theoretiker wie Praktiker würden hier andere Begriffe vorziehen und von *Modulation* (vgl. WILSS 1977, Kapitel V) bzw. von Bearbeitung sprechen.

Setzen wir den zuerst genannten Auftrag voraus, so gilt die Gleichung $I_1 = I_2$ nicht mehr. Hier soll nicht mehr die kommunikative Funktion F_1 eingelöst werden, sondern der Übersetzer soll zeigen, w i e die textgebundenen Instruktionen in der AS selektiert werden, um im Zusammenspiel mit dem *Sit*-Wissen die Realisation von F_1 zu ermöglichen.

Je nach Auftrag erhalten wir so zwei ganz verschiedene Arten von Übersetzung – ohne Auftrag jedoch erhalten wir überhaupt keine Übersetzung. Wir sind der Meinung, daß es sich hier um zwei gleichberechtigte Grundtypen der Übersetzung handelt, die zwar hier auf Grund des AS-Textes in besonders pointierter Form vorgestellt werden, die aber trotzdem die erste und hierarchisch wichtigste Alternative darstellen, die mittels einer Übersetzungsstrategie zu bewältigen ist.

Diese beiden Grundtypen lassen sich als *Funktionskonstanz* und als *Funktionsveränderung* bezeichnen. Es sind völlig gleichberechtigte und gleichermaßen legitime Übersetzungsstrategien, zwischen denen der Übersetzer bei jedem Text zu wählen hat. Es ist also keineswegs so, daß *Funktionskonstanz* als Normalfall des Übersetzens gelten kann, während die *Funktionsveränderung* eine exotische Ausnahme darstellt.

Wir stimmen STEIN in dem Punkt nicht zu, wo er $I_1 = I_2$ zur Grundbedingung des Übersetzens macht. Wir gehen sogar noch einen Schritt weiter und behaupten, daß in jedem Fall die Beziehung $I_1 = I_2$ grundsätzlich problematisch ist.

Der Grund dafür ist letztlich darin zu sehen, daß der Übersetzer nicht der passive „Transformator" von I ist, sondern daß er handelt (und verwandelt). Dieses Handeln geschieht jedoch nicht willkürlich, sondern in Abhängigkeit davon, wie sein Verhältnis zu den Adressaten in der ZS auf Grund der vorgegebenen *Sit*-Daten (und/oder des expliziten Übersetzungsauftrags) geregelt ist.

Die eingangs gestellten Fragen sind deshalb so zu beantworten (vgl. S. 33):

Die Selektion der „richtigen" sprachlichen Zeichen ist ein Entscheidungsprozeß, der von der pragmatischen Ebene her gesteuert wird. Er ist die Konsequenz von höherrangigen Entscheidungen, wobei die Bestimmung der Funktion der Übersetzung den höchsten Rang in der Hierarchie einnimmt, während die Wahl des einzelnen Worts die sichtbare Konsequenz und die letzte Station in dieser Abfolge von Entscheidungen ist.[10]

---

[10] Von ähnlichen kommunikativen Voraussetzungen gehen Vermeer 1979 und House 1977 aus. Bei House werden mit *covert* und *overt translation* bereits die Typen der funktionskonstanten und der funktionsverändernden Übersetzung eingeführt. Ähnlich – wenn auch in wesentlich knapperer Darstellung – unterscheiden Diller/Kornelius 1978 zwischen *primärer* und *sekundärer* Übersetzung.

Als Spezialfall sieht Reiss 1972: 93ff. und 1976: 23f. die funktionsverändernde Übersetzung, ebenso Koller 1979: 190.

Oder um es mit *Humpty Dumpty* aus Lewis Carrolls *Through The Looking Glass* zu sagen:[11]

> "When *I* use a word", Humpty Dumpty said, in rather a scornful tone, "it means just what I choose it to mean, neither more nor less."
>
> "The question is", said Alice, "whether you *can* make words mean so many different things."
>
> "The question is", said Humpty Dumpty, "which is to be master – that's all."

„Wer hier zu bestimmen hat" – danach richtet sich die Bedeutung der Wörter. Entscheidend ist also das Verhältnis der Kommunikationspartner zueinander. Diese „Machtfragen" wollen wir im nächsten Kapitel eingehender diskutieren.

---

11 Gardner, Martin (ed.), *The Annotated Alice* (London, 1965): 269.

AUFGABEN ZU III

Aufgabe 1

Überprüfen Sie die aufgeführten Übersetzungs-Beispiele nach folgenden Gesichtspunkten:

- Handelt es sich bei dem Beispiel aus der AS um eine kommunikativ situierte Äußerung?
- Wird bei der Übersetzung Funktionskonstanz angestrebt? (Und – falls ja – wird diese erreicht?)

(Sämtliche Beispiele sind dem Buch von WOLF FRIEDERICH, *Technik des Übersetzens,* (München, 1969) entnommen.)

a) Es zieht = There is a draught
   Es brennt = There is a fire
   Es pfiff = There was a whistle
   (S. 104)

b) We could think of nothing to say = Uns fiel nichts ein (S. 95)

c) I am waiting to hear your explanation = Ich warte auf Deine Erklärung
   (S. 92)
   Hinweis: Vergleichen Sie die AS-Äußerung mit:
   I am waiting for your explanation.

d) He was found to be still alive = Er war, wie sich herausstellte, noch am Leben. (*Oder:* Es stellte sich heraus, daß er noch am Leben war). (S. 87)

e) A hesitant cold front, edging down from the north-west, may cool Britain down slightly today, and bring occasional rain.
   Eine von Nordwesten sich zögernd heranschiebende Kaltfront wird England heute möglicherweise leicht abkühlen und gelegentliche Regenfälle bringen (S. 74).

Aufgabe 2

Hier ein Zitat aus MAAS/WUNDERLICH, *Pragmatik und sprachliches Handeln* (Frankfurt, 1974), S. 117. Wir haben einige Wörter ausgelassen. Schließen Sie diese Lücke, verwenden Sie dazu die Wörter aus der Liste unterhalb des Zitats. In der Liste befinden sich zusätzlich noch zwei Wörter, die in keine der Lücken passen.

Kommunikation ist nicht nur ein Austausch von . . . . und ein Austausch von . . . . , (das ist sie auch), zuallererst ist sie aber Herstellen von . . . . Beziehungen; und diese determinieren das, was . . . . genannt werden kann, von der auch erst . . . . und . . . . ihren praktischen Sinn in Handlungskontexten bekommen.

Informationen
Intentionen
Pragmatik

sprachlichen Inhalten
Verständigungsebene
zweiseitigen

Aufgabe 3

Wie läßt sich folgende Aussage auf unsere Ausführungen vom sprachlichen Handeln beziehen:

> Die Gesetzmäßigkeiten des Übersetzens, deren sich der Sprachmittler bedient und die der Übersetzungswissenschaftler beschreibt und erklärt, beruhen auf dem gemeinsamen Bezug von QS (= AS) und ZS auf die gesellschaftliche Praxis und auf die konkrete Wirklichkeitserkenntnis. Hindernisse für das Übersetzen treten immer dort auf, – und seien sie zeitweiliger Natur –, wo dieser gemeinsame Erfahrungs- und Erkenntnisbereich sowohl potentiell wie auch aktuell nicht oder noch nicht (. . .) vorliegt.
>
> Primär sprachliche Schwierigkeiten sind dagegen grundsätzlich überwindbar. Damit entsteht die paradoxe Situation, daß die Invarianten des Übersetzungsprozesses, die die Übersetzbarkeit gewährleisten, außerhalb der Sprache selbst im Leben liegen, oder besser: begründet sind, daß aber die eigentliche Bewältigung des Übersetzungsbedürfnisses in der Handhabung von Sprache besteht.

Frage A:
Wie wird hier sprachliches Handeln verstanden?

Frage B:
Würde der Autor einer funktionsverändernden Übersetzung als einem legitimen Mittel zur Überwindung der genannten Hindernisse zustimmen?

Frage C:
In welchem Staat lebt der Autor?

IV VON SOKU UND SAPIR

Nehmen wir an, ein Chauffeur fährt seinen Chef über die Autobahn. Der Chauffeur öffnet das Fenster einen Spalt, der Chef sagt: „Es zieht!" Daraufhin schließt der Chauffeur das Fenster wieder.

Der siebenjährige Thomas macht im Wohnzimmer seine Hausaufgaben. Ein Blatt Papier wird vom Tisch geweht, weil die Balkontür offen steht. Sein Vater schaut ihn vorwurfsvoll an. „Es zieht!" sagt Thomas. Sein Vater blickt von seiner Zeitung auf: „Macht nichts! Heb es eben wieder auf." Dann liest er weiter.

Wenn wir davon ausgehen, daß der Adressat von „Es zieht!" in beiden Szenen identisch ist – einmal in seiner Rolle als Chauffeur, das andere Mal als Vater – so wird aus seiner Reaktion deutlich, daß die Bedeutung der Äußerung für ihn jeweils eine andere ist. Im ersten Fall ist sie vergleichbar mit „Bitte, schließen Sie das Fenster!", im zweiten mit „Das ist nicht meine Schuld".

Es ist also nicht so, daß dieses „Es zieht!" an sich eine Bedeutung hat, sondern die Bedeutung für den Adressaten entsteht aus seinem Verhältnis zum Kommunikationspartner, das in unseren beiden Beispielen durch die Statusunterschiede charakterisiert wird. Das gilt insbesondere für die „indirekten" Sprechakte, von denen später (S.76ff.) die Rede sein wird.

Wenn wir nun wieder an die Übersetzung denken, so ist zunächst im Englischen *"There is a draught"* heranzuziehen. In der Tat gibt es durchaus Situationen, in denen dieser Satz die gleiche Äußerung ergibt, wie Deutsch: „Es zieht!". Aber die erste der geschilderten Situationen gehört nicht dazu – ein englischer Chef würde hier eine andere Formulierung verwenden, z.B. *"I'm afraid that's too much wind, John"*.

Das liegt nicht daran, daß er grundsätzlich einen anderen Status hat als etwa der deutsche Chef. Vielmehr regeln bestimmte Konventionen, was „man" in einer bestimmten Situation sagen darf, und sagen kann. Der Ursprung dieser Konventionen liegt im Bereich der gesamten Soziokultur einer Sprachgemeinschaft, ist also nicht eigentlich sprachlicher Natur. Nicht die Sprache entscheidet, was man sagen kann und sagen soll, sie stellt lediglich das nötige Material bereit. Die Selektion aber geschieht wiederum – wie schon bei der Beschreibung des Kommunikationsprozesses dargelegt – nach außersprachlichen Kriterien.

Der Bestand dieser Konventionen ist historisch gewachsen, sein Regelinventar ist beschreibbar, kann aber nicht eigentlich erklärt werden: „Es ist halt so – So sagt man halt". Trotzdem kann man immer wieder naive Erklärungsversuche hören und lesen, die Verbindungen zwischen diesen Konventionen und dem „Volkscharakter" herstellen wollen.

Ein besonders geeignetes Beweisstück scheinen dabei die Anredeformen im Englischen zu sein. Immer wieder berichten Studenten nach einem Auslandssemester, daß die Engländer doch gar nicht so steif und zurückhaltend seien, wie man es ihnen manchmal nachsagt.

Der Beweis sei die Bereitwilligkeit, mit der man dort zum „Du" übergehe. Nicht nur mit den Kommilitonen, sondern auch mit flüchtigen Bekannten, auf Parties usw. habe man diese Erfahrung gemacht, daß „die Engländer" relativ formlos und schnell dazu übergehen, den anderen beim Vornamen zu nennen.

Hier liegt ein typischer Fall einer "cultural fallacy" vor, einer soziokulturell motivierten Täuschung. Einer historisch gewachsenen und nicht weiter erklärbaren Konvention wird eine Redeabsicht unterlegt, die gar nicht vorhanden ist. Und als Redeabsicht wird eine Motivation angenommen, die dann vorhanden wäre, wenn ein Deutscher sich so verhalten würde wie der Engländer. Die Argumentation bei der "cultural fallacy" verläuft also so: „Wenn ein Deutscher sich (sprachlich) in der gleichen Situation so verhalten würde wie die Engländer, dann wäre das ein normabweichendes Verhalten. Und diese Normabweichung ist im vorliegenden Fall als auffällige Offenheit und Kontaktfreudigkeit zu interpretieren."

Es wird also die deutsche Verhaltensform absolut gesetzt, die englische als eine Abweichung verstanden, die interpretationsbedürftig ist. In Wirklichkeit aber stehen sich in diesem Beispiel zwei Formen normentsprechenden (sprachlichen) Verhaltens gegenüber, die in der jeweiligen SoKu (= Soziokultur) zur Konvention geworden sind.

Dies zu erkennen, setzt allerdings voraus, daß man mit den entsprechenden Konventionen der Fremdsprache vertraut ist. Oder umgekehrt ausgedrückt: zum Opfer einer "cultural fallacy" im sprachlichen Bereich werden logischerweise besonders die Übersetzer, denen die fremdsprachlichen Konventionen nicht bekannt sind.

Dabei gibt es natürlich wohlbekannte und weniger vertraute Konventionen. So wird jedermann wissen, daß die Engländer nicht in all den Situationen die Hände schütteln, in denen dies in Deutschland üblich ist. Aber ist zum Beispiel allgemein bekannt, was das äquivalente englische Verhalten für „Guten Appetit!" bzw. „Mahlzeit!" zu Beginn eines gemeinsamen Essens ist? Weder *"good appetite!"* noch *"I hope you'll enjoy your meal"* sind in einer solchen Situation angebracht, allenfalls *"Do start before it gets cold!"* von seiten der Hausfrau. Von den Gästen aber wird hier gar nichts erwartet — nichts zu sagen gilt also durchaus als das konventionelle Verhalten. (Vielleicht sollte man aber in diesem Fall die Situation einmal aus der Sicht des Engländers sehen — er muß sich einprägen, daß man in Deutschland in Gesellschaft vor Beginn eines Essens etwas sagen muß. Und noch größere Schwierigkeiten bei der Erlernung dieser Konventionen hätte etwa ein Italiener, denn in seinem Land ist es auch in gehobenen Kreisen durchaus üblich, mit dem Essen zu beginnen, ohne auch nur darauf zu warten, bis allen anderen Gästen serviert worden ist).

Grundsätzlich sind diese soziokulturellen Konventionen jedoch nicht als Arabesken am „Rande der Sprache" zu verstehen, wie es die anekdotische Darstellung vielleicht vermuten läßt. Ganz im Gegenteil: Die SoKu ist die Wurzel jeder sprachlichen Äußerung und bestimmt weitgehend deren Form. Wer also das Übersetzen „an der Wurzel" anpacken will, darf sich nicht nur am sichtbaren Teil des Textes — sozusagen dem Stamm, den Ästen und Blättern orientieren, sondern er muß in der Lage sein, die Gesamtgestalt des Textes auf Grund der soziokulturellen Voraussetzungen zu beurteilen.

Dies wird ganz einleuchtend, wenn wir an bestimmte Textsorten[1] denken, die stark sprachlichen Konventionen unterworfen sind. Betrachten wir etwa folgenden Text:

---

1 Zur Konventionalität von Textsorten vgl. Reiss 1976: 14ff. und Reiss 1977: 46.

(1) HERMAL-CHEMIE KURT HERRMANN – HERMAL – Reinbek Hamburg

Wichtige Information, aufmerksam lesen!

BALNEUM HERMAL Medizinisches Öl

Zusammensetzung:
Sojaöl 84,75 g; Emulgatoren, Antioxydantienmischung und Korrigentien ad 100,0 g.

Eigenschaften: Das medizinische Ölbad BALNEUM HERMAL wurde zur Behandlung trockener und schuppender Hautveränderungen entwickelt. Sein besonderer Vorzug liegt in der angenehmen Weise, der Haut das fehlende Fett zuzuführen. Das enthaltene, besonders hautverträgliche Pflanzenöl verteilt sich im Badewasser aufs feinste. Dadurch wird gewährleistet, daß es während des Badens gleichmäßig auf die Haut aufzieht und leicht in die obersten Zellschichten eindringt. Ein Bad mit BALNEUM HERMAL führt der Haut nachweislich Fett zu, ohne diese jedoch fühlbar fettig zu machen. Das schnelle Verdunsten aufgenommenen Wassers wird verzögert, die Elastizität der Hornschicht wird günstig beeinflußt, Juckreiz wird gelindert. BALNEUM HERMAL verfügt zusätzlich – ohne einen entfettenden Effekt aufzuweisen – über eine gute Reinigungswirkung.
Die genannten Eigenschaften empfehlen BALNEUM HERMAL besonders zur Reinigung und Pflege der empfindlichen Haut des Säuglings und des Kleinkindes.

Anwendungsgebiete: Trockene Haut; die empfindliche Haut der Säuglinge und des Kleinkindes; Altershaut; Juckreiz; ferner zur unterstützenden Behandlung von Milchschorf, Windelekzem, toxisch degenerativem und allergischem Ekzem, Unterschenkelekzem, Neurodermitie, Schuppenflechte, Ichthyosis.

Dosierung und Anwendungsweise: Die Häufigkeit der Anwendung von BALNEUM HERMAL richtet sich nach der Art sowie dem Ausmaß der Beschwerden und sollte fallweise entschieden werden. Im allgemeinen werden wöchentlich 2–3 Vollbäder genommen. Gegebenenfalls empfiehlt sich die tägliche Anwendung, z.B. bei Säuglingen und Kleinkindern.
Die Dauer des Bades ist ebenfalls individuell zu bestimmen; soll aber 15–20 Min. nicht übersteigen. Das Reinigungs- und Pflegebad für Säuglinge und Kleinkinder beansprucht nur wenige Minuten.

BALNEUM HERMAL wird in das Badewasser gegeben (nicht umgekehrt) und gut untergemischt. Man benötigt für:

1 Vollbad	(ca. 150 l)	80 ml	(= 1 1/2 Meßbecher)
1 Kinderbad	(ca. 25 l)	5 ml	(= 1/4 Meßbecher)
1 Teilbad	(ca. 5 l)	2,5 ml	(= 1/8 Meßbecher)

Der der Packung beigefügte Meßbecher ist an einer Seite mit einer Maßskala versehen. Falls eine besonders hohe Fettung der Haut gewünscht wird, kann die Konzentration des Vollbades und des Kinderbades um das Doppelte oder Dreifache erhöht werden.
Auf den Gebrauch von Seife kann verzichtet werden. Ein Abduschen mit klarem Wasser nach dem Bad ist nicht im Sinne der Therapie.
Die Wanne ist nach jedem Bad zu reinigen.

Nebenwirkungen und Begleiterscheinungen:
Bisher keine beobachtet.

Unverträglichkeit und Risiken: Das Präparat sollte – wie alle Bäder – nicht angewendet werden bei fieberhaften Erkrankungen, Tuberkulose, schweren Herz- und Kreislaufstörungen, Bluthochdruck.

Darreichungsform und Packungsgrößen:
O.P. Flasche mit 95 ml
O.P. Flasche mit 225 ml
Klinikpackung mit 1000 ml.

Arzneimittel sorgfältig aufbewahren!
Vor Kindern sichern!

Es handelt sich hier um die Textsorte „Medizinischer Beipackzettel", die durch verschiedene Konventionen geprägt ist:

Sie folgt grundsätzlich einem starren Gliederungsschema, das folgende Punkte enthält:

Zusammensetzung
Eigenschaften
Anwendungsgebiete
Dosierung und Anwendungsweise
Nebenwirkungen und Begleiterscheinungen
Unverträglichkeit und Risiken
Darreichungsformen und Packungsgrößen

Diesem Schema folgt jeder Beipackzettel in der Bundesrepublik. Er wird außerdem immer mit der Aufforderung *Wichtige Information! Aufmerksam lesen!* eingeleitet und schließt grundsätzlich mit dem Hinweis *Arzneimittel sorgfältig aufbewahren! Vor Kindern sichern!*

Zur Konvention gehören aber auch inhaltliche und stilistische Elemente: Es werden sehr viele medizinische Fachausdrücke verwendet (besonders bei *Unverträglichkeit und Risiken*); die Eigenschaften des Produkts werden zwar positiv, aber mit absichernden Einschränkungen dargestellt; Angaben über *Nebenwirkungen und Begleiterscheinungen* sind vage und für den medizinischen Laien weitgehend unverständlich; die Dosierungsvorschriften enthalten Standardformulierungen wie „Falls vom Arzt nicht anders verordnet . . ." oder „Im allgemeinen . . .", „In der Regel".[2]

Stellen wir dem deutschen Beipackzettel zunächst den Text einer englischen Packungsaufschrift gegenüber:

DULCOLAX
(Bisacodyl B.P.)

(2) Action

Dulcolax is a contact laxative. It produces a bowel movement by contact with the lining of the large bowel.

Indication
Constipation

Dosage
Adults: Two tablets at night.
Children under ten years: one tablet at night.

Note
Dulcolax tablets should be swallowed whole, not crushed or chewed. Antacids or alkaline stomach mixtures should not be taken within one hour before or after taking Dulcolax tablets.

Packs
Tablets: packs of 10, 30, 200 and 1 000.

P.L. No 0015/0048

---

2 Detailliertere Angaben bei: Bredemeier, Hannelore, *Konventionen bei pragmatischen Textsorten. Eine Untersuchung anhand medizinischer Packungsbeilagen.* Diplomarbeit am Fachbereich Angewandte Sprachwissenschaft der Universität Mainz in Germersheim, WS 78/79.

Dulcolax is also available in suppository form.

Adult suppositories (10 mg); packs of 6, 50, and 200. Children's suppositories (5 mg): pack of 6.

Es ist also keineswegs grundsätzlich davon auszugehen, daß einer pragmatischen Textsorte in der Ausgangssprache- und kultur eine identische (oder auch nur vergleichbare) in der ZS gegenübersteht. Über die „Vergabe" von Textsorten entscheidet nämlich die jeweilige Soziokultur, und weil das Gesundheitswesen in Großbritannien ganz anders aufgebaut ist als bei uns, gibt es für die deutsche Textsorte Beipackzettel keine Entsprechung im Englischen.

Damit wird noch einmal unterstrichen, daß die Entscheidungen auf der soziokulturellen Ebene denen im Rahmen der Textsorten-Konventionen vorgeordnet sind. In unserem konkreten Fall heißt das, daß der Übersetzer die Funktion seines ZS-Textes bestimmen muß; er kann also nicht von der Gleichung $I_1 = I_2$ (STEIN) ausgehen. Dabei hat er die Auswahl zwischen zwei Möglichkeiten: Beipackzettel sind in Großbritannien nur bei Medikamenten üblich, die ohne Rezept und gegen Bezahlung in den Apotheken abgegeben werden. Häufig handelt es sich dabei nur um eine Packungsaufschrift (vgl. S. 47). Die anderen Medikamente werden auf Rezept im Rahmen der *National Health* kostenlos (abgesehen von einer geringen „Selbstbeteiligung") abgegeben. Sie enthalten auch keinen Beipackzettel, wohl aber erhält der Apotheker von der pharmazeutischen Fabrik eine Produktinformation.

Diese beiden (englischen) Textsorten unterscheiden sich ganz erheblich: Der Patient erhält auf seinem „Beipackzettel" nur Hinweise zur Dosierung und Wirkungsweise des Medikaments, die in einer sehr einfachen, verständlichen Sprache gehalten sind. Der Apotheker dagegen wird als Fachmann angesprochen und entsprechend umfassend in der üblichen Fachterminologie informiert.

Welche Textfunktion in der ZS gefordert ist, hat der Übersetzer zu entscheiden bzw. sein Auftraggeber. Und seine Entscheidung muß von den soziokulturellen Gegebenheiten ausgehen, denn diese entscheiden darüber, was man in einer Sprache überhaupt sagen kann. Erst wenn dies bekannt ist, kann festgelegt werden, wie man es sagen muß.

Bevor wir uns mit der Übersetzung des Textes Balneum Hermal beschäftigen, wollen wir uns den Begriff *Textsorte* etwas näher vor Augen führen. Es mag schwierig sein, zu definieren, was eine Textsorte ist, aber als Sprachbenutzer haben wir keine Probleme, Textsorten zu identifizieren: Wir wissen sofort, dieser Text ist ein Wetterbericht, eine Todesanzeige, ein Geschäftsbrief, eine Bedienungsanleitung, eine Wartungsempfehlung oder ein Kochrezept. Oft genügen schon ein Satz oder nur einige Wörter, um beim Adressaten eine bestimmte Erwartungshaltung auszulösen:

„Man nehme . . . "
„Wichtiger Hinweis: Bei Temperaturen über 30° Celsius ist unbedingt . . . "
„Senkkopfschrauben nach dem Einziehen sorgfältig verspachteln . . . "
„Unsere treue Mutter und Oma, unsere liebe Tante . . . "
„Schwacher, in Gewitterböen auffrischender Wind aus wechselnden Richtungen"

Die Ursache für das Entstehen dieser Floskeln und Standardformulierungen ist die Eindeutigkeit der Textfunktion. Bei den sogenannten pragmatischen Textsorten läßt sich sowohl die Gruppe der Adressaten als auch deren kommunikatives Interesse an dem jeweiligen Text sehr präzise angeben. Durch die Verwendung der Textsorte erhält die Kommunikation Verbindlichkeit: Ein Kochrezept muß zum beschriebenen Gericht hinführen, eine

Bedienungsanleitung muß das gewünschte Resultat erbringen. Geschieht dies nicht, so drohen dem Sender des Textes Sanktionen – von der gesellschaftlichen Mißachtung bis hin zu strafrechtlichen Folgen.

Pragmatische Textsorten können geradezu durch die Anschlußhandlungen definiert werden, die sie auslösen: Eine Vermählungsanzeige erfordert – je nach Bekanntschafts- oder Verwandtschaftsgrad – Anwesenheit bei der Trauung, ein Hochzeitsgeschenk oder eine Glückwunschkarte. Ein medizinischer Beipackzettel soll den Patienten in den Stand versetzen, das entsprechende Medikament richtig zu verwenden.

Gleichzeitig wird aber häufig durch die Verwendung der Textsorte selbst eine Handlung vollzogen: der Inhalt wird „offiziell", er erhält verbindlichen Charakter. Dies gilt besonders für „institutionelle" Textsorten, die für den Übersetzer von großer, praktischer Bedeutung sind. Durch die Verwendung der textsortenspezifischen Konventionen gewinnt bei diesen Textsorten der Inhalt an Glaubwürdigkeit, es wird eine Legitimationshandlung vollzogen. Analog zu den Sprechakten können wir sie deshalb als „Texthandlung" verstehen. (Vgl. Kapitel III.)

Stellen wir nun die Verbindung zum Übersetzen und zu dem Modell von STEIN (vgl. S. 38) her. Dabei wird deutlich, daß bei den pragmatischen Textsorten sich die Variablen *Sit/Text* und *F* auf konstante Größen zubewegen: Die Situation des Adressaten ist durch die Textsorte bereits definiert, sein Interpretationsspielraum wird eingeschränkt, die Textfunktion deckt sich weitgehend mit der Intention des Senders. Das hat zur Folge, daß die Verbalisierung, also der materiell sichtbare Teil des Textes, für die Übersetzung an Bedeutung gewinnt, da die modifizierende Kraft der Faktoren *Sit/Text* bei pragmatischen Textsorten ausgeschaltet ist.

Diese Erstarrung der kommunikativen Funktion in den verbal sichtbaren Sprachkonventionen findet selbstverständlich in der AS und der ZS statt, so daß die Strategie naheliegt, grundsätzlich auch die Kongruenz von I_1 und I_2 vorauszusetzen. Als Übersetzungsprozedur hätte dann nur noch das Ersetzen der standardisierten Sprachkonventionen in der AS durch die in der ZS stattzufinden.

In der Tat ist dieses Vorgehen bei den sogenannten Fachtexten durchaus üblich und möglich. Die Ausschaltung des retrospektiven Kalküls erlaubt auch den Einsatz von Computern, die entsprechende Termini und standardisierte Absätze in vielen Sprachen in ihrem Speicher bereithalten und auf den entsprechenden Befehl ausdrucken.

Es ist also durchaus möglich, „direkt" eine Sprachkonvention durch eine andere zu ersetzen, ohne immer danach zu fragen, ob nicht schon auf der umfassenderen Ebene, der der Soziokultur, grundlegende Differenzen bestehen, die an dieser Stelle ein Übersetzen „Konvention durch Konvention" unmöglich machen.

Wenden wir uns unter diesem Aspekt der Übersetzung unseres Textes von der Sorte „Beipackzettel" zu:

(1a) Attention! Important Information!
BALNEUM HERMAL Medicinal Oil Bath

Composition:
Soya Oil 84,75 g; emulsifying agents, mixture of antioxydant agents and correctives ad. 100,0 g.

Characteristics: The medicinal oil bath BALNEUM HERMAL has been developed for treatment of dry and scaling skin alterations, its outstanding feature is the pleasant way in which the lacking grease is applied to the skin. BALNEUM HERMAL contains vegetable oil that is particularly well tolerated by the skin;

it distributes homogeneously in the bathwater. Thereby it is guaranteed that it envelops the skin evenly during the bath and penetrates slightly into the upper cell layers. A bath with BALNEUM HERMAL greases the skin without making it smeary. The quick evaporation of the water that has been absorbed during the bath is delayed, the elasticity of the horny layer is favourably influenced. BALNEUM HERMAL exerts an antipruritic and well cleansing effect without degreasing the skin. Due to the above characteristics BALNEUM HERMAL can particularly be recommended for cleansing and care of the sensitive skin of babies and infants.

Indications: Dry skin; sensitive skin of babies and infants; senile skin, pruritus; for adjuvant therapy of milk crust, napkin rash, toxic degenerative and allergic eczema, eczema of the lower leg, neurodermitis, psoriasis, ichtyosis.

Dosage and mode of application: Frequency of application of BALNEUM HERMAL depends on kind and degree of complaints and should be determined individually. Generally 2–3 full baths should be taken weekly. For babies and infants a daily application is recommended.
Duration of the bath also is to be determined individually. It should however not be longer than 15–20 minutes. The bath for cleansing and care of babies and infants takes but some minutes.

BALNEUM HERMAL is added to the bath-water (not vice versa) and is well mixed.
Take 30 ml (= 1 1/2 measuring cap.) for 1 full bath (abt. 150 l).
take 5 ml (= 1/4 measuring cap.) for 1 bath of children (abt. 25 l).
take 2,5 ml (= 1/8 measuring cap.) for 1 partial bath (abt. 5 l).
The measuring cap attached to the package is graduated on one side.
If the skin shall be greased particularly well the concentration of the full bath and of the bath for children can be twice or three times as high.
It is not necessary to use soap. To take a shower with clear water after the bath does not correspond to the therapeutic purpose.
The bath tub must be cleaned after each bath.
Side effects and concomitant phenomena have not been observed up to now.

Contraindications: The preparation should as all baths not be applied in feverish diseases, tuberculosis, severe cardiovascular disorders, hypertension.

Form of preparation and sizes of package:
Original package bottle containing 95 ml
Original package bottle containing 225 ml
hospital-size-package containing 1 000 ml

Medical specialty! Keep carefully out of the reach of children!

Es bedarf keiner großen Erläuterungen, um zu zeigen, was hier geschehen ist: Der Übersetzer hat die deutsche Konvention absolut gesetzt und sie auch in der ZS verwendet. Das gilt nicht nur für die einzelnen Gliederungspunkte, sondern auch für Standardformulierungen wie *Attention! Important Information!, Take 30 ml, full bath* sowie die Verwendung medizinischer Fachausdrücke. Der Übersetzer verpflanzt also – um unsere Metapher noch einmal aufzugreifen – ohne Überlegung die deutsche Pflanze in den Boden der englischen Soziokultur und fragt sich erst gar nicht, ob an dieser Stelle durch die Konventionen einer Textsorte nicht bereits vorgeschrieben ist, wie diese Pflanze auszusehen hat, um von den Adressaten in der Z-Sprache als eigenes Gewächs akzeptiert zu werden. Dafür tauscht der Übersetzer die Blätter – die Wörter – aus. Das Ergebnis wirkt entsprechend künstlich und befremdend; die Textsorte verliert die Autorität der Texthandlung. Und als weitere Konsequenz ergeben sich fatale Irrtümer im Bereich der Wörter selbst – z.B. *grease* für *Fett* (Z. 8).

Dem Übersetzer ist also hier zunächst der Vorwurf zu machen, daß er sich über die

Funktion von Konventionen und pragmatischen Textsorten keinerlei Gedanken gemacht hat. Doch selbst das Übersetzen von verbalisierten Konventionen stößt auf Grund der soziokulturellen Gegebenheiten auf Schwierigkeiten. Sie sind nämlich in der AS und ZS sehr unterschiedlich:

> British Medical culture is quite different to your medical culture. In our case we still regard it as the responsibility of the physician to advise his patient and therefore it would be an intolerable interference in the doctor/patient relationship for the Industry to give information direct to the patient.
>
> You will appreciate, therefore, that patient instruction leaflets are not common at present.[3]

Es ist also falsch, Fälle wie den eben beschriebenen als „Ausnahme" zu sehen, und grundsätzlich davon auszugehen, daß die soziokulturellen Differenzen nur „am Rande" wichtig sind. Richtig ist das Gegenteil: in AS und ZS stehen sich zwei kategorisch verschiedene Soziokulturen gegenüber, und jeder Text ist ein Teil dieser Soziokultur. Denn die Soziokultur entscheidet über die Formen der Kommunikation, die dann als Konventionen – und als Sondersorte davon als Textsorten – zur Norm werden.

Aus diesem soziokulturellen „Grund und Boden" können wir den Text nicht lösen, denn er ist unauflöslich damit verwachsen. Was wir von der AS in die ZS verpflanzen, kann deshalb auch niemals dieser „Text", sondern es kann immer nur die Funktion des AS-Textes darstellen, die in der Soziokultur der ZS einen natürlichen Boden findet – dort anwächst und sich als „natürliche" Vegetation empfinden läßt.

Was leider nur allzuoft beim Übersetzen stattfindet, läßt sich mit unserer Metapher so darstellen: Die fremde Pflanze wird importiert, ihre eigenen Blätter und Äste entfernt, und darauf Blätter und Äste der Zielsprache gepfropft. Kein Wunder, daß Texte dieser Art unnatürlich wirken und nicht lebensfähig sind.

Doch reden wir nicht immer von Pflanzen, sprechen wir doch zum Abschluß dieses Kapitels von etwas ganz Alltäglichem – von einer Tasse Kaffee. Man kann soziokulturell vieles über diese Tasse Kaffee sagen – z.B. „In Italien ist eine Tasse Kaffee billiger als bei uns" oder „In intellektuellen Kreisen ist es in England üblich, mehr Kaffee als Tee zu trinken". Bei uns sagt man auch: „Kommen Sie doch heute nachmittag auf eine Tasse Kaffee"!

Wie man sieht, soll nun auch die unschuldige Tasse Kaffee auf ihre soziokulturelle Relevanz abgeklopft werden. Es geht jedoch in erster Linie um *eine* Aussage: Im interkulturellen Vergleich gibt es keine „Tasse Kaffee an sich". Es hilft auch gar nichts, sich auf die materielle Grundlage zu berufen – Kaffeemehl, kochendes Wasser, Milch und Zucker – denn auch diese Grundlage ist mehr als schwankend. Jedermann kann die Erfahrung machen, daß Espresso eben anders schmeckt als eine gute deutsche Tasse Kaffee, und der englische Pulverkaffee – meist mit reichlich frischer Milch verdünnt – bedeutet ebenfalls eine Überraschung für unsere Geschmacksknospen.

Viel entscheidender ist jedoch die unterschiedliche Funktion des Getränks in den verschiedenen Ländern: Ein Italiener trinkt seinen Espresso im Stehen an der Bar, er ist außerdem unverzichtbarer Abschluß eines Essens, aber niemand in Italien würde auf die Idee kommen, Freunde zu „Espresso und Kuchen" einzuladen.

In England wiederum unterscheiden sich die Kaffeetrinker bewußt von den Teetrin-

---

3 Auszug aus einem Brief der ICI (Pharmaceuticals Division). Abgedruckt bei Bredemeier 1978: 96.

kern. Es wäre sicher unerlaubt, hieraus so etwas wie ein Klassenbewußtsein abzuleiten. Es sind vielmehr häufig die Situationen, der Ort und die Zeit, aber auch die Leute, die darüber entscheiden, ob es Kaffee oder Tee gibt.

Was es nicht gibt, ist die über-kulturelle Tasse Kaffee an sich, Wo immer eine Tasse Kaffee zum Munde geführt wird, geschieht dies in einer soziokulturell determinierten Situation. Im luftleeren Raum der Abstraktion gibt es keine Tassee Kaffee, und damit sind auch alle Vergleiche sehr problematisch – denn was ist ihr Bezugspunkt? Ist die Tasse Kaffee in Italien wirklich billiger als in Deutschland, wenn man bedenkt, daß weniger Kaffee darin ist, vor allem aber mit berücksichtigt, daß das Einkommensniveau deutlich niedriger liegt als bei uns, und die Tasse Espresso ein selbstverständlicher Bestandteil des täglichen Lebens ist? Eigentlich bedeutet die Aussage etwas ganz anderes: Wenn wir in Deutschland für diesen Preis eine Tasse Kaffee serviert bekämen, dann wäre das wirklich billig. Damit sind wir wieder bei dem unergiebigen Argumentationszirkel der "cultural fallacy" angelangt: „Wenn das bei uns so wäre, wie es dort ist, dann wäre es für uns überraschend und normabweichend".

Es geschieht aber nicht hier, sondern in der anderen Soziokultur, und damit kommen wir erneut auf unser altes „Transferproblem" zurück: Wie kann man dann überhaupt von einer Sprache und Kultur in eine andere gelangen, denn man ist ja nicht nur beim Kaffee, sondern mit jedem Ding und bei jedem Wort soziokulturell determiniert. Wie soll man dann Dinge aus dem Bereich der anderen Sprache und Kultur überhaupt unverzerrt wahrnehmen, geschweige denn bewerten können? Und wie soll man dann noch von einer „äquivalenten" Übersetzung sprechen?

Das ist im Prinzip der Kernpunkt einer Hypothese, die kategorisch bestreitet, daß es „vollkommene" Übersetzungen überhaupt geben kann. Sie wird mit dem Namen des amerikanischen Ethnologen SAPIR und seines Schülers WHORF in Verbindung gebracht, die Ende der zwanziger Jahre anhand der Sprache der Hopi-Indianer zeigten, wie unterschiedlich die Daseinsinterpretation jeweils auf Grund der sprachlichen Möglichkeiten ausfallen muß.[4]

Die Sprache ist damit eine wirklichkeitsinterpretierende Perspektive, die uns nur noch bestimmte Dinge – und diese in einem ganz spezifischen Licht – wahrnehmen läßt. Als Resultat erhalten wir einen totalen sprach-kulturellen Relativismus: Jeder Sprachbenutzer sieht – je nach seinen soziokulturellen Determinanten – eine andere Welt, und es führt kein Weg von der einen Welt zu der anderen.

Stellen wir diese Position derjenigen gegenüber, die der Übersetzer des Textes *Balneum Hermal* einnimmt (und er ist hier nur als Stellvertreter für viele andere zu verstehen), so erhalten wir zwei gegensätzliche Bewertungen der Soziokultur für das Übersetzen: Auf der einen Seite wird der Einfluß der soziokulturellen Determinanten völlig ignoriert und $I_1 = I_2$ gesetzt. Auf der anderen Seite werden I_1 und I_2 – genau wie F_1 und F_2 – als kategorisch verschiedene Größen gesehen, die durch die unüberwindbar hohe Mauer der soziokulturellen Differenz getrennt bleiben müssen. Da aber gleichzeitig davon ausgegangen wird, daß Übersetzen soviel bedeutet wie Identität von Senderintention und Textfunktion herzustellen, wird Übersetzen zu einem zwar praktizierbaren, aber letztlich unvollkommenen (und unbefriedigenden) Unterfangen.

---

4 Sapir, E., *Language* (New York, 1921).
Whorf, B.L., *Language, Thought, and Reality* (Cambridge/Mass., 1956).

Beide Standpunkte sind aus unserer Sicht falsch – womit nicht bestritten werden soll, daß sie häufig eingenommen werden. Die richtige Strategie liegt zwischen diesen Extrempunkten, und zwar nicht irgendwo in einer vagen Mitte, sondern genau dort, wo Textfunktion des ZS-Textes und soziokulturelle Determinanten sich schneiden:

Übersetzung ist möglich, weil die jeweils zu bestimmende Textfunktion in der ZS angibt, bis zu welcher Grenze hin die soziokulturellen Determinanten aus der AS zu übertragen sind. Es wäre in der Tat unmöglich, auch nur einen Text zu übersetzen, wenn der Übersetzer nicht das Recht hätte, den Text aus seinen soziokulturellen Bindungen herauszulösen, und ihn in der ZS auf die soziokulturellen Erwartungen seiner Adressaten zu berechnen. Nur darf dieses Herauslösen und wieder Einfügen nicht willkürlich geschehen, es muß einem nachvollziehbaren Kalkül folgen. Nichts anderes meinen wir, wenn wir von der Strategie des Übersetzens sprechen.

So grundsätzlich verschieden die Sprachkulturen der AS und der ZS sein mögen, so lassen sich doch definierte Textfunktionen von der AS in die ZS übertragen. Und so scheinbar gleich die Ausgangssprache und die Zielsprache an der Oberfläche aussehen, so ist doch eine Übersetzung ohne Beachtung der Textfunktion nicht möglich.

Welche Konsequenzen diese Strategie hat, wird in den folgenden Kapiteln verdeutlicht. Eine Andeutung soll schon an dieser Stelle erfolgen. Sie betrifft die sogenannten *Unika* im soziokulturellen Bereich, also Einrichtungen, Objekte und Institutionen, die es nur im Bereich *einer* Soziokultur gibt. Ihre Übersetzung gilt grundsätzlich als schwierig, wenn nicht gar als grundsätzlich unmöglich.[5]

Greifen wir das Wort *public school* heraus. Der England-Kundige weiß, daß sich damit ein ganzer Themenkomplex verbinden läßt, der tief in den Sektor „Schulsystem" der englichen Soziokultur eingebettet ist. Es ist ganz unmöglich, diesen ganzen Hintergrund in eine Übersetzung mit aufzunehmen, selbst wenn der Übersetzer sich eine Anmerkung von mehreren Seiten erlauben könnte.

Dies ist auch keineswegs nötig, weil die Textfunktion dem Übersetzer sagt, bis zu welchem Grad der Differenzierung er den soziokulturellen Hintergrund sichtbar machen muß. Mit anderen Worten: Ein Übersetzer muß niemals *public school* – oder *gemütlich* – übersetzen, sondern deren anteilige Funktion an der Gesamt-Textfunktion in der ZS!

Wenn die Äußerung also lautet:

(3a) In Parliament he fought for equality, but he sent his son to Winchester.

so muß sich eine andere Verbalisierung für *public school* ergeben als in

(4a) When his father died his mother couldn't afford to send him to Eton any more.

Selbstverständlich sind solche Beispiele künstlich, weil sie fälschlich suggerieren, daß Übersetzer Sätze zu übertragen haben. Doch für unsere Zwecke wollen wir so tun, als ob diese beiden Sätze nicht nur Äußerungen, sondern auch der ganze Text wären. Als Übersetzung käme dann in Frage:

(3b) Im Parlament kämpfte er für die Chancengleichheit, aber seinen eigenen Sohn schickte er auf eine der englischen Eliteschulen.

(4b) Als sein Vater starb, konnte seine Mutter es sich nicht mehr leisten, ihn auf eine der teuren Privatschulen zu schicken.

---

5 Vgl. dazu auch Catford 1965: 35ff.

Damit ist nicht im entferntesten alles gesagt, was „man" zum Komplex *public school* sagen könnte, aber der Übersetzer hat alles gesagt, was er – unter Beachtung der Textfunktion – seinem Adressaten mitteilen muß. Er hat ihm also nicht „zuwenig" gesagt, aber auch nicht „zuviel", denn die Erläuterungen *englische Eliteschulen* und *teure Privatschulen* sind funktional notwendig. Bezogen auf diesen Zweck sind diese Verbalisierungen optimal. Und was ist eine Strategie anderes, als der jeweils optimale Weg zur Lösung eines Problems?

AUFGABEN ZU IV

Aufgabe 1

Manchen Übersetzungen sieht man sofort an, daß ihr Übersetzer sich keinerlei Gedanken über die soziokulturelle Einbettung des Textes gemacht hat. So z.B. in dem 1977 in Deutschland erschienenen Buch von L. PEARSON, *Psychodiät,* das R. Wagner aus dem Amerikanischen übersetzt hat (Titel der Originalausgabe: L. PEARSON, *The Psychologist's Eat-Anything Diet* (New York, 1973)).

A:
In diesem Buch stellt der Autor einige Fragen, um die Leser darauf hinzuweisen, daß man doch auch einmal ganz anders essen könnte. Diese Fragen lesen sich in der Übersetzung so:

> Verschwenden Sie vor dem Erntedankfest auch nur einen Gedanken darauf, was Sie wirklich essen wollen?
>
> Haben Sie jemals im Juni einen Kürbiskuchen gebacken?
>
> Würden Sie am Volkstrauertag Sekt ausschenken?
>
> Essen Sie manchmal Senfgemüse zum Frühstück?
>
> (S. 103)

Welche soziokulturellen Tatbestände hat der Übersetzer völlig mißachtet? Was ist das Ergebnis dieses Fehlers?

B:
In der folgenden Passage versucht der Übersetzer dagegen, einem soziokulturellen Tatbestand Rechnung zu tragen:

> Zum Vorlesen
> Finden Sie eine entspannte Stellung. Setzen Sie sich oder legen Sie sich nieder, ganz wie es Ihnen am bequemsten oder gemütlichsten erscheint. (Statt „Sie" kann man natürlich auch „Du" sagen.)
>
> (S. 133)

Über welches soziokulturelle Phänomen hat der Übersetzer hier nachgedacht? Was ist dabei herausgekommen?

Aufgabe 2

Beurteilen Sie unter dem gleichen Gesichtspunkt folgende Übersetzungen (sämtliche Zitate aus: JOHN LE CARRÉ, *The Honourable Schoolboy* (London, 1977); aus dem Englischen von R. und H. SOELLNER unter dem Titel *Eine Art Held* (Hamburg, 1977).

A:
Frost möchte seinem Gesprächspartner Jerry und dessen Freunden das zweifelhafte Kompliment machen, daß sie sehr findig sind, wenn es darum geht, dem Vergnügen nachzugehen. Er sagt:

> "Drop you blindfold in the middle of Salisbury Plain, I reckon you'd find a cathouse in thirty seconds flat."
> (A 132)

Die Übersetzung lautet:

> „Wenn ihr mitten in Salisbury Plain vom Himmel fallt, dauert's keine dreißig Sekunden, und schon habt ihr'n Puff aufgerissen."
> (Z 148)

B:
Von dem Schriftsteller Craw wird gesagt, er habe sich völlig zurückgezogen, und er warte nur noch darauf, in Hong Kong zu sterben.
An dieser Stelle schreibt Le CARRÉ:

> " . . . he proposed to expire under a slanteye heaven."
> (A 36)

Die Übersetzung lautet:

> „ . . . daß er unter einem gelben Himmel aus der Welt zu scheiden gedenkt."
> (Z 36)

C:
Jerry hat am Vormittag ein Gespräch in der *Fleet Street.* Unmittelbar danach geht er in eine *pub,* trinkt aber mäßig, weil er am Nachmittag eine weitere Unterredung hat. Über Jerrys Aufenthalt in der *pub* heißt es:

> "Jerry stayed till 'time' was called."
> (A 108)

Die Übersetzung lautet:

> „Jerry blieb, bis der Wirt ‚Sperrstunde' rief."
> (Z 121)

D:
Auf der letzten Seite des Romans wird ein Brief des Geheimdienstschefs Smiley abgedruckt, in dem dieser einen melancholischen Rückblick auf die guten, alten Zeiten wirft. Guillam sagt von diesem Brief, er sei

: . . . typical of Smiley's blue period".
(A 532)

Die Übersetzung lautet:

„. . . typisch für Smileys Blaue Periode".
(Z 604)

V DER GRAD DER DIFFERENZIERUNG

Jeder Text kann als der verbalisierte Teil einer Soziokultur verstanden werden. Es ist unmöglich, ihn aus dieser Einbettung zu lösen, wenn man nicht weiß, zu welchem Zweck dies geschehen soll.

Oder umgekehrt betrachtet: Wenn ein Text-Empfänger einmal damit beginnt, die soziokulturelle Einbindung des verbalisierten Textes zurückzuverfolgen, so wird er — vom einen zum anderen geleitet — sich schließlich gar nicht mehr in der Lage sehen, diesen Prozeß irgendwo sinnvoll zu unterbrechen. Wollte er gar all die soziokulturellen Bezüge darlegen, so müßte er eine Kulturgeschichte Englands vorlegen.

So auch in unserem Beispiel *public school.* Natürlich „steckt in dem Wort mehr", als wir in unseren Übersetzungen (3b) und (4b) verbalisiert haben. Es steckt sogar soviel in dem Wort, daß es ganz unübersetzbar wäre — wenn es die Aufgabe des Übersetzers wäre, das zu übertragen, was Wörter potentiell bedeuten können. Er hat aber eine ganz andere Aufgabe: Das Verhältnis zwischen soziokulturellem Hintergrund und Verbalisierung so zu gestalten, daß genau der notwendige Grad an Differenziertheit zustande kommt.

Hätten die Übersetzungen gelautet:

(3c) . . . schickte er auf die Schule in Winchester
und
(4c) . . . konnte es sich seine Mutter nicht mehr leisten, ihn nach Eton zu schicken, jene teure englische Privatschule, aus deren Absolventen auch heute noch ein Großteil des politischen und wirtschaftlichen Führungsnachwuchses hervorgeht.

so wäre in (3c) der Grad der Differenzierung geringer als notwendig, in (4c) aber größer als notwendig. Aus diesem Grund sind sowohl (4c) als auch (3c) mißglückte Übersetzungen. Und man kann sie nicht verteidigen, indem man sagt: „Aber im Original steht doch schließlich auch nur *Winchester*" (3c) oder „aber das steckt doch alles in *Eton* drin" (4c).

Selbstverständlich läßt sich der notwendige Grad der Differenzierung immer nur für den jeweils zu übersetzenden Text festlegen. Er ist abhängig von der ersten strategischen Entscheidung des Übersetzers, nämlich der Definition des Übersetzungszwecks, also der Funktion des ZS-Textes.

Bei einem strategischen Vorgehen des Übersetzers erhalten wir also folgende Abfolge von Schritten: Er nimmt den AS-Text als Übersetzer zur Kenntnis und bezieht ihn auf seine Situation als Übersetzer. Er präzisiert den Übersetzungsauftrag und legt die kommunikative Funktion des ZS-Textes fest, wobei er sich an den pragmatischen Erwartungen seiner Adressaten orientiert. Aus dieser kommunikativen Funktion leitet er den notwendigen Grad der Differenzierung ab, indem er die relevante Grenze zwischen Verbalisierung und soziokulturellem Situationshintergrund im AS-Text bestimmt, und dann als Sender des ZS-Textes auf dem Hintergrund der soziokulturellen Situation seiner Adressaten den notwendigen Grad der Differenzierung seiner Verbalisierung festlegt.

Wir werden diese Schritte gleich an einem Text demonstrieren, möchten aber vorher noch eine Bemerkung zur psychologischen Seite des Übersetzungsvorgangs einschieben. Die beschriebenen Schritte erfolgen nicht in geradliniger Abfolge, sondern in wechselseitiger Orientierung an AS- und ZS-Text. Der Übersetzer erlebt diesen Vorgang wie ein Kletterer, der einen Kamin zu bewältigen hat: Er „hängt" zwischen den Wänden des AS- und ZS-Textes und, indem er einmal das Gewicht nach links, dann wieder nach rechts verlagert, dort den Fuß etwas nach oben setzt, und hier einen neuen Griff gewinnt, bewegt er sich langsam nach oben.

Doch nun zu unserem Text:

(5a) Newsweek, November 1, 1976

By Anthony Sampson

DECADENCE – OR MATURITY?

Bourgeois visitors from the Continent, observing the plight of their British counterparts, often seem to be especially baffled by one question. Why aren't the British middle classes more discontented and angry? Whatever happened to the backlash?

The signs of declining fortunes, after all, are to be seen everywhere: the houses for sale, the holidays at home, the clubs closing down. And the statistics are emphatic: middleclass real incomes in Britain have dropped for the first time since the second world war, much more severely than working-class incomes.

Yet what is the response from those doublebarreled names that once held the Empire in thrall? In their traditional strongholds – in the letters to the Times, in clubland, and even at the Conservative Party conference – the reaction is confused and ineffectual. There are solemn warnings from industrial managers about incentives and a gradual exodus of pop stars, doctors and writers. But most of the middle classes prefer to lie low and join a trades union as quickly as possible.

They are constantly being told the economic explanation of their predicament: their earlier advantage was based on individual enterprise and professional training, which cannot now compete against the forces of collective bargaining and the brute strength of the trades unions; in an age of high inflation and taxation their privileges are being constantly eroded. But why do they take it all lying down?

Perhaps it's partly that they are not at all sure where they really belong. As the very name "middle class" suggests, they have always been poised uneasily between workers and aristocrats, always hoping to move upward and dreading to move downward. So long as their mission and leadership were defined, they were confident. But once the Empire had disappeared and Britain was in retreat, the middle class became less sure who it was, or wanted to be.

A SENSE OF INADEQUACY

In politics, the middle-class leaderships on both sides of Parliament has held out the prospect of industrial growth and of increasing benefits for the masses – and has failed to deliver it. Even though much of the shortcoming is due to the trades unions and to external forces, the consciousness of that failure is deep. The Labour Party, in particular, always aimed to improve welfare through growth in the national income, but now that income is stagnant, the pressure to redistribute the existing wealth is correspondingly greater.

But below this sense of inadequacy there is, I suspect, a deeper one – at least among the more intellectual sections of the old middle class. It stems from the fact that they have lost their enthusiasm for industrial progress and money-making. They have looked for a way of life that is not so much postindustrial as preindustrial, in which old eighteenth-century values obstinately reassert themselves.

They want a way of life that is more rounded, more leisurely and more communal than that afforded by competitive industrial society. And they have been prepared, if necessary, to sacrifice material benefits for it.

Of course the tendency is an old one: it has its roots deep in the nineteenth century, in such critics of Victorian values as William Morris or Matthew Arnold; and it has for long shown itself in the middle-class fondness for Georgian terraces and country cottages, and the dread of modern architecture and ...

Als ersten Schritt stellen wir einige relevante Daten zu Autor und Adressaten in der AS zusammen: Anthony Sampson ist ein britischer Sachbuchautor, der sich mit großangelegten sozio-politischen Studien und durch seine plastische Darstellung in Europa und Amerika einen Namen gemacht hat. *Newsweek* ist ein seriöses Wochenmagazin mit den Schwerpunkten Politik und Wirtschaft, das sich insbesondere an das höhere Management wendet. Es erscheint in den USA, wird aber auch in Europa vertrieben. 1976 gilt Großbritannien als der (wirtschaftlich) ‚kranke Mann Europas', bedauert und belächelt von den anderen Ländern, die zu dieser Zeit noch nicht von der allgemeinen Weltwirtschaftskrise erfaßt worden sind. Die „englische Krankheit" gilt als ein Phänomen, und Sampson versucht, dieses Phänomen zu erklären und einzuordnen.

Dabei kann er voraussetzen, daß seine Leser über die wirtschaftlichen Gegebenheiten informiert sind – 1976, als Leser von *NEWSWEEK* –, während andererseits die Leser einer Kolumne von Sampson spritzige, unkonventionelle Thesen erwarten, überraschende Erkenntnisse, eingängige Formulierungen.

An zwei Stellen sind die kommunikativen Voraussetzungen in der ZS deutlich anders: England mag 1982 immer noch wirtschaftlich krank sein, aber inzwischen leiden die anderen europäischen Länder immer deutlicher an den gleichen Symptomen. Gerade in der Bundesrepublik setzt sich jedoch diese Erkenntnis nur sehr zögernd durch, allzusehr hatte man sich an den Gedanken gewöhnt, daß „uns" das nicht passieren kann.

Außerdem ist Anthony Sampson dem deutschen Leser bei weitem nicht so vertraut, wie dem angelsächsischen. Er weiß nicht, was er von diesem Autor zu erwarten hat.

Der plausibelste Übersetzungsauftrag wäre demnach, dem Adressaten in der ZS einen Vergleich zwischen der Reaktion des englischen Mittelstandes Mitte der siebziger Jahre, mit dem entsprechenden Verhalten einer vergleichbaren Schicht in der deutschen Gesellschaft zu ermöglichen, die sich in ähnlichen Schwierigkeiten befindet. Dabei soll der Vergleich selbst dem Adressaten überlassen bleiben, aber der Übersetzer muß ihn in die Lage versetzen, die soziokulturell bedingten Unterschiede zu erkennen.

Zur Akzeptanz des AS-Textes trägt der Name des Autors wesentlich bei. Ein gleichwertiger Effekt läßt sich in der ZS durch die Nennung des Namens Anthony Sampson nicht erreichen, er müßte deshalb den ZS-Adressaten kurz als Autorität vorgestellt werden. Noch wichtiger aber ist, daß der Autor als kompetenter Fachmann erkennbar bleibt: Prägnante Feststellungen, logischer Aufbau, gedankliche Klarheit durch griffige Formulierungen.

Die relevante Grenze zwischen soziokulturellem Situationshintergrund und Verbalisierung in der AS muß nach diesen Voraussetzungen neu bestimmt werden. Sie verläuft da, wo das zeitgebundene Verständnis des AS-Textes in der AS-Sprachkultur relevant mit dem heutigen Verständnis in der ZS kontrastiert. Welcher Grad der sprachlichen Differenzierung sich daraus ergibt, läßt sich am besten an einigen Beispielen sichtbar machen:

(6a) Bürgerliche Besucher vom europäischen Festland, die die mißliche Lage ihrer britischen Leidensgenossen sehen, scheinen sich besonders mit einer Frage schwer zu tun. Warum ist die britische Mittelklasse nicht unzufriedener und zorniger? Wo bleibt ihre Reaktion?

(6b) Daß es den Angehörigen des bürgerlichen Mittelstands in England wirtschaftlich schlecht geht, wird Besuchern vom „Kontinent" sehr schnell klar. Was sie aber nicht verstehen – besonders wenn sie der gleichen Schicht angehören – ist der Gleichmut, mit dem alles hingenommen wird. Will man sich denn gar nicht zur Wehr setzen?

In der Version (6a) vermissen wir an einigen Stellen den notwendigen Grad der Differenzierung: „Leidensgenossen" ist überdifferenziert, der Adressat wird damit instruiert, die relevante bürgerliche Schicht der verschiedenen Länder in der gleichen Lage zu sehen. Damit wird gerade der entscheidende Unterschied zur heutigen Lage verwischt. „Reaktion" ist unterdifferenziert, denn Thema in AS – und ZS – ist das Mißverhältnis zwischen den abverlangten Opfern und der – recht schwachen – Reaktion. *Bürgerlich* ist unterdifferenziert, weil von einer soziologisch definierten Schicht die Rede ist, *Mittelklasse* ist zu undifferenziert, weil es die stilistische Norm der Zielsprache unmotiviert verletzt, und damit den Status des Senders als fachkundigen und fähigen Journalisten schmälert. Letzteres gilt auch für die Konstruktion des ganzen ersten Satzes, besonders für das „unschöne" *die die . . .*

Betrachten wir als weiteres Beispiel folgende Übersetzungen des dritten Abschnitts:

(6c) Wie aber reagieren die Träger jener stolzen Namen, die einst das englische Empire beherrschten? Selbst dort, wo ihre Stimmen zu hören sind – in den Briefen an *ihre* Zeitung (die *Times*), bei den Parteitagen *ihrer* Partei (den Konservativen) und in ihren Clubs – fehlen Klarheit und Überzeugungskraft. Industriemanager klagen, weil es an Leistungsanreizen fehlt, und Pop Stars, Ärzte und Schriftsteller fliehen vor der englischen Steuerprogression ins Ausland. Aber der größte Teil der Betroffenen zieht einfach den Kopf ein – oder tritt so schnell wie möglich einer Gewerkschaft bei.

(6d) Was aber ist die Antwort jener Träger der berühmten zusammengesetzten Namen – der Gordon-Clarks und Walker-Smiths –, die einst das englische Weltreich beherrschten? In ihren traditionellen Hochburgen – den Briefen an die *Times*, in ihren exclusiven Clubs, und selbst bei den Parteitagen der konservativen Partei – ist ihre Reaktion verworren und bleibt ohne Wirkung. Industriemanager warnen feierlich, daß die materiellen Anreize fehlen, und immer mehr Pop Stars, Ärzte und Schriftsteller verlassen das Land. Der größte Teil des Mittelstands jedoch bleibt lieber ganz ruhig und tritt – wenn er kann – schnell einer Gewerkschaft bei.

Der notwendige Grad der Differenzierung ist in (6d) verschiedentlich verletzt: Die *zusammengesetzten Namen* stellen eine Überdifferenzierung dar. Hier wird ein funktional nicht notwendiges Stück soziokulturellen Hintergrunds verbalisiert. *Weltreich* differenziert nicht ausreichend, denn mit *Empire* wird das historisch gemeinte Phänomen präzise angesprochen, das im weiteren Verlauf der Argumentation (vgl. Abschnitt 5) zum Thema wird. *Exklusiv* hat überdifferenzierende Wirkung, während *verlassen das Land* zu wenig differenziert.

Überraschender vielleicht als dieses Abwägen des notwendigen Grads der Differenzierung mag manchem Leser der Versionen 6c und 6b unserer beiden Beispiele die Tatsache erscheinen, daß so viele Stellen unkritisiert bleiben, die er vielleicht für falsch hält, oder auch „zu frei" oder „zu wörtlich" übersetzt sieht.

Wir können diesem Urteil nicht zustimmen, sondern wir behaupten, daß die unterschiedlichen Formulierungen an diesen Stellen immer noch innerhalb des notwendigen Grads der Differenzierung liegen. Es überrascht uns auch gar nicht, daß man an vielen Stellen „so verschieden" übersetzen kann. Wir sind hingegen sehr überrascht, wenn beim

Lehren des Übersetzens Musterübersetzungen verkündet werden, die keine Abweichungen zulassen.

Wenn wir zwei verschiedenen Autoren den Auftrag geben würden, ein so banales Objekt wie einen bestimmten Stuhl zu beschreiben, erhielten wir doch als Ergebnis zwei Texte, die in vielen Einzelheiten voneinander abweichen. Und selbst wenn wir eine pragmatische Textsorte wählen würden – etwa einen Geschäftsbrief – erhielten wir trotz aller konventionalisierten Standardformulierungen zwei unterschiedliche Briefe. Warum sollte dies nicht der Fall sein, wenn zwei verschiedene Übersetzer einen Text verfassen?

Nicht der „Grad der Übereinstimmung mit dem Original" kann deshalb bei der Beurteilung einer Übersetzung herangezogen werden, sondern der notwendige Grad der Differenzierung muß beachtet werden. Der ist zwar – wie beschrieben – abhängig vom AS-Text, aber nicht mit diesem gleichzusetzen. Mit der Überschrift für diesen ersten Teil – DAS HEILIGE ORIGINAL – wenden wir uns also ganz bewußt gegen eine Theorie und Praxis, die glaubt, alle Kriterien für die Beurteilung der Qualität einer Übersetzung aus dem verbalisierten, „sichtbaren" Teil des AS-Textes ableiten zu können. Qualitätsurteile, denen diese Ansicht zugrunde liegt, halten wir deshalb für irrelevant. So z.B. Äußerungen wie:

- „Das ist viel zu frei/wörtlich übersetzt"
- „Aber dieses englische Wort bedeutet doch im Deutschen das"
- „Das steht doch gar nicht im (AS-) Text"
- „Das ist nicht genau genug"
- „Dieses Wort ist ja gar nicht übersetzt"

Alle diese Äußerungen unterlegen dem AS-Text eine absolute, von den Empfängern in der AS und den Adressaten in der ZS unabhängige Bedeutung. Wir sind dagegen der Meinung, daß zuerst „prospektiv" (VERMEER 1979) die kommunikative Funktion des ZS-Textes festzulegen ist, und daß sich dann aus dieser durch den notwendigen Grad der Differenzierung ein für diese Übersetzung verbindliches Qualitätskriterium ergibt.

Dieses Kriterium ist zwar auf den ganzen ZS-Text anwendbar, aber um Abweichungen präzise beschreiben zu können, müssen wir den Text in verschiedene Ebenen der Betrachtung aufteilen. Dies wird im zweiten Teil dieses Buches geschehen.

Der erste Teil hatte vor allem den Zweck, unsere Strategie zu entwickeln und zu begründen. Wo sie demonstriert wurde, geschah dies notwendigerweise nicht in der erforderlichen Detailliertheit – manches konnte nur angedeutet werden.

Im zweiten Teil sollen diese Lücken sukzessive aufgefüllt werden, indem die Strategie auf relevante Ebenen der Sprachanalyse angewandt wird. Dabei ändert sich an unserem sprachpragmatischen Ansatz nichts, die Betrachtung wird also auf allen Ebenen aus der Perspektive des Sprachverwenders vollzogen.

Im Kapitel VII des zweiten Teils wird der Sprechakt und dessen illokutive Komponente als kommunikative Einheit betrachtet. In Kapitel VIII wird das einzelne Wort als Träger von Bedeutung ins Auge gefaßt, und im Kapitel IX werden Verknüpfungsmöglichkeiten von Wörtern, also Fragen des Satzbaus, erörtert.

Das im ersten Teil gewonnene Verfahren der „notwendigen Differenzierung" wird auf all diesen Ebenen der weiteren Betrachtung angewandt. Es wird also gezeigt, wie sich das strategische Vorgehen vom einmal gewonnenen Fixpunkt in alle Ebenen der Sprache fortsetzen läßt.

Dieses vertikale, die Sprachebene „von oben nach unten" durchstoßende Analyseverfahren ist durchaus vergleichbar mit einer stilistischen Untersuchung, wie sie etwa methodisch von CRYSTAL/DAVY[1] entwickelt wurde. Auch dort wird nach einem methodischen Prinzip das sprachliche Material auf verschiedenen Ebenen untersucht und die Untersuchungsmerkmale werden dann zu einem Textprofil gebündelt.

Wir erwähnen nicht zufällig gerade an dieser Stelle das Wort *Stiluntersuchung.* In der Tat kann eine eingehende Übersetzungsanalyse – etwa mit dem Ziel einer wissenschaftlichen Übersetzungskritik, wie bei HOUSE[2], auf eine solche Stiluntersuchung nicht verzichten. Es handelt sich dabei um eine detaillierte Darstellung und Bewertung der Einflußgröße *Situation* (vgl. STEIN (1980) und S. 65ff. unseres Buches).

Anders ausgedrückt: *Situation, Stil* und *notwendiger Grad der Differenzierung* beschäftigen sich mit den gleichen sprachlichen Phänomenen, nämlich dem Einfluß, den außersprachliche Faktoren auf die Verbalisierung des Textes haben. Bei der Analyse des AS-Textes wird dabei retrospektiv aus den stilistischen Befunden auf das Kommunikationsziel und die intendierte Gruppe von Adressaten geschlossen, auf der ZS-Seite werden zum Erreichen des angestrebten Kommunikationsziels „stilistische" Entscheidungen notwendig.

An der Notwendigkeit dieser Analyse kann es keinen Zweifel geben. Sie darf jedoch nicht verabsolutiert werden, so daß das Ergebnis der stilistischen Analyse in der AS zur verbindlichen Norm für die Selektion der sprachlichen Zeichen in der ZS wird. (Ein solches Verfahren schlägt z.B. HOUSE (1977) im Rahmen der *covert translation* vor.)

Wir sehen dagegen die stilistische Analyse bzw. die Bewertung der situationellen Faktoren in hierarchischer Abhängigkeit vom größeren Umfeld des soziokulturellen Hintergrunds – der stilistische Phänomene normiert und konventionalisiert, wie etwa bei den pragmatischen Textsorten – und außerdem noch, als höchster Instanz, von der festzulegenden kommunikativen Funktion des ZS-Textes. Letzteres haben wir bereits mehrfach und ausführlich dargelegt.

Deshalb ziehen wir den Ausdruck *notwendiger Grad der Differenzierung* vor, weil über das Wort *notwendig* zurückverwiesen wird auf die funktionale Abhängigkeit dieser Bewertung von höherrangigen Entscheidungen. Wir sehen es als das „Alltagsproblem" des Übersetzens überhaupt an, daß der Übersetzer sich immer wieder und auf allen Ebenen der sprachlichen Konkretisierung fragen muß: „Wie differenziert muß ich an dieser Stelle sein, um mein kommunikatives Ziel zu erreichen"?

Selbstverständlich setzen solche Entscheidungen voraus, daß die entsprechenden Entscheidungen des Senders in der AS analysiert werden.

Das methodische Handwerkszeug zur Durchführung dieser Analyse wird im folgenden Kapitel bereitgestellt.

---

1 Crystal/Davy 1969.

2 House 1977.

AUFGABEN ZU V

Aufgabe 1

Prüfen Sie die folgende Übersetzung der Abschnitte zwei und vier des Textes von S. 59 ("Decadence – or Maturity?") mit dem Kriterium des notwendigen Grads der Differenzierung. Merken Sie an, wo unter- bzw. überdifferenzierend übersetzt wurde:

> Die Zeichen für schrumpfende Vermögen lassen sich schließlich überall betrachten: Häuser werden verkauft, die Ferien im eigenen Land verbracht, viele Klubs müssen zumachen. Und die Statistiken sprechen eine deutliche Sprache: Zum ersten Mal seit dem 2. Weltkrieg sind die Nettoeinkommen beim Mittelstand gesunken, und zwar erheblich stärker als bei den Arbeitern.
>
> .....
>
> Immer wieder wird ihnen gesagt, wie sie in diese Notlage geraten sind: Früher ging es ihnen besser, weil unternehmerischer Einsatz und eine praxisbezogene Berufsausbildung sich lohnten. Damit kann man sich heute, im Kraftfeld der Tarifautonomie und gegen die rohe Gewalt der Gewerkschaften nicht mehr behaupten. In einer Zeit hoher Inflationsraten und hoher Steuerbelastung verlieren sie immer mehr ihre einst privilegierte Stellung. Aber warum akzeptieren sie das alles?

Aufgabe 2

Nehmen Sie sich jetzt bitte noch einmal die Aufgaben von Seite 15 vor, und versuchen Sie, diese unter Anwendung des bisher vermittelten Wissens zu beantworten. Verweisen Sie in Ihrer Antwort auf die einzelnen Kapitel dieses Buches, in denen die jeweilige Frage angesprochen wird.

VI DIE SITUATION

In George Orwells *Nineteen eighty-four* sagt Winston zu Julia, kurz bevor sich die beiden zum erstenmal umarmen: *I want everyone to be corrupt to the bones.* Julia antwortet:

> Well then, I ought to suit you, dear. I'm corrupt to the bones.[1]

Nach der Umarmung spricht Julia zu Winston die Abschiedsworte:

> Then good-bye, my love, good-bye![2]

In der deutschen Übersetzung von WAGENSEIL steht für die im Englischen nicht ohne Grund differenzierten Anredeformen (*dear, my love*) – denn inzwischen sind in dem Roman ja entscheidende Dinge geschehen – dasselbe Wort:

> Nun, dann dürfte ich die Richtige für dich sein, Liebling.[3]
> .....
> Dann leb wohl, Liebling, auf Wiedersehen.[4]

Da die Übersetzung WAGENSEILS aus dem Jahr 1950 generell auf Funktionskonstanz hin angelegt ist, nehmen wir an, daß er auch hier die Funktion des Originals erhalten will. Welchen Eindruck erweckt die vorliegende Textstelle im Deutschen? Zwischen Leuten, die erst wenige Worte miteinander gewechselt haben, wirkt „Liebling" befremdlich, wenn nicht gar komisch; nach der ersten Umarmung dagegen wirkt das Wort, zumindest heutzutage, zu blaß und abgegriffen.

„Liebling" ist in beiden Fällen stilistisch unangemessen oder anders gesagt: es ist der Situation nicht angemessen. Wir wollen dies zu begründen versuchen. Dazu müssen wir die Umstände oder Faktoren untersuchen, die auf das sprachliche Geschehen einen Einfluß haben. Wir legen dazu eine Liste derjenigen Faktoren vor, die erfahrungsgemäß für das Übersetzen wichtig sind.[5] Wir ordnen ihnen außerdem die im *Dictionary of Contemporary English* (DCE) angebotenen stilistischen Etikettierungen oder Markierungen zu, die allerdings nicht vollständig sind und sich zum Teil überschneiden.

---

1 George Orwell, *Nineteen Eighty-Four,* Harmondsworth 1962: 103

2 Orwell 1962: 105

3 George Orwell, *Neunzehnhundertvierundachtzig.* Ins Deutsche übertr. v. Kurt Wagenseil, Konstanz [10]1960.

4 Orwell, übertr. v. Kurt Wagenseil 1960: 117

5 Wir stützen uns auf die Situationsanalyse bei Crystal/Davy 1969: 64ff. und verwenden einige zusätzliche Modifikationen von House 1977: 37ff.

Situative Faktoren	*Etikettierungen*
Kommunikationsteilnehmer	
Soziale Relation	fml
a) Positionsrollen	
b) Situationsrollen	
Vertrautheitsgrad	fml, not fml, infml
Ort	
Zeit	old use, obs, rare
Geographische Herkunft	dial, AmE, BrE, IrE etc.
Soziale Schicht	sl
Geschlecht	
Kommunikationsformen und -bereiche	
Medium	
a) geschrieben	
b) gesprochen	infml
Anzahl der Kommunikationsteilnehmer	
a) monologisch	
b) dialogisch	
Verwendungsbereich	poet, tech, med, law etc.

Fragen wir also zunächst: Wer spricht zu wem? Oder genauer und abstrakter: In welcher *sozialen Relation* stehen die Kommunikationspartner zueinander? Welcher *Vertrautheitsgrad* besteht zwischen ihnen? Diese Fragen lassen sich etwa so beantworten: Die Kommunikationspartner sind einander sozial gleichgestellt. Im ersten Dialog (vor der Umarmung) besteht ein mittlerer Grad der Vertrautheit. Als Julia die Abschiedsworte spricht (nach der Umarmung) besteht ein sehr hoher Grad von Vertrautheit. Der Einfluß des Vertrautheitsgrades auf das sprachliche Geschehen zeigt sich in den verschiedenen Anredeformen: *dear,* als Julia und Winston sich kennenlernen, *my love,* als sie ein Liebespaar geworden sind. Natürlich gibt es auch Anredeformen, die einen noch höheren oder noch geringeren Vertrautheitsgrad ausdrücken. Zwischen fremd und intim gibt es viele Abstufungen, denen man Anredeformen zuordnen könnte wie *sir, Mr. Smith, Winston, dear, love, darling, my love, dearest love . . .* und es ließe sich sicher noch manches ergänzen. Der Faktor Vertrautheit, darauf sollte man vielleicht hinweisen, ist ein Kontinuum. Er läßt sich nur quantitativ als ein Mehr oder Weniger beschreiben. Anders liegen die Dinge bei der sozialen Relation, die qualitativ beschreibbar ist als höher zu tiefer oder tiefer zu höher oder gleich zu gleich. Eine quantitative Aussage wie hoch zu höher oder tief zu tiefer oder gar gleich zu gleicher wäre paradox, es sei denn eine solche Aussage wäre ironisch gemeint wie in Orwells *Animal Farm: All animals are equal, but some animals are more equal than others.*[6]

---

6 George Orwell, *Animal Farm* Harmondsworth 1962: 114
Wir erheben selbstverständlich nicht den Anspruch, sämtliche Faktoren zu beschreiben, die auf die sprachliche Form eines Textes einwirken können. Unsere Darstellung ist bis zu einem gewissen Grade ekletisch. Hinweise auf weitere situative Faktoren, die möglicherweise für die Textgestaltung relevant sind, finden sich bei Crystal/Davy 1969: 77ff.

Mit diesem Wissen können wir nun präziser sagen, warum die oben zitierte Übersetzung zu bemängeln ist. Die Verwendung des Wortes „Liebling" widerspricht zwar nicht der sozialen Relation zwischen den Gesprächspartnern, aber dem Vertrautheitsgrad wird dadurch in keiner Weise Rechnung getragen. Bei seiner ersten Verwendung klingt das Wort zu intim, bei seiner zweiten Verwendung für den sehr hohen Vertrautheitsgrad zu distanziert.

Der hier notwendige Grad der Differenzierung ist nicht erreicht. Diese Differenzierung ist notwendig für die Handlung des Romans, die sich in der Sprache des Liebespaares spiegelt. Entscheidend ist hier die Situation des Vorher und des Nachher, die Veränderung vom Freundespaar zum Liebespaar. Diese Veränderung wird unter anderem eben auch durch die Anredeformen zum Ausdruck gebracht. Nur eine Übersetzung, die dieser Veränderung Rechnung trägt, ist hier ausreichend differenziert.

Wir wollen uns nicht um einen Lösungsvorschlag drücken. Eine passende Anredeform für einen mittleren Vertrautheitsgrad, also hier für die Situation des Vorher, ist im Deutschen die Nennung des Vornamens. „Nun dann dürfte ich für dich die Richtige sein, Winston". Für die Situation des Nachher ist es auf den ersten Blick schwieriger, eine Entsprechung zu finden; auch Wörter wie „Schatz", „Schätzchen" wirken im Deutschen durch ihren häufigen Gebrauch unter Ehepartnern zu undifferenziert. Da die Funktion der Anrede hier aber vor allem darin besteht, Emotionen zu übermitteln, ist es durchaus möglich, einen Ausdruck zu wählen, der nicht zu den Anredeformen gehört, aber genauso die Gefühle der Liebenden wiedergibt, etwa: „Ich habe dich lieb, auf Wiedersehen".

Wir dürfen nun aber nicht den Fehler machen und glauben, *dear* und *my love* würden grundsätzlich immer ein freundschaftliches Verhältnis bzw. ein intimes Liebesverhältnis signalisieren. Wenn eine Mutter zu ihrem Kind sagt *Please get on with your dinner, dear* und wenn sie dann, wenn das Kind sich bekleckert hat, sagt *you must be more careful, my love,* so zeigt sie durch *dear* und *my love* nicht an, daß ihr Verhältnis zu ihrem Kind inniger geworden ist. (Vielleicht eher das Gegenteil!) Eine Übersetzung wäre hier ausreichend differenziert, wenn *dear* und *my love* jeweils durch „mein Schatz" wiedergegeben wäre, denn „Schatz" ist eine typische Anredeform für einen hohen Vertrautheitsgrad und ist vor allem unter Familienmitgliedern sehr üblich. Es genügt hier, den familiären Ton zu treffen.

Der Faktor soziale Relation war in der zitierten Übersetzung nicht mißachtet worden. Wir müssen noch nachweisen, daß er auf die Wahl sprachlicher Formen einen Einfluß hat. Stellen wir uns dazu eine andere Abschiedssituation vor: Ein kleiner Angestellter verabschiedet sich vom Chef der Firma. Die soziale Relation ist dann tiefer zu höher. Er sagt: *Goodbye, sir.* Der Chef antwortet – die soziale Relation ist dann höher zu tiefer: *Goodbye, Mr. Jones. Sir* bzw. die Nennung des Nachnamens tragen der sozialen Situation Rechnung.

In diesem Beispiel sind die Rollen des Chefs und des Angestellten zumindest eine bestimmte Zeit lang fest und unveränderlich. Es handelt sich um *Positionsrollen.* Wenn nun aber der Angestellte abends zum Essen ausgeht und der Kellner bedient ihn zuvorkommend und sagt: *Some more coffee, sir?,* dann nimmt der Angestellte die Rolle des sozial Höherstehenden ein, aber eben nur solange er im Restaurant ist und nur gegenüber dem Kellner. Hierbei handelt es sich um eine *Situationsrolle.*

Wir wollen hier für einen Augenblick innehalten und fragen, aufgrund welcher Voraussetzungen wir uns eigentlich klarmachen können, wie Situationen und sprachliche Formen zusammenhängen. Wenn wir uns darüber unterhalten, was in unserer Muttersprache stilistisch angemessen ist und was nicht, so argumentieren wir meist mit Worten wie: „So sagt man eben", „Das ist üblich". Geht es darum, Stil in der Fremdsprache zu beurteilen, so zeigt sich meist, daß man mit derartigen Äußerungen eigentlich kaum jemanden überzeugen kann. Wesentlich fundierter können wir argumentieren, wenn wir uns ein semantisches Grundprinzip, das auch für die Stilistik gilt, vor Augen halten: Bedeutung setzt eine Wahlmöglichkeit voraus.[7] Dann können wir nämlich zeigen, daß es statt der zur Diskussion stehenden sprachlichen Form auch andere gegeben hätte. Indem wir verschiedene stilistische Varianten einander gegenüberstellen, wird deutlich, welche in die jeweilige Situation paßt und welche nicht. Als Anrede eines Angestellten gegenüber seinem Chef wäre ja auch eine Form denkbar wie *Mr. Brown* oder *Bill.* Durch die Kontrastierung *sir* vs *Mr. Brown* und *sir* vs *Bill* in der spezifischen Situation, wo der Angestellte dem Chef untergeordnet ist, zeigt sich, daß *sir* angemessener ist. Wir tun hier also in Gedanken folgendes: Wir substituieren im Kontext der spezifischen Situation *sir* durch *Mr. Brown* bzw. *Bill* und erkennen, daß diese Anredeformen unangemessen wären. Indem wir *sir* den unangemessenen Formen gegenüberstellen, erkennen wir seine Angemessenheit.

In diesem Fall haben wir die sprachlichen Formen ausgetauscht. Wir können auch die Situation austauschen. Stellen wir uns vor, zwei Freunde verabschieden sich voneinander (impliziert ist also ein hoher Vertrautheitsgrad und die soziale Relation gleich zu gleich) und die Anredeform *sir* wird beibehalten, so erkennen wir, daß sie unangemessen ist. Auch indem wir also eine Situation durch eine andere bei gleichbleibender sprachlicher Form substituieren, können wir uns den jeweiligen Zusammenhang zwischen situativen Faktoren und sprachlichen Formen klarmachen.

Julia und Winston sprechen in unserem Beispiel miteinander in einem privaten Rahmen. Sie befinden sich in einem Versteck. Nehmen wir einmal an, sie würden sich auf einer Parteiversammlung treffen, dann würde sich Julia bestimmt nicht so von Winston verabschieden, denn das Liebesverhältnis muß ja unter allen Umständen geheim bleiben. Sie würde dann vermutlich sagen: *Goodbye, Mr. Smith* oder im Kontext des Romans: *Goodbye, comrade.* Ein weiterer situativer Faktor ist also der *Ort,* an dem die Kommunikation stattfindet.

Julia in Orwells Roman hat ein berühmtes Vorbild: Juliet in Shakespeares bekanntem Drama. Auch sie redet ihren Geliebten Romeo mit *love* an. Hier hat sich in Jahrhunderten nichts verändert. Stellen wir uns aber einmal vor, Juliet hätte sich mit einem Diener ihres Hauses unterhalten und würde sich nun von ihm verabschieden, dann würde sie wohl kaum sagen *Goodbye, Mr. Gregory,* sondern eher so etwas wie *Fare thee well, my good man.* Relevanter Situationsfaktor ist hier die *Zeit.*

Von Bedeutung sind ferner die Faktoren *geographische Herkunft* des Sprechers und seine *soziale Schicht. Hi there, babe!* und *bye-bye, honey!* sind ein untrügliches Zeichen dafür, daß hier ein Amerikaner spricht, während die Anrede *ducky* auf Großbritannien verweist. Wenn dagegen die Bäckersfrau im Laden an der Ecke ihre Kunden mit *luv* anredet, ist das weniger regional als vielmehr soziolektal begründet. Die Sprecherin bzw. der Sprecher läßt sich dann im allgemeinen der *lower middle class* oder der *working class* zuordnen.

Daß auch das *Geschlecht* des Sprechers eine Rolle spielt, zeigt sich am Beispiel *ducky.* Diese Anredeform ist nicht nur geographisch markiert, sondern auch als Form, die haupt-

---

[7] vgl. Lyons 1971: 413. *"Having meaning" implies choice*

sächlich von Frauen gebraucht wird.[8] Auch beim Gebrauch der Anredeform *dear* spielt das Geschlecht des Sprechers und außerdem auch noch das Geschlecht des Empfängers eine Rolle. Diese Form, die ja, wie wir oben feststellten, einen mittleren Vertrautheitsgrad und die soziale Relation gleich zu gleich impliziert, ist üblich zwischen Frauen, zwischen Frauen und Männern, aber nicht zwischen Männern. Zwischen Männern klänge *dear* „feminin". Geschlechtsspezifisch neutral ist *dear* natürlich in Brief-Anreden, z.B. *Dear John, dear Sir.*

Wir haben hier Faktoren beschrieben, die sich auf den Sender beziehen oder auf das Verhältnis zwischen Sender und Empfänger. Es gibt noch eine Reihe anderer Faktoren, die eher etwas mit der Sprachverwendung zu tun haben. Bezüglich des Mediums kann man generell unterscheiden zwischen *geschriebener* und *gesprochener* Sprache. Die bisher beschriebenen Varianten von Anredeformen lassen sich sowohl in gesprochenen als auch in geschriebenen Texten verwenden. Auch eine informelle Form wie *ducky* oder *honey* ist in einem Privatbrief denkbar. Die Anrede *Esq. (Esquire)* dagegen ist nur bei Adressen, und zwar Adressen von Geschäftsbriefen möglich. In der gesprochenen Sprache wird sie nicht verwendet. Dasselbe gilt für Anreden in Geschäftsbriefen wie *Dear Sir, Dear Madam, Dear Mr. Jones.*

Ein weiteres Faktorenpaar bezieht sich darauf, *wieviele Gesprächsteilnehmer* vorhanden sind. In *monologischen* Äußerungen ist nur ein Teilnehmer erkennbar, in *dialogischen* Äußerungen sind mindestens zwei Teilnehmer erkennbar. Die Anredeformen sind nun allerdings kein geeignetes Mittel, um den Kontrast zwischen diesen beiden Faktoren aufzuzeigen, denn Anredeformen sind ihrem Wesen nach dialogisch. In Anredeformen wird ja das Verhältnis zwischen Sprecher und Hörer thematisiert. Man kann die Relevanz dieser Faktoren aber z.B. aufzeigen an den verschiedenen Möglichkeiten, eine Feststellung zu machen. Ich kann sagen *He is a kind person* oder aber *He is a kind person, isn't he?* Der erste Satz ist eine monologische Äußerung, der zweite durch die Verwendung des *question tag* eine dialogische.

Unter dem Faktor *Verwendungsbereich* verstehen wir das Fachgebiet, den Beruf, den Tätigkeitsbereich innerhalb dessen Sprache verwendet wird.[9] Dieser Faktor ist die Ursache dafür, daß es so etwas wie Fachsprachen, etwa die Fachsprachen der Medizin, der Technik, der Wirtschaft, des Rechts gibt, daß es so etwas wie das englische *journalese* und das Journalistendeutsch, die Behördensprache, die Sprache von Geschäftsbriefen usw. gibt. In diesem Zusammenhang kann man auch auf Bezeichnungen stoßen, die sonst für Textsorten Verwendung finden. Wir werden jedoch zeigen, daß Textsorten nicht nur in diesem situativen Bereich angesiedelt sind.

An dieser Stelle muß eine klärende Bemerkung eingeschoben werden. Die bisher erwähnten Beispiele von Anredeformen bezogen sich fast alle auf eine Situation innerhalb eines Textes. Sie bezogen sich z.B. auf Dialogszenen innerhalb eines Romans. Um in solchen Fällen angemessen zu übersetzen, müssen wir die jeweiligen Situationen bezüglich der auf sie einwirkenden Faktoren analysieren.

Neben diesen innertextlich zum Ausdruck kommenden Situationen gibt es aber generell auch immer die Situation, in die der Gesamttext eingebettet ist. Der Autor als eine

---

8 vgl. DCE 1978: 341

9 Diese situative Dimension wird auch als *Register* bezeichnet, vgl. Diller/Kornelius 1978: 84. Der Begriff Register ist jedoch umstritten, vgl. Crystal/Davy 1969: 61.

bestimmte Person in bestimmter Funktion schreibt zu einer bestimmten Zeit an einem bestimmten Ort usw. für ein jeweils mehr oder weniger genau definierbares Publikum. Wir haben diese „kommunikative Einbettung" bereits ausführlich dargestellt (Kap. II und III).

Der eben beschriebene Faktor „Verwendungsbereich" ist im Zusammenhang mit dieser für den Gesamttext konstitutiven Situation zu sehen. Bezeichnenderweise stoßen wir hier auch wieder auf den Begriff „Textsorte", denn Textsorten sind konkreter Ausdruck eben dieser Situation des Gesamttexts. Wir werden im folgenden näher darauf eingehen.

Diese umfassende Situation beeinflußt die Sprache des Texts potentiell auf allen Ebenen. Der Faktor Verwendungsbereich wirkt sich z.B. auch auf die Anredeformen im Text aus. Wenn der Autor einer geisteswissenschaftlichen Abhandlung (also einer spezifischen Textsorte) seinem Leser ankündigt, was er in einem Kapitel seines Buches behandeln will, so sagt er z.B. nicht *Here I shall deal with . . . , dear reader* sondern *Here we shall deal with . . .* Er benützt also das dialogische *we,* um den Leser anzureden. Im Deutschen herrschen auf diesem Fachgebiet ganz andere Konventionen. Bei Ankündigungen ist es nicht üblich, den Leser anzureden. Üblich sind unpersönlich klingende Formulierungen wie „Das vorliegende Kapitel will zeigen . . . " oder „Es soll gezeigt werden . . . ". Derartige Konventionen müssen wir beim Übersetzen berücksichtigen.[10]

Wir haben von Konventionen in geisteswissenschaftlichen Abhandlungen gesprochen. Damit haben wir eine Textsorte genannt. In welchem Verhältnis stehen nun eigentlich Textsorten zu Situationen? Sprachliche Äußerungen und damit auch Textsorten sind grundsätzlich immer in Situationen eingebettet, sie werden also von situativen Faktoren bestimmt.[11] Wir wollen versuchen, uns dies am Beispiel der Textsorte „geisteswissenschaftliche Abhandlung" klarzumachen.

Betrachten wir zunächst die Faktoren, die im Zusammenhang mit den Kommunikationsteilnehmern von Bedeutung sind. Der Vertrautheitsgrad in geisteswissenschaftlichen Abhandlungen ist relativ niedrig, die soziale Relation ist gleich zu gleich (Fachleute schreiben für Fachleute), der Ort der Kommunikation sind Bücher oder Fachzeitschriften (und z.B. nicht Zeitungen), die Zeit ist nicht festgelegt, die geographische Herkunft des Autors ist irrelevant, denn er schreibt in der Hoch- und Standardsprache; irrelevant sind auch die Faktoren, soziale Schicht und Geschlecht. Relevant dagegen sind sämtliche Faktoren, die sich auf die Kommunikationsformen und den Kommunikationsbereich beziehen. Das Medium ist die Schrift (und nicht das gesprochene Wort); die Anzahl der Kommunikationsteilnehmer beträgt zwei oder mehr, und ob der Autor eine monologische Form der Darbietung oder eine bis zu einem gewissen Grade dialogische Form wählt, ist weitgehend von kulturellen Konventionen abhängig.[12] Der Verwendungsbereich sind, wie schon der Name für die Textsorte sagt, die Geisteswissenschaften.

---

10 vgl. Kußmaul 1978a.

11 vgl. dazu die sehr detaillierte empirische Untersuchung von Reiß 1977, wo immer wieder deutlich wird, daß situative Faktoren wie die Anzahl der Kommunikationsteilnehmer, der Ort der Kommunikation, die soziale Herkunft dessen, über den gesprochen wird, und damit auch bis zu einem gewissen Grad des Senders sowie die Emotion eine Rolle beim Entstehen von Konventionen spielen.

12 vgl. Kußmaul 1978a.

Die einzelnen Faktoren sind distinktiv, d.h. wenn wir einen oder mehrere Faktoren verändern, dann verändert sich auch die Textsorte. Wenn wir z.B. die soziale Relation verändern, so daß das Autor-Leser-Verhältnis höher zu tiefer ist, erhalten wir die Textsorte „Anleitung" oder „Lehrbuch". Die Aufgaben in unserem Buch implizieren z.B. diese höher-zu-tiefer-Relation. Allerdings ist diese Relation in unserem Fall nicht auf institutionelle Autorität gegründet, sondern auf einen Wissensvorsprung. Wer die Aufgaben nicht bearbeitet, hat also keine Sanktionen zu erwarten. Dem Leser unseres Buches steht es völlig frei, die Aufgaben zu machen oder auch nicht. (Wir würden ihm aber trotzdem sehr empfehlen, sie zu machen.)

Verändern wir den Ort und lassen unseren Text in einer Zeitung erscheinen, dann müssen wir uns den Konventionen der Textsorte „populärwissenschaftlicher Aufsatz" anpassen. Dies hätte außerdem zur Folge, daß sich der Verwendungsbereich änderte: es würde nicht für Fachkollegen geschrieben, sondern für die Allgemeinheit, und fachwissenschaftliche Termini müßten erklärt oder durch gemeinsprachliche Wörter ersetzt werden. Verändern wir das Medium und wählen wir die gesprochene Sprache, so bewegen wir uns im Rahmen der Textsorten „Vorlesung", „Referat" oder „Vortrag". Auch dies hätte weitere Konsequenzen bezüglich anderer Faktoren. Die Zahl der Kommunikationsteilnehmer wäre größer als zwei (tres faciunt collegium!) und die Darbietungsform wäre dialogisch, d.h. es würden Formen benützt, die den Zuhörer mit einbeziehen.

Daß der Einfluß der situativen Faktoren auf Textsorten von Konventionen innerhalb der jeweiligen Soziokultur abhängig ist, haben wir oben am Beispiel der Textsorte „medizinischer Beipackzettel" gesehen (vgl. Kap. IV). Der deutsche Beipackzettel enthält Fachausdrücke; der Faktor Fachgebiet schlägt sich also sprachlich nieder. Der englische Beipackzettel für Patienten dagegen enthält allgemeinverständliche Begriffe; der Faktor Fachgebiet wirkt sich also nicht aus. Auch die oben erwähnte Anredeform in englischen geisteswissenschaftlichen Abhandlungen ist ein Beispiel für soziokulturelle Konventionalität.

Wir können also Textsorten definieren als Realisationen von soziokulturell determinierten, konventionell geregelten Bündelungen situativer Faktoren.

Wenn wir nun in den folgenden Kapiteln das Problem des Übersetzens innerhalb verschiedener Textdimensionen beleuchten, dann werden wir die situativen Faktoren und ihre mögliche Konkretisierung in Textsorten immer wieder als Maßstab heranziehen, um die Bedeutung, die Wirkung und die Funktion sprachlicher Einheiten im AS-Text zu analysieren. Je nachdem, welche kommunikative Funktion wir unserer Übersetzung geben, werden wir uns fragen, wie wir das Ergebnis dieser Analyse unter Beachtung der Maxime vom notwendigen Differenzierungsgrad in der Zielsprache verbalisieren können.

AUFGABEN ZU VI

Aufgabe 1

In Edgar Allan Poes Erzählung *The Gold Bug,* die irgendwann zu Anfang des 19. Jahrhunderts in Süd-Carolina in den USA spielt, berichtet der Erzähler über einen Besuch bei seinem guten Freund William Legrand, der ein begeisterter Insektensammler ist. Legrand hat einen Käfer von ganz ungewöhnlichem Aussehen gefunden, und versucht, seinem Freund, dem Erzähler, mittels einer Zeichnung eine Vorstellung davon zu verschaffen. Die Freunde finden, daß der Käfer einem Totenkopf ähnelt. Der Dialog lautet an dieser Stelle:

> "The two upper black spots look like eyes, eh?
> and the longer ones at the bottom like a mouth
> – and then the shape of the whole is oval."
>
> "Perhaps so", said I; "but, Legrand, I fear you
> 5 are no artist. I must wait until I see the beetle
> itself, if I am to form any idea of its personal
> appearance."
>
> "Well, I don't know," said he, a little nettled.
> I draw tolerably – *should* do it at least – have
> 10 had good masters, and flatter myself that I am
> not quite a blockhead."
>
> "But my dear fellow, you are joking then," said
> I; "this is a very passable *skull* – indeed, I may
> say that it is a very *excellent* skull, according
> 15 to the vulgar notions about such specimens of
> physiology – and your *scarabaeus* must be the
> queerest *scarabaeus* in the world if it resembles
> it.[13]

Es geht uns hier um die Übersetzung von *My dear fellow* (Z. 12). Die entsprechende Passage lautet in der Übersetzung von HEDDA EULENBERG:

> . . .
> „Vielleicht ja", sagte ich, „doch ich fürchte,
> Legrand, Sie sind kein großer Künstler. Wenn ich
> mir eine Vorstellung von dem Aussehen des Käfers
> machen soll, muß ich wohl warten, bis ich ihn
> selbst sehe."
>
> „Das weiß ich nicht!" entgegnete er ein wenig
> pikiert, „ich zeichne doch eigentlich erträg-
> lich, wenigstens *sollte* ich es tun, denn ich

---

[13] Edgar Allan Poe, *Tales of Mystery and Imagination,* London: Nelson and Sons 1909: 19–20.

> habe gute Lehrer gehabt und schmeichle mir, kein direkter Dummkopf zu sein."
>
> „Aber lieber Kerl, dann wollen Sie wohl scherzen", antwortete ich ihm. „Das ist ein passabler, ja sogar ausgezeichneter Schädel . . .[14]

Durch welche situativen Faktoren wird die Anredeform im englischen Text bestimmt? Welche Funktion hat die Anredeform im Gesprächszusammenhang? Beurteilen Sie die Übersetzung! Machen Sie eigene Übersetzungsvorschläge!

Aufgabe 2

In der *Rheinpfalz* vom 20.01.1982 erschien folgende Notiz:

> *Tagebuch*
>
> Euer Ehren
>
> „Herr Vorsitzender" ist die übliche Bezeichnung für den Vorsitzenden Richter eines Gerichts. Manche Angeklagten oder Zeugen sagen auch schlicht „Herr Richter". Für Rudolf Karner war es dieser Tage ein völlig neues Gefühl, als eine junge Frau, des Meineids angeklagt, ihn, den Vorsitzenden des Schöffengerichts Landau, als „Euer Ehren" anredete. Nicht nur einmal, sondern im Verlaufe ihrer Vernehmung gleich dreimal. Und es war gar nicht ironisch gemeint. Wahrscheinlich gehört die Frau zu den Fernseh-Zuschauerinnen, die regelmäßig auf dem Bildschirm amerikanische und englische Krimis mit Gerichtsverhandlungen verfolgen. In den USA heißt der Vorsitzende „Euer Ehren". In den deutschen Strafprozeß paßt dieser Titel nicht so recht. Er „riecht" ein bißchen nach „altem Zopf" und war noch nie gebräuchlich. Nachdem in der Justiz so viele Titel abgeschafft worden sind, die einmal gang und gäbe waren – die Bezeichnung „Euer Ehren" dürfte schon deshalb keine Chance haben, im Gerichtssaal zur Regel zu werden.
>
> güw.

Die Reihenfolge der Übertragungen ließe sich etwa so darstellen:

engl. Original: "your honour" → deutsche Synchronisation: „Euer Ehren" → deutsche Gerichtsverhandlung: „Euer Ehren".

Was ist die Ursache des „Fehlers"? Besteht sie darin, daß die situativen Faktoren an einem Punkt der Übertragungskette nicht berücksichtigt wurden? An welcher Stelle ist hier der „Fehler" passiert? Überlegen Sie dabei, welche Funktion die deutsche Synchronisation englischer und amerikanischer Krimis normalerweise hat. (Vgl. dazu nochmals Kap. III und IV.)

---

[14] Edgar Allan Poe, *Erzählungen in zwei Bänden,* Bd. 2. Aus dem Amerikanischen von Hedda Eulenberg, München, Nymphenburger Verlagshandlung 1965: 14.

Zweiter Teil

DER ANDERE TEXT

VII SÄTZE UND HANDLUNGEN

Wer kennt nicht jene absichtlichen, oft provokativen Mißverständnisse, wenn z.B. ein Mann zu seiner Frau sagt: „Könntest du mir noch ein Bier aus dem Kühlschrank holen?" und sie darauf erwidert: „Das könnte ich schon", aber ruhig sitzen bleibt. Die Frau hat zwar die Frage ihres Mannes beantwortet, aber nicht so, wie er es erwartet hat. Wie jeder kompetente Sprecher des Deutschen weiß, ist auf eine derartige Äußerung eine Erwiderung üblich wie „Ja, gerne" oder „Nein, hol' dir's doch selber".

In den letzten beiden Jahrzehnten wurde eine sprachphilosophische, in die Sprachpragmatik hineinreichende Theorie entwickelt, mit der sich derartige sprachliche Ereignisse beschreiben und erklären lassen.[1] Im Rahmen dieser Theorie ließe sich der Dialog vereinfacht etwa so interpretieren: Die Frau hat die Äußerung ihres Mannes ironischerweise als Informationsfrage aufgefaßt, und zwar als Frage, ob sie möglicherweise in der Lage sei, ein Bier zu holen. Auf diese Frage hat sie positiv geantwortet, des Inhalts, daß sie unter bestimmten Bedingungen in der Lage wäre, dies zu tun. Nun war zwar die Äußerung des Mannes, als Satztyp betrachtet, in der Tat eine Frage, aber in der obigen Situation von der Intention her natürlich eine Bitte, denn aus Gründen der Höflichkeit werden Bitten häufig als Fragen formuliert (vgl. z.B. Kann ich mal das Salz haben? Könntest du das Fenster schließen? Darf ich mal dein Telefon benützen?). Es handelt sich um *indirekte Bitten.* Auf die Bitte hat die Frau nicht geantwortet. Da man aber in der obigen Situation davon ausgehen kann, daß sie sehr wohl verstanden hat, was ihr Mann eigentlich wollte, kann man ihr Nichteingehen auf die Bitte als indirekte Ablehnung der Bitte interpretieren.

Die Sprechakttheorie untersucht nun vor allem die Intentionen, die ein Sprecher bei einer Äußerung hat. Dabei wird nicht in erster Linie nach dem grammatisch bestimmbaren Satztyp gefragt, sondern nach der Handlung, die ein Sprecher mit der Äußerung eines Satzes vollzieht. Daß es hier um Handlungen geht, wird deutlicher, wenn wir uns vorstellen, jemand berichte über den Dialog zwischen Mann und Frau. Er könnte dann sagen: Er bat sie, ihm ein Bier aus dem Kühlschrank zu holen; sie lehnte dies jedoch ab. Die Verben *bitten* und *ablehnen* geben an, welche Handlung durch die Äußerung jeweils vollzogen wurde. Sie werden in der Sprechakttheorie als *performative Verben* bezeichnet. In Gesprächen werden diese performativen Verben z.B. dann benützt, wenn Unklarheiten bestehen und Mißverständnisse auftreten. In unserem Beispiel könnte der Mann den Dialog weiterführen und sagen: „Ich meinte dies nicht als Frage, sondern als Bitte." (Worauf seine Frau in dieser Situation jedoch vermutlich antworten würde: „Das weiß ich.") Durch performative Verben läßt sich also die in einer Äußerung intendierte kommunikative Absicht

---

1 Wir greifen hier ein Thema wieder auf, das bereits in Kap. III(S.34ff.)angeschnitten wurde. Die erwähnte Theorie hat ihren Ursprung in England und in den U.S.A. Als Initiator gilt J.L. Austin 1962, dessen Ideen von J.R. Searle 1965, 1969 weiterentwickelt wurden. Als einer der bekanntesten Vertreter in Deutschland sei D. Wunderlich 1972, 1976 genannt.

explizit machen. Diese Absicht wird in der Sprechakttheorie als *illokutionäre Kraft* oder kurz als *Illokution* einer Äußerung bezeichnet. In bezug auf unser Beispiel könnten wir also sagen: die Äußerung des Mannes hat die Illokution einer Bitte und die Äußerung der Frau hat die Illokution einer Ablehnung.

Was hat dies alles mit dem Übersetzen zu tun? Wir sagten, daß ein kompetenter Sprecher des Deutschen die obige Äußerung des Mannes nicht als Frage, sondern als Bitte versteht. Warum eigentlich?[2] Es werden doch nicht alle Fragen als indirekte Bitten verstanden. Eine Frage wie „Bist du möglicherweise in der Lage, noch ein Bier aus dem Kühlschrank zu holen?" wird normalerweise nicht sofort als Bitte interpretiert. Dazu müßte schon eine ganz besondere Situation vorliegen. Das gleiche gilt für „Bist du in der Lage, das Fenster zu schließen?" Die Frau versteht die Frage ihres Mannes als Bitte, weil bestimmte Formen von Fragesätzen konventionellerweise als höfliche Bitten benützt werden. Bestimmte Formen von Fragesätzen sind sozusagen idiomatisch geworden, andere nicht. Im Deutschen sind dies u.a. Fragesätze, in denen die Hilfsverben *werden, können, dürfen* enthalten sind (z.B. „Würdest du mal das Fenster öffnen?", „Kannst du mal das Fenster öffnen?", „Darf ich mal das Fenster öffnen?") Idiomatische Wendungen bieten bekanntlich Übersetzungsschwierigkeiten, denn es gibt für sie meist keine formalen Entsprechungen. Dies gilt häufig auch für indirekte Bitten. Eine weitere Erschwernis besteht darin, daß gerade bei der Formulierung von Bitten die soziale Relation der Gesprächspartner zueinander eine große Rolle spielt. Wenn z.B. die soziale Relation zwischen Sprecher und Hörer (vgl. S. 66f.) höher zu tiefer ist, ist es im Englischen manchmal durchaus möglich zu sagen *Shut the window!* Bei umgekehrter sozialer Relation aber müßte z.B. geäußert werden *Can/Could you shut the window? Would you mind shutting the window* oder es müßte eine ähnliche Form der Indirektheit gewählt werden, die Höflichkeit impliziert. Auch der Grad der Vertrautheit der Gesprächspartner ist von Einfluß. Eine Frau kann z.B. zu ihrem Mann sagen: *Just get me that book from the shelf!* Einem Fremden gegenüber würde sie aber eher so etwas sagen wie *Could you get me that book from the shelf?* Je geringer der Vertrautheitsgrad ist, desto höflicher werden Aufforderungen formuliert. Im Englischen stehen dazu eine große Anzahl indirekter Sprechakte zur Verfügung. Dazu folgende Auswahl von Beispielen, die nach zunehmender Höflichkeit angeordnet sind:

(1a) Why don't you shut the window?
(1b) Shut the window, won't you?
(1c) Shut the window, will you?
(1d) Shut the window, would you?
(1e) Won't you shut the window?

Alle diese Äußerungen haben keine formalen Entsprechungen im Deutschen. Für die Sätze (b)–(d) ist dies aufgrund des deutschen Sprachsystems nicht möglich, und eine Übersetzung von (a) durch „Warum schließt du nicht das Fenster?" oder von (e) durch „Wirst du nicht das Fenster schließen?" ist keine idiomatische Bitte, sondern eine Frage und würde daher normalerweise wohl kaum als Bitte verstanden werden. Bei der Übersetzung müßte man hier die idiomatisierten Formen indirekter Bitten im Deutschen benutzen und dabei den Höflichkeitsgrad sorgfältig abwägen. Als Möglichkeiten stehen z.B. zur Verfügung: „Kannst/könntest/würdest du (bitte) das Fenster schließen?" Die Höflichkeit läßt sich aber auch durch den Imperativ in Verbindung mit Partikeln zum Ausdruck brin-

---

2 zu indirekten Sprechakten vgl. Searle in Kußmaul (Hrsg.) 1980.

gen, indem man sagt Schließ doch/mal/eben das Fenster! Schließ doch ma/doch eben/mal das Fenster! Schließ doch mal eben das Fenster!" Je mehr Partikel eingefügt werden, desto höflicher klingt die Bitte.

Wir sahen, daß Höflichkeit von situativen Faktoren, wie soziale Relation und Vertrautheitsgrad, bestimmt wird. Potentiell ist jedoch der gesamte Komplex situativer Faktoren (vgl. Kap. VI) bei der Wahl einer Variante eines Sprechakts von Bedeutung. Vor allem innerhalb der Textsorte als einer konventionell geregelten Bündelung situativer Faktoren erscheinen bestimmte stilistische Varianten von Sprechakten mit größerer Häufigkeit.[3] Dazu folgendes Beispiel aus einer englischen Studien- und Prüfungsordnung:

(2a) Application for admission to a curriculum of advanced study for the degree of Master of Arts *shall be made* to the Registrar not later than the 1st May preceding the commencement of the course. (University of Bristol. Postgraduate Study. January 1970)

Shall be in Verbindung mit einem Partizip oder Objekt ist die für diese Textsorte typische Formulierung für den Sprechakt Anordnen. (Man vergleiche z.B. *Candidature for the degree of Master of Arts shall be open to any graduate of a University of the United Kingdom . . . , The curriculum for the degree shall extend over a period of not less than twelve months. . . . , Each copy of a dissertation shall be accompanied by a memorandum signed by the candidate . . .*) Die Illokution des Satzes wäre erhalten, wenn man übersetzte:

(2b) Der Zulassungsantrag für ein zum Magisterabschluß führendes Graduiertenstudium soll an die Verwaltung bis spätestens 1. Mai vor Beginn des Kurses gerichtet werden.

Doch dies ist nicht die in deutschen behördlichen Verlautbarungen übliche Formulierung, und es wäre zweifelhaft, ob dadurch die in der Textsorte Studienordnung implizierte, auf die Institution der Universität gegründete Autorität des Senders (also die soziale Relation höher zu tiefer) deutlich genug zum Ausdruck gebracht würde. Wie jeder deutsche Beamte weiß, erscheint in derartigen Kontexten die Form *ist zu* bzw. *sind zu,* und die Übersetzung müßte also an der entsprechenden Stelle lauten:

(2c) . . . ist an die Verwaltung bis spätestens 1. Mai zu richten.

Dies ist die für die Textsorte Studienordnung angemessene Formulierung, und nur sie wird vom Leser letztlich ernst genommen.

Bei den bisher erörterten Übersetzungen von Sprechakten gingen wir stillschweigend davon aus, daß die Funktion der Übersetzung mit der Funktion des Originals übereinstimmen soll. Im eben zitierten Beispiel einer Studienordnung hat unsere Übersetzung die Funktion eines juristischen Dokuments mit allen damit zusammenhängenden rechtlich bindenden Konsequenzen. Es ist jedoch auch denkbar, daß die Übersetzung eine andere Funktion hat als das Original. Es wäre z.B. möglich, daß sie nur über englische Prüfungsordnungen informieren und kein juristisches Dokument sein soll. Dann wäre auch die Version „soll . . . gerichtet werden" akzeptabel. Die Auswahl unter stilistischen Varianten von Sprechakten ist also letzten Endes immer von der Textfunktion abhängig, und die Textfunktion wiederum determiniert die Textsorte. Wir wollen unsere Beobachtungen von Illokutionsakten in Textsorten noch durch ein Beispiel aus einer deutsch-englischen Übersetzung ergänzen. In dem auf S. 46 zitierten Beipackzettel findet sich folgende Stelle:

---

3 vgl. Kußmaul 1977b, wo Aufforderungen in Geschäftsbriefen untersucht werden.

(3a) Die Dauer des Bades ist ebenfalls individuell zu bestimmen; soll aber 15–20 Min. nicht übersteigen. Das Reinigungs- und Pflegebad für Säuglinge und Kleinkinder beansprucht nur wenige Minuten.
BALNEUM HERMAL *wird* in das Badewasser *gegeben* (nicht umgekehrt) und gut *untergemischt.* (Hervorhbg. v. Verf.)

Die Passivstruktur „wird ... gegeben und untergemischt" ist eine weitere Variante eines Sprechakts vom Typ Auffordern/Anweisen. Sie ist in deutschen instruierenden Textsorten durchaus üblich. In einem Kochrezept, in dem die Zubereitung von Schnecken beschrieben wird, heißt es z.B.

(4) Die Schnecken werden dann in mehrmals gewechseltem Wasser gründlich gewaschen, bis aller Schleim entfernt ist ... Nun werden die Schnecken in sprudelnd kochendes Wasser geworfen und blanchiert.[4]

In instruierenden Textsorten, zu denen ja auch Kochrezepte gehören, wird die Passivstruktur also konventionell in der Funktion einer Anweisung gebraucht. Wie hat der Übersetzer des Beipackzettels für BALNEUM HERMAL übersetzt?

(3b) Balneum Hermal is added to the bath-water (not vice versa) and is well mixed.

Dieser Satz, der formal dem deutschen entspricht, ist für englische Leser mißverständlich, denn sie verstehen ihn als Feststellung. Erst wenn sie erkennen, daß dies keinen Sinn ergibt, werden sie möglicherweise weiter interpretieren und sich fragen, wie der Satz gemeint sein könnte. Die Kommunikation ist auf jeden Fall zunächst einmal gestört. In englischen instruierenden Texten wird die Passivstruktur keineswegs konventionell in der Funktion einer Anweisung gebraucht. Üblich sind in solchen Textsorten Imperative. Die Übersetzung könnte also lauten:

(3c) Add BALNEUM HERMAL to the bath-water (not vice versa) and mix it well.

Wir haben mit der Analyse und Übersetzung von Bitten und damit verwandten Sprechakten begonnen[5], weil sich daran die Probleme der richtigen Wiedergabe der Illokution und der situativen Nuancierung besonders gut verdeutlichen lassen. Als nächstes wollen wir weitere Typen von Sprechakten betrachten, um daran verschiedene Möglichkeiten aufzuzeigen, wie man erkennen kann, um welchen Sprechakt es sich jeweils handelt, d.h. worin die Illokution der jeweiligen Äußerung besteht. Dazu ein Beispiel aus einer Übersetzungsklausur:

(5a) For example, if a housewife with no other occupation, *you may well* have more time to spend organizing and feeding the freezer ... than if working and homekeeping

Sie wurde fehlerhaft übersetzt mit

(5b) Wenn man z.B. nur Hausfrau und nicht nebenher berufstätig ist, *kann man sehr gut* mehr Zeit damit verbringen, die Tiefgefriertruhe zu füllen ... (Hervorhebung vom Verf.)

---

[4] Zitat aus Thome 1980: 63.

[5] Diese Klasse von Sprechakten bezeichnet Searle als Direktiva. Es handelt sich dabei immer um Versuche, den Hörer zu einer Handlung zu veranlassen.
Vgl. Searle, „Eine Klassifikation der Illokutionsakte" in Kußmaul (Hrsg.) 1980: 94.

Es geht hier um die Übersetzung des Modalverbs *may* und des Adverbs *well.* Worin besteht die Funktion dieser Formen? Wir können dies leicht ermitteln, indem wir ein linguistisches Testverfahren anwenden, den sog. Reduktionstest. Dabei wird die zur Diskussion stehende sprachliche Form gestrichen, und wir erhalten dann ... *you have more time to spend.* Durch Kontrastierung mit der ursprünglichen Konstruktion ... *you may have more time to spend . . .* wird der Bedeutungsunterschied erkennbar. Im ersten Fall handelt es sich um eine Feststellung, im zweiten um eine Vermutung. Wir können uns noch weiter vergewissern, indem wir *may* durch eine Formulierung mit einem performativen Verb ersetzen. Wir wenden dabei den sog. Substitutionstest an und erhalten, ohne daß sich die Bedeutung des Satzes verändert: *you have more time to spend, I suppose . . . .* Die Funktion des zusätzlichen *well* besteht darin, der Vermutung einen hohen Wahrscheinlichkeitsgrad zu verleihen. Die Ursache für die Fehlübersetzung besteht also offensichtlich darin, daß die kommunikative Funktion des Modalverbs nicht erkannt wurde. Der Satz der Übersetzung ist keine Vermutung, sondern eine Feststellung über eine Fähigkeit im Sinne von „ist man sehr gut in der Lage." Als Vermutung ließe sich die betreffend Stelle z.B. formulieren indem man sagt

(5c) . . . ist es sehr wohl möglich, daß man mehr Zeit hat . . .
(5d) . . . kann es sehr gut sein, daß man mehr Zeit hat . . .
(5e) . . . ist es sehr wahrscheinlich, daß man mehr Zeit hat . . .

Die Übersetzung enthält noch weitere problematische Stellen, z.B. die Wiedergabe von *organizing and feeding* durch ein einziges Verb, nämlich „füllen". Doch wie immer hier übersetzt würde, die Illokution des Satzes würde sich nicht verändern. Um den besonderen Status der Illokution deutlich zu machen, wird in der Sprechakttheorie zwischen der Illokution und dem übrigen Inhalt der Äußerung der sog. *Proposition* unterschieden. Die Proposition wiederum besteht aus *Referenz* (hier *you*) und *Prädikation* (hier *have more time to spend . . .*). Die Proposition aber ist bei jeder konkreten Äußerung eines Satzes, und damit haben wir es ja beim Übersetzen zu tun, immer mit einer Illokution verbunden. Ein und dieselbe Proposition kann natürlich mit verschiedenen Illokutionen verknüpft werden. Andere Illokutionsakte – um eine genauere Bezeichnung zu gebrauchen – mit derselben Proposition wie unser Beispiel sind etwa

(6a) Do you have more time to spend?
(6b) You will have more time to spend.
(6c) I wish you had more time to spend.

Bei (a) handelt es sich um den Illokutionsakt des Fragens, bei (b) um den der Voraussage und bei (c) um den des Wünschens. In vielen Fällen ist der Illokutionsakt durch einen *Illokutionsindikator* markiert. Im Beispiel (5a) besteht der Illokutionsindikator im Modalverb *may,* in Beispiel (6a) in der Frageumschreibung mit *do,* in (6b) im Modalverb *will* und in (6c) in der Wendung *I wish.* Bei der Übersetzung von Illokutionsakten kommt es ganz entscheidend darauf an, daß der Illokutionsindikator richtig wiedergegeben wird. Das soll freilich nicht heißen, daß die richtige Wiedergabe der Proposition zweitrangig wäre. Doch wollen wir aus Gründen der methodischen Klarheit die damit verbundenen Übersetzungsprobleme, z.B. die richtige Wiedergabe der Referenz in einem besonderen Kapitel (VIII) behandeln.

Betrachten wir weitere Beispiele mit Illokutionsindikatoren, deren Wiedergabe beim Übersetzen erfahrungsgemäß Schwierigkeiten bereitet.

(7) And lest you think by zapping over to the end of this article you can discover the Best Holiday Buy for Lonely Onlies, *let me assure you* that if such a thing exists I certainly have not discovered it. (The Sunday Times, September 11, 1977)

Hier macht ein performatives Verb *(assure)* den Illokutionsakt explizit. Das performative Verb wird durch ein zusätzliches Verb *(let)* modifiziert. (In der Sprechakttheorie spricht man in solchen Fällen von *hedged performatives:* „verdeckten performativen Äußerungen."[6] Diese Modifikationen von performativen Verben sind sehr häufig, vor allem durch Modalverben, z.B. *I must ask you to . . . , I can tell you . . . , I want to say . . . , I have to admit . . . , I might suggest . . .* usw. Sie wirken meist weniger direkt als die entsprechende reine performative Formel *(I assure you).* Bei der Übersetzung ins Deutsche gibt es auch hier eine Übersetzungsschwierigkeit, denn eine formale Entsprechung ist aufgrund der deutschen Gebrauchsnorm nicht möglich. Mögliche Entsprechungen sind Wendungen wie *Sie können sicher sein, Ich kann Ihnen versichern.* Bei einer ganzen Reihe verdeckter performativer Äußerungen gibt es allerdings formale Entsprechungen, z.B. *I must ask you to . . .* – „Ich muß Sie bitten . . .", *I can tell you . . .* – „Ich kann Ihnen/dir sagen . . .", *I have to admit . . .* – „Ich muß zugeben . . .". Wahrscheinlich werden diese Formen im Deutschen wie im Englischen von situativen Faktoren bestimmt, die direkte performative Formeln nicht zulassen.

Als Illokutionsindikatoren dienten in den letzten Beispielen Modalverben und performative Verben. Sehr oft haben auch Satzadverbien Illokutionsfunktion, wie aus dem nächsten Beispiel deutlich wird.

(8a) Meanwhile our narrow canals in particular are truly unique with their 7 ft wide locks and the curiously long boats built to fit them. Up to 70 ft long, *in fact,* and steering them from the stern is alarming at first. (The Observer, 21 May, 1978)

Sprechakttheoretisch interessant ist die Übersetzung des Adverbs *in fact* des elliptischen zweiten Satzes.[7] Wörterbücher geben als Entsprechung dafür z.B. an „in der Tat", „tatsächlich", „eigentlich", „offen gesagt". Derartiges findet sich daher in Übersetzungsklausuren auch sehr häufig, die kommunikative Funktion von *in fact* an dieser Stelle wird dadurch aber keineswegs richtig wiedergegeben. Als was soll die Äußerung in diesem Zusammenhang gelten? Sie ist zweifellos eine Feststellung, aber diese Erkenntnis ist noch zu allgemein. Betrachten wir das Verhältnis der Proposition dieser Äußerung *(they (the boats) are up to 70 ft long))* zur Proposition der vorausgehenden Äußerung *(the boats are curiously long),* so stellen wir fest, daß die zweite Proposition die erste präzisiert, und in der Tat ließe sich *in fact* durch eine entsprechende explizite performative Wendung substituieren: *Up to 70 ft long, to be precise, and steering them from the stern is alarming at first. In fact* ist hier also Illokutionsindikator des Sprechakts Präzisieren. (Dies schließt natürlich nicht aus, daß *in fact* in anderen Kontexten andere Funktionen haben kann.) Als entsprechende Illokutionsindikatoren im Deutschen kämen Wendungen wie „genau gesagt", „um genau zu sein" usw. in Betracht, und die Übersetzung des Beispiels könnte dann lauten

---

6 vgl. Fraser in Kußmaul (Hrsg.) 1980.

7 zu englischen Satzadverbien als Illokutionsindikatoren vgl. Kußmaul 1978b.

(8b) Inzwischen sind unsere engen Kanäle wirklich einzigartig, mit ihren zwei Meter breiten Schleusen und den eigenartig langen Booten, die speziell dafür gebaut sind. Sie sind, genau gesagt, fast 30 Meter lang, und sie vom Bootsende aus zu steuern, ist zunächst ziemlich aufregend.

Die Wendung „genau gesagt" wirkt nun allerdings, wenn man sie im Kontext der ganzen Textstelle liest, etwas pedantisch und formell. Auch „um genau zu sein" wäre nicht viel besser. Versuchen wir, unsere Übersetzung zu modifizieren! Stellen wir also wie immer die grundsätzliche Frage: Worin besteht die Funktion unserer Übersetzung, und welcher Grad der Differenzierung ist notwendig? Im englischen Text wird auf unterhaltsame und anschauliche Weise ein Urlaub auf Hausbooten geschildert. Wir gehen von der Voraussetzung aus, daß die Übersetzung diese Funktion bewahren soll, und wir müssen uns dann fragen, welche Rolle die Verknüpfung von Propositionen bildet. Ist es für die Textfunktion wichtig, den logischen Zusammenhang zwischen den Sätzen explizit zu machen? Bei derartigen Texten geht es nicht um die präzise Darstellung eines Gedankengangs; eine explizite logische Verknüpfung der Sätze ist nicht erforderlich; ja sie wirkt sogar eher störend und unpassend. Eine Übersetzung ist in diesem Fall durchaus ausreichend differenziert, wenn die logischen Zusammenhänge nur impliziert bleiben:

(8c) . . . und den eigenartig langen Booten . . . Sie sind fast 30 Meter lang . . .

Anders müßten wir uns freilich bei der Übersetzung wissenschaftlicher Texte entscheiden, in denen eine enge logische Verknüpfung der Sätze im Zusammenhang einer Argumentationskette funktional relevant sein kann. Dann wäre eine Übersetzung von *in fact* durch „um genau zu sein" durchaus angemessen, ja notwendig. Würden wir die logischen Zusammenhänge nur implizieren, so wäre die Übersetzung nicht ausreichend differenziert.

Wir sagten, die Wendungen „um genau zu sein", „genau gesagt" klängen formell. Damit haben wir bereits auf die stilistische Markiertheit dieser Ausdrücke hingewiesen. Auch die formale Entsprechung dazu im Englischen, *to be precise* ist wesentlich formeller als *in fact*. Es scheint generell so zu sein, daß die expliziteren Illokutionsindikatoren jeweils die formelleren sind. So erscheinen z.B. verdeckte performative Formeln wie *I must point out, I wish to point out, I have to point out* als fast ausschließliche Indikatoren in der grundsätzlich immer schon als formell markierten Textsorte „Geschäftsbrief",[8] z.B.

(9a) We wish to point out that your competitors are offering at lower prices.

In deutschen Geschäftsbriefen entspricht dem eine größere Vielfalt performativer Formulierungen, die teilweise verdeckt sind, und die durch ihre zum Teil dialogische Form („Ihre", „Sie") persönlicher wirken:

(10) Ihre Aufmerksamkeit lenken wir auf . . .
Wir machen Sie besonders aufmerksam auf . . .
Wir erlauben uns, hervorzuheben . . .
Erlauben Sie uns, hervorzuheben . . .
. . . erlaube ich mir, Sie aufmerksam zu machen . . .
. . . möchten wir uns den Hinweis erlauben . . .

---

[8] Diese Beobachtung und die folgenden stützen sich auf eine Korpusuntersuchung von 31 englischen Geschäftsbriefen aus dem *Survey of English Usage* am University College London und 105 Briefen aus Lehrbüchern des englischen sowie 119 Briefen aus Lehrbüchern des deutschen kaufmännischen Schriftverkehrs. Vgl. dazu auch Kußmaul 1977b: 61.

Wie oben bei der Textstelle aus der Prüfungsordnung zeigt sich auch an diesem Beispiel, daß innerhalb von Textsorten bestimmte Varianten von Sprechakten besonders häufig sind. Für die Wiedergabe dieser konventionalisierten Muster gilt selbstverständlich auch hier wieder der übergeordnete Maßstab der Textfunktion. Bei Funktionskonstanz zwischen Original und Übersetzung werden wir uns für eine der eben aufgelisteten Varianten aus deutschen Geschäftsbriefen entscheiden müssen. Es wäre aber durchaus vorstellbar, daß der Verkaufschef einer Firma nur am Inhalt des betreffenden Schreibens interessiert ist. Höflichkeitsfloskeln wären für ihn dann in seiner augenblicklichen Situation uninteressant. Dann würde für Beispiel (9a) eine Übersetzung genügen wie

(9b) Wir betonen, daß Ihre Konkurrenten zu niedrigeren Preisen anbieten.

Fragen wir uns abschließend: Welche Hilfen gibt uns das Instrumentarium der Sprechakttheorie, um kommunikativ richtig zu übersetzen? Anhand unserer Beispiele, die eine typische Auswahl von Übersetzungsschwierigkeiten bei Sprechakten darstellen, wurde deutlich, daß bestimmte sprachliche Formen besonders illokutionsoffenbarend sind. Es sind dies performative Verben, verdeckte performative Verben, Modalverben[9], Adverbien, idiomatische Formen der Indirektheit und (im Deutschen) Partikeln. Auf diese Formen muß der Übersetzer besonders achten, hier besteht potentiell immer die Gefahr, daß die kommunikative Funktion einer AS-Äußerung falsch interpretiert und in der ZS falsch wiedergegeben wird.

Neben diesen mehr oder weniger deutlich durch Illokutionsindikatoren markierten Sprechakten gibt es die sehr häufigen Fälle, in denen die Illokution nur aus dem Kontext oder aus der Situation zu erschließen ist. Dazu gehört das auf S. 44 beschriebene Beispiel. Erinnern wir uns: durch die Äußerung „es zieht" forderte der Sprecher den Hörer auf, das Fenster zu schließen. Es handelt sich um einen indirekten Sprechakt; doch die Indirektheit ist anders als bei einer Äußerung wie „könntest du das Fenster schließen". Im letzteren Fall ist die Proposition des geäußerten Sprechakts (der Frage) und des implizierten Sprechakts (der Bitte) dieselbe. Es geht beidemal um das Schließen des Fensters. Wenn ich aber sage „es zieht", dann unterscheidet sich der geäußerte Sprechakt (Feststellung) vom implizierten (Bitte) nicht nur durch die Illokution, sondern auch durch die Proposition. Es ist die Rede davon, daß es zieht, gemeint ist aber das Schließen des Fensters. Zwar kann es auch in diesen Fällen, ja vielleicht sogar besonders häufig, zu falschen Interpretationen und damit zu Mißverständnissen kommen. Jemand könnte hier z.B. erwidern „ja, das spüre ich auch" und würde dadurch zeigen, daß er die vorausgehende Äußerung nicht als Bitte, sondern bloß als Feststellung verstanden hat. Die damit zusammenhängenden Verstehensprobleme[10] sind jedoch, zumindest im deutschen und englischen Kulturbereich weitgehend gleich.

Unterschiedlich freilich kann die Verwendung derartiger indirekter Sprechakte sein. In der auf S. 44 geschilderten Situation würde ein englischer Chef einen anderen Typ eines indirekten Sprechakts wählen und z.B. sagen *"Would you please close the window"*. oder wie oben erwähnt *"I'm afraid that's too much wind, John"*. Der Grund dafür sind inter-

---

[9] vgl. Kußmaul 1977a.

[10] zu den damit zusammenhängenden Fragen der Sprachlogik vgl. H.P. Grice in Kußmaul (Hrsg.) 1980 und Searle in Kußmaul (Hrsg.) 1980.

kulturell unterschiedliche Konventionen, die hier vermutlich durch die soziale Relation zwischen Sprecher und Hörer bestimmt werden. Ein weiteres Beispiel: In England ist es üblich, daß man sich für ein Kompliment explizit bedankt. Also etwa *What a lovely dress you are wearing! – Thank you, it is nice, isn't it?* In Deutschland würde ein vergleichbares „Vielen Dank!" ziemlich ungewöhnlich, wenn nicht gar ironisch klingen. Üblich ist „Findest du?/Gefällt es dir?/Freut mich, daß es dir gefällt." Während also in England in dieser Situation der Sprechakt des Dankens direkt und explizit geäußert wird, ist es in Deutschland üblich, seinen Dank für das Kompliment indirekt durch einen Sprechakt mit anderer Proposition kund zu tun.

Nehmen wir an, wir müßten ein englisches *thank you* in einer derartigen Situation innerhalb eines Romandialogs ins Deutsche übersetzen, dann würden wir uns auch hier wieder nach der Funktion der Übersetzung richten. Bei Funktionskonstanz – die Übersetzung zeigt das in der Situation übliche und unauffällige Verhalten der Dialogpartner – würde man *thank you* durch eine deutsche indirekte Floskel, z.B. „gefällt es dir", ersetzen. Bei Funktionsveränderung – die Übersetzung „verfremdet" und zeigt das typisch englische Verhalten – könnte man *thank you* durch „vielen Dank" wiedergeben.

Derartige Fälle von kulturell bedingter Indirektheit sind freilich wohl eher die Ausnahme. Sie sind vermutlich vor allem in Alltagsdialogen zu erwarten, die nach einem stereotypen Muster ablaufen. Auch *how do you do* z.B. ist ja keine Frage nach dem Befinden des anderen, sondern eine Begrüßungsformel, die man benützt, wenn man jemandem vorgestellt wurde.

In der Regel entstehen Übersetzungsprobleme dann, wenn ein Illokutionsindikator vorhanden ist. Wir müssen dann zwar nicht die Proposition verändern, aber die richtige Wiedergabe des Illokutionsindikators ist oft noch schwierig genug. Selbst wenn er im AS-Text vorhanden ist, sind Mehrdeutigkeiten nicht ausgeschlossen, wie am Beispiel (5a) und (8a) zu beobachten war. Im Kontext wird ein muttersprachlicher Sprecher die Illokution dennoch richtig erschließen können.

Die Tatsache, daß Kommunikation in den meisten Fällen glückt, ohne daß nachgefragt werden muß, wie die jeweilige Äußerung denn eigentlich gemeint sei, bestätigt das. Ein Fremdsprachenlerner – und wenn wir aus dem Englischen übersetzen, gehören wir in gewissem Sinne auch zu dieser Gruppe – befindet sich allerdings nicht in dieser Normalsituation. Seine kommunikative Kompetenz ist nicht vollkommen. Für ihn empfehlen sich die anhand der obigen Beispiele praktizierten Analyseverfahren, vor allem der Substitutionstest, bei dem anstelle des zur Diskussion stehenden mehrdeutigen Illokutionsindikators ein expliziter Indikator (z.B. eine performative Wendung) eingesetzt wird. Eine weitere Möglichkeit zur Klärung besteht darin, daß man sich fragt, in welchem logischen Bezug die Proposition der jeweiligen Äußerung zu der vorausgehenden oder nachfolgenden Proposition steht. Dieses Verfahren ist vor allem bei der Illokutionsanalyse von Satzadverbien brauchbar. Die Interpretation indirekter Bitten und Aufforderungen ist problemlos, wenn im Text (z.B. in Dialogen) auf die Bitte eine Erwiderung folgt. Aus ihr läßt sich dann ablesen, ob eine Bitte oder eine Frage vorlag. In anderen Kontexten, wenn z.B. der Leser selbst angesprochen wird, kann ein Bericht über den jeweiligen Sprechakt mittels eines performativen Verbs mehr Klarheit verschaffen (z.B. indirekte Bitte: *Why don't you shut the window?* Bericht darüber: *He requested me to shut the window.*)

Bei der stilistisch-situativen Beurteilung eines AS-Sprechakts spielt natürlich die fremdsprachliche Kompetenz des Übersetzers eine besonders große Rolle. Stilistische Angaben in Wörterbüchern zu Wörtern, die als Illokutionsindikatoren dienen können, helfen kaum weiter, denn das Problem besteht generell darin, daß diese Wörter oft erst dann stilistische Markierungen annehmen, wenn sie zu Illokutionsindikatoren geworden sind. Die Verben *wish* und *point out* z.B. sind, jedes für sich genommen, stilistisch neutral, doch die verdeckte performative Wendung *I wish to point out* ist formell. Solange es keine umfassende Beschreibung von Sprechakten im Englischen gibt, sind wir hier auf unsere Intuitionen oder auf die Befragung englischer Sprecher angewiesen.

Es mag nun der Eindruck entstanden sein, als enthielten Texte grundsätzlich eine große Vielfalt verschiedenartiger Sprechakte. Die Erfahrung aber zeigt, daß in bestimmten Arten von Texten eine größere Vielfalt herrscht als in anderen. Es sind dies z.B. Texte, in denen argumentiert wird (im Gegensatz zu rein berichtenden Texten), ferner kommentierende Texte, Texte mit Dialogen und Texte, durch die zu Handlungen angeregt werden soll. Gerade bei solchen Texten ist die Analyse der einzelnen Textäußerungen im Hinblick auf ihre Illokution unerläßlich. Folgende Leitfragen können sich dabei für die Strategie des Übersetzens als hilfreich erweisen:

1. Ist ein Illokutionsindikator vorhanden?
2. Welcher Sprechakt wird durch den Illokutionsindikator angezeigt?
3. Ist der AS-Sprechakt stilistisch markiert?
4. Gibt es ZS-Formen, die als Illokutionsindikatoren dienen können, und unterscheiden sie sich stilistisch?
5. Wie bestimmt die Funktion unserer Übersetzung die Auswahl der ZS-Indikatoren?
6. Was ist der notwendige Grad der Differenzierung bei der Auswahl des ZS-Indikators?

AUFGABEN ZU VII

Aufgabe 1

In den folgenden Beispielen ist der Illokutionsindikator jeweils im Druck hervorgehoben. Welchen Sprechakt verdeutlicht er? Benützen Sie zur Erklärung die im vorangehenden Kapitel vorgeführten Analyseverfahren.

(1) He earned a lot of money last year; *actually* £ 20 000.

(2) We are in for a pay rise; I am too, *actually*.

(3) A: *May* I go to the pictures tonight?
B: Yes, you *may*.

(4) John is very busy these days. He *may* come to the party though.

(5) It's late. We *should* leave now.

(6) A: Do you think John is home by now?
B: It's ten o'clock. He *should* be home by now.

Aufgabe 2

Stellen Sie sich folgenden Sachverhalt vor:
Auf einem Güterbahnhof des amerikanischen Militärs in Deutschland befindet sich eine Tafel mit der Aufschrift:

Don't cross the lines.

Darunter steht für deutsche Mitarbeiter die Übersetzung:

Überschreiten Sie nicht die Geleise.

Wie würden Sie diese Übersetzung beurteilen? Stellen Sie sich dabei die Frage: Wurde die Illokution erhalten? Wurde situationsangemessen (vgl. Kap. VI) und ausreichend differenziert übersetzt? Kann man hier von einer Textsorte sprechen?

Aufgabe 3

Der folgende Text stammt aus Graham Greenes Roman *Our Man in Havana.* Wormold gibt seiner Tochter Milly, die einen kostspieligen Geburtstagswunsch hat, zu bedenken, daß er knapp bei Kasse ist. Milly schlägt ihm darauf vor, daß sie sich eine Arbeit suchen könnte. Der Dialog lautet:

" . . . if the worst came to the worst I could go out and work, couldn't I?

"What at?"

"Like Jane Eyre I could be a governess."

"Who would take you?"

"Señor Perez."

"Milly, what on earth are you talking about? He's living with his fourth wife, you're a Catholic . . . ".

"I might have a special vocation to sinners," Milly said.
"Milly, what nonsense you talk. *Anyway,* I'm not ruined. Not yet. As far as I know. Milly, what have you been buying?"

(Graham Greene, *Our Man in Havana,* Harmondsworth 1972, S. 20, Hervorhebung v. Verf.)

In der deutschen Übersetzung wurde die letzte Äußerung Wormolds wie folgt wiedergegeben:

„Was du zusammenredest, Milly. Außerdem bin ich nicht bankrott. Noch nicht, soviel ich weiß. Milly, was hast du gekauft?"

(Graham Greene, *Unser Mann in Havanna,* Hamburg 1978. Berechtigte Übersetzung ins Deutsche von Linda Winiewicz, S. 18)

Welche Illokution hat die im englischen Text durch *anyway* eingeleitete Äußerung? Beurteilen Sie die Übersetzung dieser Textstelle? Fragen Sie sich dabei, welcher Grad der Differenzierung im Rahmen der vorliegenden, auf Funktionskonstanz hin angelegten Übersetzung notwendig ist.

VIII DIE TÜCKEN DER WÖRTER

Während des 1. Weltkriegs erschienen im Jahr 1917 in der englischen, französischen und belgischen Presse schockierende Berichte über deutsche Fabriken, in denen, wie es hieß, Glycerin, Fett und Schweinefutter aus den Leichen der im Krieg gefallenen Soldaten hergestellt wurden. Erst 1925 wurden diese Berichte offiziell dementiert. Der Grund für diese scheinbaren Greueltaten der Deutschen war eine Fehlübersetzung. In der *Times* vom 16. April 1917 war das deutsche Wort „Kadaververwertungsanstalt" durch *Corpse Exploitation Establishment* wiedergegeben worden, und *corpse* hat die Bedeutung „menschliche Leiche". Obgleich die *Times* eine Woche später ihre Fehlübersetzung berichtigte und darauf hinwies, daß das Wort „Kadaver" niemals für eine menschliche Leiche gebraucht werde, sondern nur für Tierleichen, beharrte man auf den Greuelberichten und führte sogar Zitate aus Wörterbüchern an, um die Berichte zu rechtfertigen.[1]

Solche politische Konsequenzen von Fehlübersetzungen sind zum Glück nicht allzu häufig, doch zeigt sich an diesem Beispiel besonders deutlich, welch zentrale Rolle die Wiedergabe von Wortbedeutungen spielt. Wie kam es zu der Fehlübersetzung? Der Übersetzer ist hier auf einen sogenannten falschen Freund hereingefallen. Das englische formal ähnliche Wort *cadaver* wird vor allem in der Medizin gebraucht und bedeutet „menschliche Leiche". Die neben der formalen Ähnlichkeit vorhandene Bedeutungs-Ähnlichkeit zwischen deutsch „Kadaver" und englisch *cadaver* – beide Wörter bezeichnen eine Leiche – begünstigte zusätzlich den semantischen Kurzschluß des Übersetzers. Sein nächster Schritt bestand dann darin, daß er das fachsprachliche englische Wort *cadaver* durch ein gemeinsprachliches bedeutungsgleiches Wort, nämlich *corpse* ersetzte.

Natürlich ist das Wort *cadaver* im englischen Text nicht sinnlos, es entspricht sogar den Erwartungen der Leser. Die Übersetzung ist durch die historische Situation motiviert. Wir werden auf diese Frage noch zurückkommen. Zunächst wollen wir uns jedoch nicht mit der Situation und dem weiteren Kontext befassen, sondern uns den einzelnen Wörtern zuwenden, und fragen, was in ihnen an Bedeutung enthalten ist.

Nachdem wir im 1. Teil dieses Buches Entscheidungen auf den höchsten Stufen der Hierarchie diskutierten, beginnen wir jetzt sozusagen auf den unteren Stufen. Dies geschieht aus methodischen Gründen. Würden wir sämtliche beim Übersetzen von Wörtern wichtige Gesichtspunkte gleich zu Anfang anwenden, so würde unsere Darstellung allzu komplex und dadurch vermutlich nur schwer verständlich. Beginnen wir also mit etwas Offensichtlichem: mit der lautlichen oder graphischen Ähnlichkeit zwischen Wörtern aus verschiedenen Sprachen.

Fehlerhafte Übersetzungen wie „Kadaver" – *cadaver* sind nicht nur beim Übersetzen, sondern auch im Fremdsprachenunterricht altbekannt und werden gemeinhin als *Interferenzen* bezeichnet. Es gibt zwei Typen von „falschen Freunden", die zu Interferenzen

1 Das Beispiel stammt aus Rundle 1946: 2.

führen. Erstens solche, deren formale Entsprechungen in der ZS nie die gleichen Bedeutungen haben. Dazu gehören Paare wie englisch *sensible* und deutsch „sensibel", englisch *fabric* und deutsch „Fabrik", englisch *eventual* und deutsch „eventuell". Zweitens gibt es Wörter, deren formale Entsprechung in der ZS manchmal die gleiche Bedeutung hat wie das AS-Wort und manchmal nicht. Der zweite Fall ist der semantisch gesehen interessantere, und das eigentliche Übersetzungsproblem.[2] Selbst professionelle Übersetzer machen aus diesem Grund gelegentlich noch gewaltige Schnitzer. Im deutschen Fernsehen lief am 28.09.1980 ein Film über die Südstaaten der USA. Es wurde gezeigt, wie sich ein Pfarrer in seiner neuen Gemeinde zurechtfindet. Die alteingesessenen Familien aus besseren Kreisen fühlen sich verpflichtet, ihn zum Essen einzuladen. Eine Frau sagt zu ihrem Mann:

(1) „Wir müssen ihn unbedingt nächsten Sonntag zum Dinner einladen."
Er darauf: „Warum?"
Sie: „Wir sind schließlich eine zivilisierte Familie".

So, wie der Dialog hier lautet, scheint die Frau so etwas implizieren zu wollen wie: „Wir essen schließlich nicht mehr wie die Wilden mit den Fingern, sondern bereits mit Messer und Gabel". Was sie aber meinte, war natürlich etwas ganz anderes, nämlich das, was im englischen Original mit *civilized* bezeichnet wurde. Das Problem besteht darin, daß *civilized* (z.B. laut *Langenscheidts Großem Schulwörterbuch* 1977) neben „gebildet", „wohlerzogen" in der Tat auch durch „zivilisiert" wiedergegeben werden kann. Nur eben in diesem Kontext nicht. Allerdings sind auch die Entsprechungen „gebildet" und „wohlerzogen" in unserem Kontext keineswegs optimal, doch ist in ihnen immerhin etwas angedeutet, das in den Zusammenhang dieses Dialogs passen könnte. Bei der Übersetzung dieser Textstelle offenbart sich ein typischer Mangel des zweisprachigen Wörterbuchs. Das zweisprachige Wörterbuch sucht für das AS-Wort ZS-Entsprechungen auf der Ebene eines einzelnen Wortes. Es erweckt damit beim naiven Benützer den Eindruck, als gäbe es immer so etwas wie Wort-Gleichungen. Sehr oft hat aber ein AS-Wort an der Stelle, an der es in einem Text vorkommt, eine Bedeutung, die sich nicht oder nicht zufriedenstellend mit einem Einzelwort wiedergeben läßt. So auch hier. Wir glauben, daß das einsprachige Wörterbuch eine viel bessere Hilfe beim Übersetzen bietet als das zweisprachige, und zwar deshalb, weil es den spezifischen semantischen Gegebenheiten des Übersetzens besser entspricht. Wir müssen zur Begründung etwas weiter ausholen.

Besonders geeignet für das Übersetzen sind solche einsprachigen Wörterbücher, die als Worterklärungen neben Synonymen auch Definitionen anbieten, z.B. das *Concise Oxford Dictionary* (COD), das *Oxford Advanced Learner's Dictionary* (ALD) und das *Dictionary of Contemporary English* (DCE). Die in unserem Beispiel gemeinte Bedeutung von *civilize* wird z.B. im DCE definiert als: *to improve in education and manners.* Überlegt man sich Entsprechungen für *education,* so fallen einem vermutlich „Bildung" und „Erziehung" ein. „Gebildet" und „wohlerzogen" sind in unserem Kontext jedoch zu umfassend, also unterdifferenziert. Nun bietet die Definition des DCE aber auch noch das Wort *manners* an. Als deutsche Entsprechung dafür kommen „Benehmen" und „Sitte" in Frage. Der eigentlich schöpferische Prozeß besteht nun darin, in Assoziation zu diesen beiden Wörtern

2 Vgl. dazu Stein 1980b, der diesen Typ von Interferenzursachen unter dem Gesichtspunkt übersetzerischer Fehlleistungen ausführlich behandelt.

eine Wendung zu finden, die sich in den Kontext unseres Beispiels sowohl syntaktisch als auch idiomatisch unauffällig einfügt, z.B. „Wir wissen schließlich, was sich gehört".

Die Lösungsfindung mittels des einsprachigen Wörterbuchs ist wesentlich langwieriger als das einfache Nachschlagen im zweisprachigen Wörterbuch. Zugegeben! Aber gerade durch diesen vielleicht etwas umständlich erscheinenden Prozeß werden semantische Kurzschlüsse vermieden. Entscheidend ist die Zwischenstufe der Bedeutungserklärung durch eine Definition. Sie ist eine Abstraktion vom Einzelwort als konkreter Realisation einer Bedeutung, durch die der Übersetzer Anschluß an die höherrangigen Entscheidungsstufen gewinnt. Wie das im einzelnen geschieht, werden wir noch zeigen. Dem Übersetzer wird außerdem die Möglichkeit geboten, Entsprechungen innerhalb anderer Wortklassen und innerhalb größerer Einheiten wie Wortgruppe, Teilsatz (wie in unserem Beispiel) oder gar Satz zu finden. Schematisch läßt sich der Vorgang so darstellen:

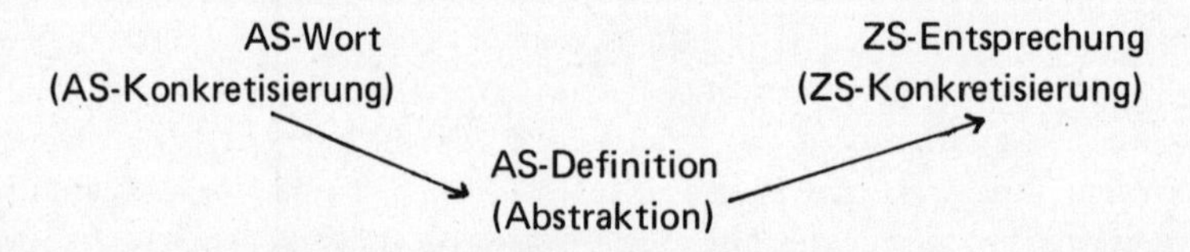

Durch ein weiteres Beispiel, das aus einer Übersetzungsübung stammt (WS 1980/81, 1.–2. Semester), wird das hier Gemeinte vielleicht noch deutlicher. In der *Sunday Times* vom 10.08.1980 erschien eine Reportage über die Vietnamflüchtlinge. Es wurde geschildert wie ein Hubschrauberpilot die von Piraten überfallenen und zerstörten, auf dem Meer treibenden Fischerboote der Flüchtlinge entdeckte. In diesem Zusammenhang heißt es:

(2) The boats were silent and empty and the pilot found no survivors among the *debris.* (Hervorhbg. v. Verf.)

Für *debris* bietet z.B. *Langenscheidts Enzyclopädisches Wörterbuch* ([3]1969) die Entsprechung „Bruchstücke", „Trümmer", „Schutt", „Ruinen" an. Keines dieser Wörter läßt sich hier im Zusammenhang mit einem Boot verwenden; dennoch entschieden sich eine ganze Reihe der Studierenden für die Übersetzung „ . . . und der Pilot fand keine Überlebenden unter den Trümmern". Ursache war vermutlich die kritiklose, den Kontext nicht beachtende Wörterbuchgläubigkeit. Durch die Benutzung eines einsprachigen Wörterbuchs hätte die unglückliche Gleichsetzung *debris* = „Trümmer" vermieden werden können. Der Übersetzungsvorgang wäre dann etwa wie folgt abgelaufen. Unter *debris* (= AS-Konkretisierung) erscheint z.B. im ALD: *scattered broken pieces; wreckage* (= Abstraktion). Diese Erklärung müßte eigentlich bei jedem sprachlich wendigen Übersetzer die Assoziation des deutschen Worts „Wrackteile", (= ZS-Konkretisierung) auslösen und man erhielte dann die Übersetzung

(2a) . . . und der Pilot fand keine Überlebenden unter den Wrackteilen.

Wir sagten, daß ein einsprachiges Wörterbuch eine bessere Hilfe für das Übersetzen biete als das zweisprachige. Das einsprachige Wörterbuch macht die Semantik von Wörtern durchschaubarer. Die von uns bisher als Abstraktionen bezeichneten Definitionen von Wörtern sind nichts anderes als die Versuche, die verschiedenen Bedeutungen oder *Sememe* eines Wortes zu erfassen. Wir stellten den semantischen Zusammenhang zwischen Wort und Semem bisher vereinfacht dar, indem wir in unseren Beispielen immer nur diejenige Definition (das Semem) zitierten, die in den jeweiligen Kontext paßte. In Wirklichkeit ist die Lage komplizierter. *Civilize* z.B. hat neben dem Semem *to improve in education and manners* laut DCE auch noch das Semem *to (cause to) come from a lower stage of development to an (esp. industrially) highly developed stage of social organization.* Die Tatsache, daß ein Wort mehrere Sememe hat, ist keineswegs etwas Besonderes, sondern die Regel. Wörter sind fast immer mehrdeutig oder *polysem.* Normalerweise ist dies jedoch für die Kommunikation und das gegenseitige Verstehen völlig unproblematisch, denn durch den Kontext, durch das Vorwissen und durch die Begleitumstände der Situation ist immer klar, welches der Sememe eines Wortes gemeint ist. Wörter sind immer – abgesehen von absichtlicher Mehrdeutigkeit wie etwa im Wortspiel – nur *potentiell* polysem. Durch den Kontext wird ein Wort eindeutig gemacht oder *monosemiert.* Eine seiner Bedeutungen wird aktualisiert. Doch all dies funktioniert problemlos nur dann, wenn der Hörer/Leser sprachlich kompetent ist, d.h. wenn er die von ihm benützten Sprachen wie seine Muttersprache beherrscht. Die Situation dessen, der eine Fremdsprache, wenn auch im fortgeschrittenen Stadium, erlernt, ist anders. Immer wieder kommt es vor, daß ein Wort in einem aus der Fremdsprache zu übersetzenden Text unbekannt ist. Trotz unserer Bereitschaft, es im Kontext zu sehen, kann es höchstens zu einem hypothetischen Verstehen kommen. An diesem Punkt ist der Verstehensvorgang, der bei der muttersprachlichen Kommunikation glatt und meist unbewußt abläuft, unterbrochen. Insofern ist es auch berechtigt, daß die Übersetzungswissenschaft die Bedeutung des Monosemierungsvorgangs nachdrücklich unterstreicht. Er muß beim Übersetzer, der in der Fremdsprache noch nicht völlig kompetent ist – und wer von uns wäre es je – immer wieder bewußt reflektiert werden.[3] Als Hilfsmittel benützen wir Wörterbücher und bekommen mehrere Bedeutungen angeboten, unter denen wir gemäß dem Prinzip vom notwendigen Differenzierungsgrad die in den Kontext passende auswählen. Polysemie ist zwar grundsätzlich potentiell, aber für den Übersetzer eben doch oft schmerzlich aktuell.

Vergleichen wir, damit keine Mißverständnisse aufkommen, die hier gemeinte Mehrdeutigkeit mit der Mehrdeutigkeit eines Sprechakts (vgl. Kap. VII). Die potentielle Mehrdeutigkeit eines Sprechakts kann ebenfalls zu Verstehensproblemen führen. Sie liegen aber auf einer anderen Ebene. Nehmen wir an, A sagt zu B: *Could you give me a light?* so kann es zu zweierlei Arten von Mißverständnissen kommen. B kann sagen *yes* und im übrigen keine Reaktion zeigen. In diesem Fall hat er die Illokution mißverstanden; wir wollen dahingestellt sein lassen, ob absichtlich oder unabsichtlich. B verstand die Äußerung als Frage und nicht wie von A beabsichtigt als Bitte. B kann A aber auch eine Lampe reichen. In diesem Fall hat er die Bedeutung des Wortes *light* mißverstanden. Um die zweite Art von Mehrdeutigkeit geht es uns in diesem Kapitel.

Wir wollen nun den Vorgang des Auswählens zwischen verschiedenen Sememen noch etwas weiter formalisieren, um weitere Hilfen für das Übersetzen zu bekommen. Greifen wir noch einmal das Beispiel *civilize* auf. Laut DCE hat es zwei Sememe:

Semem 1: to (cause to) come from a lower stage of development to an (esp. industrially highly developed stage of social organization

Semem 2: to (cause to) improve in education and manners

---

3 Eine ausführliche Beschreibung des Monosemierungsvorgangs aus der Sicht des Übersetzers liefert Hönig 1976. Vgl. auch Diller/Kornelius 1978: 34ff. und Koller 1979: 28ff.

Diese beiden Sememe haben nun einen gewissen Bedeutungsbereich gemeinsam, aber sie unterscheiden sich auch. Um die Unterscheidungen zwischen Sememen explizit machen zu können, wurde die Theorie der *semantischen Merkmale* oder *Seme* entwickelt.[4] Seme sind so etwas wie Bausteine, aus denen sich ein Semem zusammensetzt. Da *civilize* sich nicht auf ein konkretes Objekt bezieht, ist es nicht ganz leicht, die Seme präzis zu benennen. Man kann aber wohl sagen, daß sowohl in Semem 1 als auch in Semem 2 das Sem „Entwicklung", formal dargestellt als ⟨+Entwicklung⟩ enthalten ist. Die Zeichen „+" und „-" bedeuten Vorhandensein bzw. Nichtvorhandensein eines Sems. Der Unterschied zwischen den Sememen liegt auf dem Gebiet, auf dem die Entwicklung vonstatten geht. Wir können Semem 1 die Seme ⟨+Gesellschaft⟩ ⟨+Wirtschaft⟩ ⟨+Industrie⟩ zuordnen und Semem 2 die Seme ⟨+Bildung⟩ ⟨+Erziehung⟩ ⟨+Sitte⟩. Für unsere Übersetzung genügt diese Differenzierung, denn nun können wir explizit deutlich machen, welches der beiden Sememe in dem Kontext des Dialogs aktualisiert wird. Es geht hier nicht um einen fortgeschrittenen Zustand in den allgemeinen gesellschaftlichen, wirtschaftlichen und industriellen Bedingungen, sondern darum, daß man weiß, was gute Sitte ist. Aktualisiert wird also Semem 2.

Betrachten wir noch einmal die obige Skizze (S. 90). Wir haben uns bis jetzt auf der Abstraktionsebene bewegt, auf der Ebene der AS-Definition. Der nächste Schritt besteht nun darin, eine ZS-Entsprechung zu finden, d.h. die abstrahierte Bedeutung sprachlich zu konkretisieren. Dies haben wir oben schon praktiziert, indem wir uns, an jener Stelle noch in einem vortheoretischen Stadium, von den Semen ⟨+Entwicklung⟩ ⟨+Sitte⟩ zu der Wendung „wissen, was sich gehört" anregen ließen.

Mit unseren nunmehr gewonnenen theoretischen Einsichten können wir unsere obige Skizze weiter differenzieren und präzisieren.

(Wir legen das Beispiel *civilize* zugrunde):

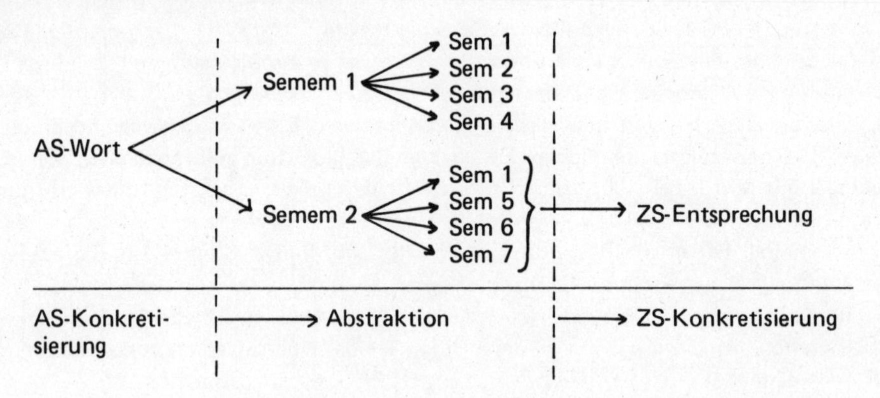

4 Außerdem werden auch noch die Bezeichnungen dt. Komponente, engl. *component, feature* verwendet.

Nach unserem augenblicklichen Erkenntnisstand heißt Übersetzen von Wörtern also soviel wie: Für die Semkombination, von der wir erkannt haben, daß sie im Kontext aktualisiert wird, suchen wir die hinreichend differenzierte zielsprachliche Entsprechung.[5]

In diesem Zusammenhang muß noch ein Wort zu einem von der Übersetzungswissenschaft immer wieder aufgeworfenen Problem gesagt werden. Es besteht angeblich darin, daß für ein AS-Wort kein ZS-Wort vorhanden ist. Man spricht hier gerne von sog. lexikalischen Lücken.[6] Beispiele sind:

englisch	*deutsch*	*deutsch* –	*englisch*
cereals	----	„Geschwister"	----
processed foods	----	„gemütlich"	----
pie	----	„Weltanschauung"	----
flan	----	„Scherben"	----
mug	----		

Für die kontrastive Semantik und die Wortfeldbetrachtung sind diese Fälle zweifellos interessant, für das Übersetzen aber sind sie im Grunde nur ein Scheinproblem, das daher rührt, daß Entsprechungen auf Wortebene gesucht werden. Sobald wir aber die Abstraktionsphase der Differenzierung in Sememe und Seme durchlaufen, sind wir in der Lage, die jeweils richtige Entsprechung zu finden, denn dann ist unser Blick nicht mehr auf Einzelwörter fixiert. „Lexikalische Lücken" lassen sich beim Übersetzen ohne Schwierigkeiten schließen.[7] Bei einem Satz wie

(3) Er hatte keine *Geschwister*

läßt sich mühelos eine englische Entsprechung finden, indem man die Definition eines einsprachigen Wörterbuchs „Bruder und Schwester, Brüder und Schwestern" (WAHRIG 1968) zugrundelegt:

(3a) He did not have any brothers and sisters.

Gewichtiger erscheint uns ein anderes Problem, das ebenfalls mit der unterschiedlichen Konkretisierung von Bedeutungen in verschiedenen Sprachen zusammenhängt. In einem Artikel über die Frauenbewegung in Irland heißt es:

(4) Irish education is still largely run by nuns and priests. In a recent talk on women and employment, an old campaigner for women's rights had to admit that the barrier to women entering the trades and *professions* was their own censorship of themselves. (*The Cosmopolitan*, May 1978. Hervorhebg. vom Verf.)

Man beurteile folgende Übersetzung von *professions:*

(4a) . . . mußte kürzlich eine alte Vorkämpferin für Frauenrechte zugeben, daß das Haupthindernis für den Eintritt der Frau in die Geschäftswelt und in die akademi-

---

5 Vgl. dazu Nida 1974, der an Beispielen der Bibelübersetzung darlegt, wie dieses Verfahren erfolgreich angewandt werden kann; vgl. insbesondere S. 46ff.

6 Vgl. Friederich 1969: 21ff., Koller 1979: 157ff.

7 Vgl. Koller 1979: 162ff., der in diesem Zusammenhang auf die Schwierigkeit beim Übersetzen von sog. Realia oder landeskonventionellen Elementen (z.B. dt. „Berufsverbot") hinweist und zur Schließung dieser echten Lücken eine Reihe von Übersetzungsverfahren beschreibt.

> schen bzw. eine bestimmte fachliche Ausbildung voraussetzenden, angesehenen Berufe darin bestand, daß sie sich selbst zu schlecht beurteilten.

Die Übersetzung von *professions* wirkt durch ihre Ausführlichkeit befremdlich. Der Text erhält an dieser Stelle zu viel Gewicht. Die Übersetzung verleiht dem durch *professions* angesprochenen Bereich der Berufswelt eine Bedeutsamkeit, die er im englischen Text nicht hat. Und dies obwohl der Übersetzer das von uns empfohlene Verfahren angewandt und sich an der die Seme nennenden Definition des einsprachigen Wörterbuchs orientiert hat. Der Mangel der Übersetzung besteht in ihrer Überdifferenzierung. Der Übersetzer versuchte, sämtliche Seme des hier in Frage kommenden Semems in der ZS zu konkretisieren. So sollen unsere Empfehlungen zum Übersetzen von Wörtern jedoch keinesfalls verstanden werden. Die Wirklichkeit sieht anders aus.

Wenn wir einen Text lesen und verstehen, dann aktivieren wir nicht sämtliche Seme eines Wortes, die in den betreffenden Kontext passen, sondern wir aktivieren immer nur die relevanten Seme, ja möglicherweise nur ein einziges. Die Psycholinguistik hat dies experimentell nachgewiesen[8] und ihre Erkenntnisse sind für eine Übersetzungsstrategie sehr wertvoll. Das Wort Klavier z.B. hat potentiell eine ganze Reihe von Semen, etwa ⟨+schwer⟩ ⟨+hölzern⟩ ⟨+tönend⟩ usw. Hört oder liest man jedoch die verschiedenen Sätze

(1) Der Mann hob das Klavier
(2) Der Mann zerschlug das Klavier
(3) Der Mann stimmte das Klavier

so wird durch das Verb jeweils ein anderes der verschiedenen Seme, die „Klavier" kennzeichnen, aktiviert. Der erste Satz aktiviert das Merkmal ⟨+schwer⟩, der zweite ⟨+hölzern⟩ und der dritte ⟨+tönend⟩.[9]

Die Psycholinguistik beschreibt Verstehensvorgänge, die normalerweise unbewußt ablaufen. Der Verstehensvorgang beim Übersetzen ist nicht im gleichen Maße unbewußt. Wie wir in Kap. I gesehen haben (S. 25f.) versteht ein Übersetzer einen Text immer schon im Hinblick auf seine mögliche Übersetzung. Vor allem dann, wenn ihm ein Wort unbekannt ist, muß das Verstehen reflektiert werden. Das Verstehen ist dann die Folge eines Interpretierens, also ein bewußter Vorgang. Prinzipiell aber ist der Verstehensvorgang bei einer normalen Kommunikation und beim Übersetzen derselbe: es werden jeweils nur die im Kontext bedeutsamen Seme aktiviert.

Kehren wir zu unserem Beispiel über die irische Frauenbewegung zurück und fragen wir uns, welches Sem von *profession* hier als relevant aktiviert werden muß. Es ist davon die Rede, daß bestimmte Bereiche der Berufs- und Arbeitswelt immer noch den Männern vorbehalten sind. Es handelt sich um Bereiche, die ein gewisses Ansehen und Prestige genießen. Es wäre hier nach der Maxime vom notwendigen Differenzierungsgrad völlig ausreichend, in der Übersetzung ein Sem wie etwa ⟨+Prestige⟩ zu konkretisieren. Dies könnte geschehen durch eine Übersetzung wie „akademische Berufe" oder „angesehene Berufe".

In extremen Fällen kann es so sein, daß die Kenntnis eines Wortes überhaupt nicht mehr notwendig ist, um seine Bedeutung im Kontext zu aktivieren. Der Kontext determiniert dann völlig die Aktivierung eines bestimmten Sems. Dazu ein Experiment: In einem

---

8 Vgl. Hörmann 1976, vor allem Kap. VIII und XV.
Zu ähnlichen Erkenntnissen kommt auch Seleskovitch 1976: 108.

9 Das Beispiel und seine Interpretation ist Hörmann 1976: 467 entnommen.

Artikel über die physiologische und psychische Wirkung von Farben auf den Menschen findet sich die Textstelle:

(5) "The chemical make-up of a person depends on the release of chemicals from the nerve endings into the body," says Gimbel.
"These . . . can be accelerated or retarded by colour. Certain colours can help us in times of stress, while others increase our tension". (*Now,* February 1981)

Wir haben hier die beiden zu übersetzenden Wörter ausgelassen. Dennoch können wir sie, so paradox das klingt, übersetzen. Versuchen wir es! Die Lücke bezieht sich auf den vorausgehenden Kontext: *the release of chemicals from the nerve endings into the body.* Auf diesen Bezug kommt es hier an. Daß dieser Bezug hergestellt wird, ist sozusagen das relevante Sem. Es genügt hier also z.B. die Übersetzung „Diese Vorgänge" oder ganz einfach „Dies". Im Text stand *fine changes.* Die Übersetzung „feine Veränderungen" erschien uns hier etwas problematisch, da man eigentlich Fachkenntnisse haben müßte, um beurteilen zu können, ob es sich tatsächlich um Veränderungen handelt.

Wir dürfen jedoch nicht das Kind mit dem Bade ausschütten. Unser eingangs zitiertes Beispiel der Übersetzung von „Kadaver" zeigt, wie Verstehen und Interpretieren in die falsche Richtung gehen können, wenn man die im einzelnen Wort enthaltenen Bedeutungen völlig außer acht läßt. Wir erinnern uns: obgleich in der *Times* ausdrücklich darauf hingewiesen worden war, daß „Kadaver" falsch verstanden worden sei – linguistisch gesprochen hat das Wort die Seme ⟨+tierisch⟩ ⟨–menschlich⟩ und nicht etwa ⟨–tierisch⟩ ⟨+menschlich⟩ – beharrten die Engländer darauf, daß es die Bedeutung „menschliche Leiche" habe. Wider besseres Wissen aktualisierten sie also weiterhin das Sem ⟨+menschlich⟩. Sie verstanden das Wort falsch, weil sie es falsch verstehen wollten. Das Sem ⟨+menschlich⟩ war für die Engländer offensichtlich das vorrangig relevante Merkmal. Der Verstehensvorgang war gesteuert durch Vorurteile, durch ein negatives Feindbild, wie immer in Kriegszeiten: Zwar fraß der Deutsche keine Kinder, aber er schändete Leichen. Möglicherweise wurde auch schon der Übersetzer durch seine Vorurteile zu seiner Fehlübersetzung verleitet. Hier führte also die Steuerung durch den weiteren Kontext, durch die Situation des Kriegs und des Hasses auf den Feind dazu, daß ein Wort und seine Bedeutung ganz und gar mißachtet wurden.

In solchen Fällen bricht jede Kommunikation völlig zusammen, und man versteht nur noch das, was man verstehen will. Die idiomatische Wendung „Du drehst mir das Wort im Munde herum" ist ein Zeichen dafür, daß dies gar nicht so selten geschieht. An diesem Beispiel wird exemplarisch deutlich, wie der Verstehensvorgang beim Übersetzen nicht ablaufen darf, nämlich nur von der Situation gesteuert und überhaupt nicht mehr vom im Text erscheinenden Wort. Das Erschließen von Bedeutungen muß jedoch ein Abwägen zwischen Situationskontext und jeweils vorliegendem Wort sein. Bedeutung wird aus zwei Richtungen erschlossen: Die im Wort enthaltenen Seme legen den möglichen Umfang der Bedeutung fest; zugleich aber wird die Bedeutung vom Kontext determiniert. In diesem Hin und Her besteht das Verstehen und Interpretieren und damit das Übersetzen von Wörtern.

Das Wort als Bedeutungsträger spielt vor allem immer dann eine Rolle, wenn es sich nicht auf den vorausgegangenen Kontext bezieht, sondern wenn es die neue Information vermittelt. In einem Satz wie *The cat is on the mat* können wir z.B. *mat* nur übersetzen, wenn wir die Bedeutung des Wortes schon kennen. Der Kontext ist hier so allgemein, daß hier z.B. statt *mat* auch die Wörter *chair, floor, bed* usw. stehen könnten. Die Bedeutung „Matte" ist nicht voraussagbar. In diesem Fall wird die Bedeutung des Wortes also weniger durch den Kontext determiniert, sondern mehr durch die im Wort enthaltenen Seme.

Im Abwägen zwischen Kontext-Determination und Sem-Determination besteht das Geschäft des Übersetzens. Dabei übersetzen wir nicht mit einer maximal möglichen semantischen Genauigkeit, sondern nach der Maxime vom notwendigen Differenzierungsgrad mit der im Kontext ausreichenden semantischen Genauigkeit. Im Kontext ausreichend – wir müssen aber an diesem Punkt noch etwas Entscheidendes hinzufügen, nämlich: für die Funktion unserer Übersetzung ausreichend. In unserem Kommunikationsmodell des Übersetzens (vgl. Kap. III) gehen wir ja davon aus, daß die Funktion der Übersetzung prospektiv, d.h. im Hinblick auf den ZS-Empfänger zu bestimmen ist.

An dieser Stelle müssen wir nun auch klarstellen – und es wird höchste Zeit dies zu tun –, unter welchen Voraussetzungen uns der methodische Anstoß von seiten der Psycholinguistik von Nutzen ist. Das vom Kontext her gesteuerte Interpretieren und Verstehen und die zielsprachliche Konkretisierung des im Kontext relevanten Sems gelten nur unter der Voraussetzung, daß die Übersetzung dieselbe Funktion hat wie das Original. Da dies in der Praxis (z.B. bei Fachtexten) auch tatsächlich sehr oft der Fall sein dürfte, ist unsere ausführliche Erörterung dieses methodischen Vorgehens gerechtfertigt. Wir müssen jedoch grundsätzlich immer bedenken, daß die Übersetzung eine andere Funktion als das Original haben kann. Dann müssen möglicherweise Seme konkretisiert werden, die im Kontext des Originals gar nicht relevant waren. Wir wollen uns das an einem weiteren Beispiel verdeutlichen. Im *Sunday Times Magazine* vom 30. Juli 1978 erschien ein Artikel über einen indischen Jungen, der im Dschungel entdeckt wurde, und, wie man vermutete, von Wölfen großgezogen worden war. Die äußere Erscheinung des Jungen wird in dem Artikel folgendermaßen beschrieben:

(6) The boy was shaky on his legs, slightly *wall-eyed* and had peculiarly sharp teeth. (Hervorhebg. v. Verf.)

Es geht um die Übersetzung des Wortes *wall-eyed.* Im DCE finden wir zwei Definitionen, also zwei Sememe: *1 Having eyes that show an unusually large amount of white 2 having eyes that turn outward away from each other – opposite cross-eyed.* Das in diesem Kontext plausiblere Semem ist Semem 2, denn es geht hier um körperliche Veränderungen, die durch die Umwelt, hier die Umwelt des Dschungels, bedingt sind. Schielen kann sehr wohl umweltbedingt sein. Außerdem sind dem Artikel Photographien beigegeben, auf denen ganz klar zu erkennen ist, daß der Junge schielt. Monosemiert wird hier also auch durch den außersprachlichen Kontext. Seme sind somit ⟨+schielend⟩ ⟨+auswärts⟩. (*Cross-eyed* unterscheidet sich von *wall-eyed* durch das Sem ⟨+einwärts⟩). Im Deutschen ist die semantische Differenzierung ⟨+auswärts⟩ vs ⟨+einwärts⟩ nicht in zwei verschiedenen Einzelwörtern konkretisiert. Wie soll man übersetzen? „Der Junge schielte leicht nach außen/auswärts" oder genügt es, zu sagen „Der Junge . . . schielte etwas"? Wir können dies letztlich nur von der Übersetzungsfunktion her entscheiden. Bei Funktionskonstanz zwischen Original und Übersetzung, wenn die Übersetzung also den Zweck hat, ein breites Leserpublikum mit einem ungewöhnlichen Phänomen zu unterhalten, genügt die Konkretisierung des Merkmals ⟨+schielend⟩ und damit die Übersetzung „Der Junge . . . schielte etwas" (A). Relevant ist in diesem Zusammenhang, daß der Junge anders aussieht als ein durchschnittlicher Junge, daß sein Aussehen von seinem Leben im Dschungel beeinflußt ist. Wären die Empfänger der Übersetzung aber z.B. Ärzte, Verhaltensforscher oder Anthropologen, die sich als Wissenschaftler für den Wolfsjungen interessieren, dann wäre die Übersetzung „schielte" nicht ausreichend genau, denn für diese Empfänger wäre der Zusammenhang zwischen Umwelt und körperlicher Veränderung voraussichtlich von großem

Interesse. In diesem Fall müßte also auch das Merkmal ⟨+auswärts⟩ konkretisiert werden. Die Übersetzung könnte dann lauten: „Der Junge schielte leicht auswärts/nach außen" (B). Die ZS-Textfunktion bestimmt somit den Grad der semantischen Differenzierung beim Übersetzen. Hat die Übersetzung die Funktion (A) einer unterhaltsamen Reportage, so ist ein geringerer Grad der Differenzierung ausreichend; hat die Übersetzung die Funktion (B) eines Berichts für Wissenschaftler, so ist ein höherer Grad der Differenzierung notwendig.

Natürlich muß eine Funktionsveränderung der Übersetzung gegenüber dem Original nicht immer zu anderen semantischen Entscheidungen führen. Nehmen wir einmal an, der oben erwähnte Artikel über die irische Frauenbewegung hätte nicht mehr wie das Original die Funktion eines kritischen Berichts, sondern die Funktion eines Pamphlets, das zum Ziel hat, durch das Aufdecken typischer Diskriminierungen Mitstreiterinnen für die Sache der Frauen zu gewinnen. Die Übersetzung von *professions* durch „akademische Berufe" wäre dann immer noch ausreichend präzise. Ja, eine größere Genauigkeit und Ausführlichkeit würde dem Stil einer Streitschrift überhaupt nicht entsprechen.

Da wir die Textfunktion als Entscheidungsfaktor in unsere Übersetzungsstrategie mit einbeziehen, müssen wir unser Schaubild erweitern. Wir beziehen uns dabei auf das Beispiel *wall-eyed.*

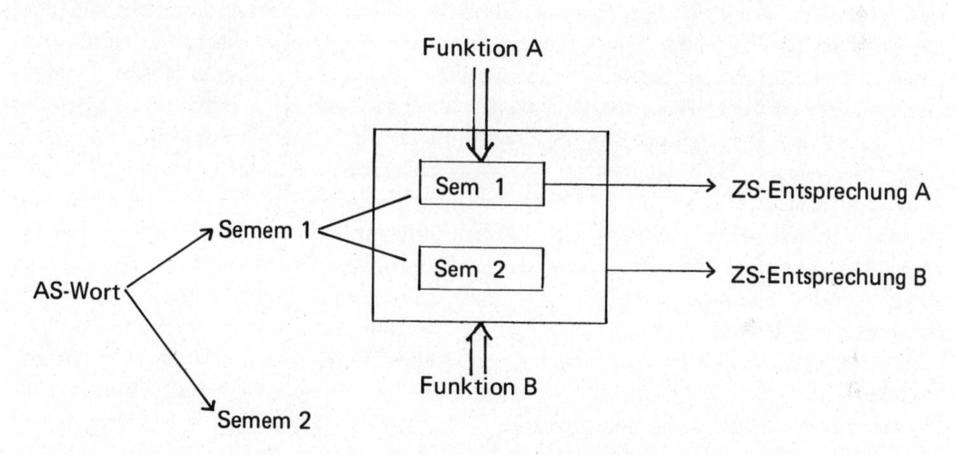

Für das Übersetzen von Wörtern können wir also jetzt folgende Strategie empfehlen: In der Interpretations- und Verstehensphase versuchen wir zu erkennen, welche Bedeutung ein AS-Wort in einem spezifischen Kontext hat. Dazu benötigen wir eventuell, je nach unserer Sprachkompetenz, die Hilfe eines einsprachigen Wörterbuchs. In diesem Fall wird der Monosemierungsvorgang bewußt reflektiert. In der Übersetzungsphase orientieren wir uns an der Funktion unserer Übersetzung. Sie bestimmt die Auswahl der in einem Semem enthaltenen Seme, und sie entscheidet darüber, welcher Grad der Differenzierung notwendig ist. Für die unter dem übergeordneten Gesichtspunkt der Übersetzungsfunktion ausgewählten Seme suchen wir eine ZS-Konkretisierung, die aus einem Wort, einer Wortgruppe oder aus einer noch größeren Einheit bestehen kann.

Damit keine Mißverständnisse aufkommen: Die Maxime vom notwendigen Differenzierungsgrad gilt unabhängig davon, ob dem Übersetzer ein Wort bekannt ist oder nicht. Sie gilt damit auch unabhängig davon, ob der Monosemierungsprozeß reflektiert wurde oder nicht. Voraussetzung für die semantische Differenzierung ist jedoch das Erkennen der in einem Semem enthaltenen, für die Übersetzungsfunktion relevanten Seme. Bei der Übersetzung von *public school* (vgl. S. 53f.) – wir erinnern uns – bestand das Problem nicht darin, daß der Übersetzer das Wort monosemieren mußte, sondern in der Frage, welches Sem er verbalisieren sollte. Informell ausgedrückt: Es ging um die Frage, ob die englische Institution „genau" beschrieben werden sollte oder ob es genügte klarzumachen, daß es sich um eine Schule mit hohem Prestigewert handelte.

Bei unseren ZS-Konkretisierungen hatten wir bisher immer nur den Bezug zwischen Wörtern und außersprachlichen Sachverhalten im Auge. Wir versuchten, die unter bestimmten Voraussetzungen beste Entsprechung für diesen Bezug zu finden. Es mag vielleicht der Eindruck entstanden sein, als sei dies so schwierig, daß man froh sein kann, überhaupt etwas zu finden. In Wirklichkeit gibt es aber sehr oft eine ganze Reihe von Übersetzungsmöglichkeiten, die alle dem notwendigen Grad der Differenzierung entsprechen. Geht es z.B. um die Übersetzung der Textstelle

(7) For capitalism and the Tory party the monarchy is invaluable. It is an *integral* part of the economic and social order in which we believe.[10]

dann können wir *integral* mit „unerläßlich", „wesentlich" oder „fest" übersetzen. Die Bedeutung ist in allen Fällen ausreichend genau wiedergegeben. Dennoch sind nicht alle drei Übersetzungen gleich gut, und zwar deshalb, weil die Adjektive sich nicht alle gleich gut mit dem nachfolgenden Substantiv „Bestandteil" kombinieren lassen. Es ist üblich zu sagen „fester Bestandteil" oder auch „wesentlicher Bestandteil", aber es ist weniger üblich zu sagen „unerläßlicher Bestandteil". Solche Kombinationen unter semantischen Gesichtspunkten werden in der Linguistik als *Kollokationen* bezeichnet. Das Beachten der Kollokationen spielt z.B. beim Übersetzen von Verb+Substantiv-Verknüpfungen eine Rolle. Für *to take an example* sagt man im Deutschen nicht (außer in Übersetzungsklausuren) „ein Beispiel nehmen/geben" sondern „ein Beispiel anführen". Für *to keep to a routine* sagt man nicht „eine Routine aufrechterhalten", sondern „einer Routine folgen" und die beste Entsprechung für *to stick to a decision* ist nicht „sich an eine Entscheidung festklammern", sondern „bei einer Entscheidung bleiben" oder „an einer Entscheidung festhalten".

Welche Wirkung hat das Nichtbeachten der Kollokationen im Rahmen der Gesamtfunktion eines Textes? Wenn der Leser Wendungen wie „ein Beispiel nehmen", „eine Routine aufrechterhalten" usw. liest, wird er vermutlich für einen Augenblick innehalten, denn er hat andere, nämlich die üblichen, Wortkombinationen erwartet. Abweichungen vom sprachlich Üblichen sind natürlich nicht von vornherein negativ zu beurteilen. Wer einen Text besonders individuell gestalten will, weicht oft bewußt von der Norm des Üblichen ab. Für die Dichtung sind Normabweichungen geradezu ein Wesensmerkmal.[11] Der kritische Leser sollte also fragen: Sind die Normabweichungen motiviert? „Eine Routine aufrechterhalten" ist in einer funktionskonstanten Übersetzung eines Textes, der sich im Rahmen des sprachlich Üblichen bewegt, nicht motiviert. Die Diagnose des Lesers wird lauten: Dem Übersetzer mangelt es an sprachlicher Kompetenz. Dadurch wird der Autor des Textes abgestempelt als einer, der seine Muttersprache nicht richtig beherrscht, und dadurch wird oft auch der Inhalt dessen, was es sagt, abgewertet. „Der kann ja nicht einmal richtig Deutsch, da kann das, was er sagt, auch nicht viel wert sein" – solche Äußerungen sind als

---

[10] Hamilton, W., "The Case against the Monarchy" in: *The Queen.* A Penguin Special 1977: 161.

[11] Zur Normabweichung und den damit verbundenen Übersetzungsproblemen vgl. Kußmaul 1974 passim.

Leserreaktion typisch, und sehr oft legt der Leser dann das Buch aus der Hand. Kommunikativ gesprochen: Es kommt zu einer unbeabsichtigten Veränderung der Sendermerkmale und damit wird zugleich die Wirkung des Textes abgeschwächt, und es ist höchst fraglich, ob der Text seine Funktion noch erfüllt.

Eine Hilfe für das Finden der sprachüblichen Kombinationen bieten deutsche einsprachige Wörterbücher, die Beispiele für die Verwendung des jeweiligen Wortes enthalten. Gut geeignet ist z.B. *Duden. Stilwörterbuch der deutschen Sprache.*

Das Nichtbeachten von Kollokationen kann seine Ursache in mangelnder muttersprachlicher Kompetenz haben. Es kann aber auch sein, daß eine Kollokation bereits in der Fremdsprache nicht erkannt wurde. Eine Wendung wie *to stick to a decision* ist vielleicht deshalb durch „sich an eine Entscheidung festklammern" übersetzt worden, weil der Übersetzer die Bedeutung von *stick* „möglichst genau" wiedergeben wollte. Er hat jedoch dem Wort *stick* eine Bedeutung verliehen, die es in diesem Fall gar nicht hat. Um in semantischen Kategorien zu sprechen: der Übersetzer erkannte nicht, welcher Grad der Differenzierung notwendig war und welche Seme verbalisiert werden mußten. Der hohe Grad an Intensität, der in „festklammern" zum Ausdruck kommt, ist hier völlig irrelevant. Für Wörter, die zu anderen in einem Kollokationsverhältnis stehen, gilt, daß sie in ihrem semantischen Gehalt stark reduziert sind.

Beim Übersetzen Fremdsprache – Muttersprache entstehen Schwierigkeiten also auch deshalb, weil die Kollokationen in der Fremdsprache nicht erkannt werden. Beim Übersetzen in die Fremdsprache besteht das Problem vermutlich meist darin, daß die fremdsprachliche Kompetenz nicht ausreicht, um zu wissen, welche Wörter kollokieren. Der deutsche Satz „Peter wurde bleich" läßt sich z.B. ins Englische übersetzen durch *Peter went pale.* Soll jedoch der Satz „Peter wurde krank" übersetzt werden, so läßt sich das Wort *go* nicht verwenden. **Peter went ill* ist inakzeptabel. Möglich ist aber *Peter fell ill.* Doch *fell* wiederum läßt sich nicht mit *pale* kombinieren. Es gibt jedoch auch einige Verben, die sowohl mit *pale* als auch mit *ill* kollokieren, nämlich *become, get,* und *grow.*[12]

Es gibt noch eine andere Situation, in der wir eine Auswahl zwischen verschiedenen Übersetzungsmöglichkeiten treffen müssen. Immer wieder gibt es Varianten, die in den semantischen Merkmalen übereinstimmen und die auch in bestimmten Kontexten alle die gleichen Kollokationen eingehen können. Für das Wort „Mann" gibt es z.B. die verschiedenen englischen Entsprechungen *man, fellow, guy, bloke.* Die Sememe der englischen Wörter, die als Entsprechung für „Mann" in Frage kommen, stimmen in den Semen ⟨+menschlich⟩ ⟨+männlich⟩ ⟨+erwachsen⟩ überein. Dennoch unterscheiden sie sich. Im DCE finden wir außer den Definitionen noch zusätzliche Angaben. Bei *fellow* erscheint *informal, especially American English, Indian and Pakistani English;* bei *guy* finden wir *informal, especially American English* und bei *bloke* ist verzeichnet *British English, informal.* Bei *man* dagegen finden wir keine derartigen Angaben. Die Sememe unterscheiden sich in stilistischer Hinsicht, genauer gesagt: sie implizieren situative Faktoren wie Vertrautheitsgrad und geographische und ethnische Verbreitung (vgl. Kap. VI). Um diese Bedeutungsaspekte von denen zu unterscheiden, die wir bisher mit der Theorie der semantischen Merkmale zu erfassen suchten, bietet die Linguistik die beiden umfassenden Begriffe *Denotation* und *Konnotation* an. Die Denotation von *bloke* ließe sich dann z.B. als

---

[12] Die Beispiele stammen aus Carstensen 1969: 13 und werden unter übersetzungstheoretischen Gesichtspunkten zitiert von Diller/Kornelius 1979: 38.

Semkombination ⟨+menschlich⟩ ⟨+männlich⟩ ⟨+erwachsen⟩ wiedergeben, die Konnotation durch *British English, informal.*[13]

Nicht immer lassen sich Konnotationen so bequem in Schubfächer einordnen wie in den Fällen *bloke, guy* und *fellow.* Es gibt Wörter, die „irgendwie positiv" oder „irgendwie negativ" klingen.[14] Sind die positiven oder negativen Konnotationen eindeutig, so werden sie in Wörterbüchern meist mit Angaben wie *laudatory, appreciative* bzw. *derogatory, pejorative* versehen. Doch leider lassen sich Wörter nicht immer so eindeutig festlegen. Kurz vor seiner Heirat mit Lady Diana erschien in *Now* vom 27. Februar 1981 ein Artikel über Prince Charles. Der erste Satz lautete

(8) He looks shorter and thinner in the flesh than he does in photographs and on TV.

Eine Übersetzung wie

(8a) Er sieht in der Wirklichkeit kleiner und dünner aus als auf Photographien oder im Fernsehen

ist insofern unbefriedigend, weil „dünn" hier „irgendwie zu negativ" klingt. Der Artikel war insgesamt gekennzeichnet von einer freundlichen, nicht ironischen, ja gelegentlich bewundernden Haltung gegenüber dem Thronfolger. Im Englischen ist das Wort *thin* durchaus angemessen. Es ist konnotativ neutral. (Man vergleiche die Angaben im DCE.) Im Deutschen müssen wir hier ein Wort wählen, das leicht positive Konnotationen hat, und die verbesserte Übersetzung könnte dann lauten:

(8b) Er sieht in der Wirklichkeit kleiner und noch schlanker aus als auf Photographien oder im Fernsehen.

Wenn wir uns zwischen denotativ gleichen aber konnotativ unterschiedlichen Übersetzungen entscheiden müssen, dann orientieren wir uns wiederum an der Übersetzungsfunktion. Wir greifen dazu nochmals unser Beispiel des schielenden Wolfsjungen auf. Erinnern wir uns: Je nach Textfunktion war ein verschiedener Grad der semantischen Differenzierung notwendig. Unter der Voraussetzung, daß die Übersetzung für Wissenschaftler bestimmt war, die den Zusammenhang zwischen körperlicher Veränderung und Umwelt studieren wollten, wurde die Übersetzung von *wall-eyed* durch „nach außen/auswärts schielend" empfohlen. Nun gibt es aber für das Schielen medizinische Fachausdrücke; für das Einwärtsschielen „Strabismus convergens" und für das Auswärtsschielen „Strabismus divergens".[15] Wir können also zwischen einer stilistisch neutralen und einer stilistisch als fachsprachlich markierten ZS-Entsprechung wählen. Unsere Entscheidung richtet sich nach der nochmals zu reflektierenden Übersetzungsfunktion. Gilt weiterhin Übersetzungsfunktion A (unterhaltsame Reportage), dann ist die Entscheidung irrelevant, denn wir wählen ohnehin das semantisch weniger differenzierte „schielen". Bei Übersetzungsfunktion B

---

[13] Eine ausführliche Differenzierung der konnotativen Dimensionen findet sich in Koller 1979: 188f.

[14] Vgl. dazu das ausführliche Kapitel 8 in Blanke 1973, insbesondere S. 135ff., wo die positiv/negativ Konnotation im Zusammenhang mit der stark/schwach und der aktiv/passiv Konnotation aus der Sicht der Psycholinguistik beschrieben wird. Vgl. ferner Blanke/Kußmaul 1977, wo anhand eines Beispiels Konnotationen mittels der Kollokationsmethode untersucht werden.

[15] Vgl. Pschyrembel, W., *Klinisches Wörterbuch,* Berlin 1964: 841.

ist jedoch eine weitere Differenzierung denkbar. Ist unsere Übersetzung z.B. für Anthropologen und Verhaltensforscher bestimmt (Funktion B1), so empfiehlt es sich, die stilistisch neutrale gemeinsprachliche Entsprechung „auswärts schielen" (B1) zu wählen. Ist unsere Übersetzung dagegen für Mediziner bestimmt (Funktion B2), dann können wir übersetzen „Der Junge zeigte die Symptome von Strabismus divergens" (B2).

Wenn wir die stilistischen Wahlmöglichkeiten in unser Schaubild des Übersetzens mit einbeziehen, so erhalten wir eine letzte erweiterte Version (zugrunde liegt wieder das Beispiel *wall-eyed*):

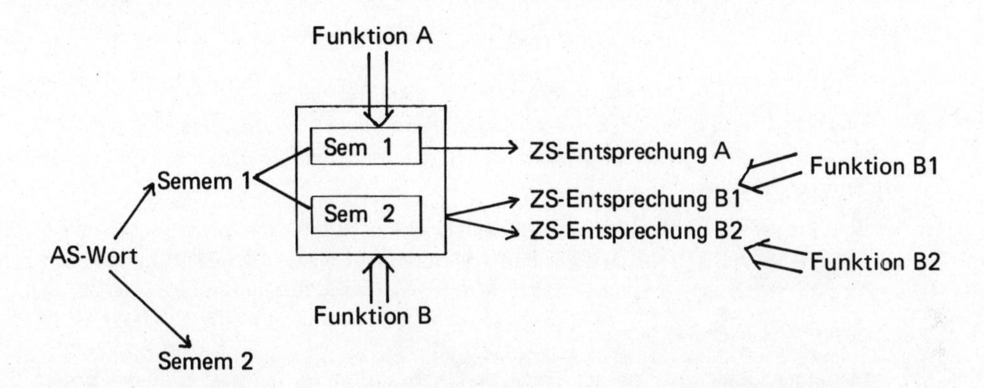

Unserer auf S. 97 beschriebenen Strategie müssen wir also noch hinzufügen: Haben wir den Grad der semantischen Differenzierung anhand der Übersetzungsfunktion bestimmt und besteht eine Wahlmöglichkeit zwischen stilistisch unterschiedlichen ZS-Entsprechungen, dann entscheiden wir uns wiederum anhand der Übersetzungsfunktion, die dann möglicherweise noch genauer bestimmt werden muß.

AUFGABEN ZU VIII

Aufgabe 1

In der Erzählung *The Open Window* von Saki macht ein junger Mann namens Framton Nuttel einen Antrittsbesuch bei einer Mrs. Sappleton. Bevor sie erscheint, unterhält er sich mit deren Nichte, die ihm die Geschichte eines schrecklichen Unglücks erzählt. In diesem Zusammenhang heißt es:

> She broke off with a little shudder. It was a relief to Framton when the aunt bustled into the room with a whirl of apologies for being late in making her appearance.[16]

Übersetzung (ELISABETH SCHNACK):

> Mit einem kleinen Schauder brach sie ab. Framton empfand es wie eine Erleichterung, als die Tante endlich unter einem Schwall von Entschuldigungen, weil sie so spät erschiene, ins Zimmer gestürmt kam.

Beurteilen Sie die Übersetzung von *bustled* (Zeile 2), indem Sie das Wort bezüglich seiner Seme analysieren und den notwendigen Grad der Differenzierung für die Übersetzung bestimmen. Verbessern Sie die Übersetzung, wenn es Ihnen nötig erscheint.

Benutzen Sie als Hilfsmittel ein einsprachiges englisches Wörterbuch.

Aufgabe 2

AS-Text

Moja, together with a dozen or so
other chimps and one gorilla in the
United States, talks. She doesn't
speak – she talks. She communi-
5 cates with her fingers in American Sign Language,
devised for, and used by, hundreds of thousands of
deaf Americans. At the moment she has a vocabu-
lary of more than 150 "words" (that is, signs). But
Moja is special, even among this elite band of
10 apes: she paints. And her paintings represent one
of science's most exciting areas of discovery.

(The Sunday Times Magazine, November 18, 1979)

---

16 *Uncanny Stories. Englische Gruselgeschichten.* Auswahl und Übersetzung von Elisabeth Schnack. München 1981: 104–105.

Übersetzung A

Moja und mit ihr noch etwa ein Dutzend Schimpansen sowie ein Gorilla, die sich alle in den Vereinigten Staaten befinden, redet. Sie spricht nicht – sie redet. Sie unterhält sich mittels ihrer Finger in der amerikanischen Zeichensprache, die für Hunderttausende gehörloser Amerikaner entwickelt wurde und von diesen auch genutzt wird. Gegenwärtig hat sie einen Wortschatz von 150 „Wörtern" (d.h. Zeichen) . . .

(Aus einer Übersetzungsklausur, 3.–4. Fachsemester)

Übersetzung B

Wie etwa ein Dutzend andere Schimpansen und ein Gorilla in den Vereinigten Staaten spricht Moja. Sie redet nicht; sie spricht eine unhörbare Sprache. Sie gebraucht die Amerikanische Zeichensprache (Ameslan), die von Hunderttausenden gehörloser Amerikaner benutzt wird. Im Augenblick beläuft sich Mojas Wortschatz auf etwa 150 „Wörter" (nämlich Zeichen).

(*Zeitmagazin* 17, 18.04.1980, S. 17)

Ein Blick auf die beiden Übersetzungen A und B zeigt, daß sie sich in manchen Punkten unterscheiden. Uns geht es hier um die Übersetzung von *speak* und *talk* (Z. 3–4).

Frage A:
Welche Bedeutung haben die Wörter *speak* und *talk* im Kontext des AS-Textes? Analysieren Sie die Wörter bezüglich ihrer Sememe und Seme. Benützen Sie dazu ein einsprachiges Wörterbuch, vorzugsweise das DCE. Welches Sem ist hier relevant?

Frage B:
Welcher Differenzierungsgrad ist in den beiden auf Funktionskonstanz hin angelegten Übersetzungen notwendig?

Frage C:
Welche der beiden Übersetzungen ist besser?

Aufgabe 3

In einem Text über das irische Wirtschaftswunder, bedingt durch Irlands EG-Beitritt, heißt es:

> With the Irish gaining £ 172 a head
> a year from the EEC, and the British
> shelling out £ 21 each, businessmen
> like Kilroy have reason to be
> 5 thankful for Brussels.
>
> But the Farmers did best.
>
> Paddy Devereaux farms in
> Country Tipperary, beautiful but
> long festered in poverty. He has

10 eight children, few teeth, no education, a Guinness belly and a Mercedes 250. "It makes a fine farm ve-hicle," he says. "Now, a Rolls Royce wouldn't take kindly to it.
15 They are all right on the flat, so they are. But my fields are hilly."

Devereaux has 250 acres of beef and tillage land and a butcher's shop: he slaughters his own beef in
20 a shed in one of his fields. He is worth well over £ 1 million and it amuses him. "Sure, and it's all on paper," he says. "It would have been a few thousand 10 years ago.
25 But the income, the money in the pocket, that has taken off. Since we joined the Common Market, . . .

(The Sunday Times Magazine, January 27, 1980)

Übersetzung (Zeile 7ff.)

Paddy Devereaux hat einen Bauernhof in der schönen aber seit langer Zeit von Armut geplagten Grafschaft Tipperary. Er hat acht Kinder, nur wenige Zähne, keine Erziehung, einen Bierbauch und einen Mercedes 250.

Frage A:
Die Übersetzung ist an einer Stelle semantisch nicht ausreichend differenziert. Wo?

Frage B:
Verbessern Sie die Übersetzung, indem Sie den Monosemierungsvorgang beschreiben und den notwendigen Grad der Differenzierung bestimmen.

IX SATZBAU UND BEDEUTUNG

1. Bedeutungsbeziehungen

In den beiden vorangegangenen Kapiteln gingen wir von linguistischen Theorien aus, mit denen die Bereiche Illokution und Semantik ziemlich vollständig erfaßt werden können. Die Strategien, die wir unter Zuhilfenahme dieser Theorien im Gesamtrahmen pragmatischer Erwägungen entworfen haben, sind daher auch auf vielerlei Probleme anwendbar, die im Zusammenhang mit der Wiedergabe der Illokution von Äußerungen und der Semantik von Wörtern auftauchen. Sie gelten außerdem nicht nur für das Sprachenpaar Englisch-Deutsch, sondern auch für andere Sprachenpaare.

Wenn wir nun im folgenden über Satzkonstruktionen sprechen, können wir diesen Anspruch auf Allgemeingültigkeit und generelle Anwendbarkeit unserer Ergebnisse nicht erheben. Warum?

Wenn wir syntaktische Schwierigkeiten beschreiben, die beim Übersetzen vom Englischen ins Deutsche auftreten, dann können wir dies nur tun, indem wir die Satzbaumuster der beiden Sprachen vergleichen. Wir müssen kontrastiv vorgehen. In vielen Bereichen des Satzbaus ergibt sich allerdings gar kein Kontrast zwischen den beiden Sprachen, zumindest kein solcher, der dem Übersetzer ernsthafte Schwierigkeiten bieten könnte. Wir wählen daher die für das Übersetzen problematischen und damit „interessanten" Bereiche aus. Unsere Methode ist also kontrastiv selektiv. Zwei dieser „interessanten" Bereiche, die auch in der Übersetzungswissenschaft immer wieder erörtert werden, sind (1) die Wiedergabe der logischen Relationen zwischen Satzteilen und die damit verbundenen Probleme bei der Wiedergabe der englischen Partizipialkonstruktion[1] und (2) die Mitteilungsstruktur von Sätzen und die damit verbundenen Probleme bei der Wiedergabe der Wortstellung[2].

In beiden Bereichen geht es letztlich nicht nur um Regeln des Satzbaus, sondern auch um zugrundeliegende Bedeutungsrelationen und -markierungen. Anders gesagt: es geht nicht nur um Syntax, sondern auch um Semantik. Diese durch die Satzkonstruktionen zum Ausdruck gebrachten Inhalte sind nun bis zu einem gewissen Grade universell, d.h. sie sind nicht nur für das Englische und Deutsche, sondern auch für andere Sprachen relevant. Unser theoretischer Ansatz ist also doch nicht ganz so eng und speziell, wie es zunächst den Anschein haben mochte.

---

1 zu logischen Relationen vgl. House 1977: 55, Wilss 1977: 164ff., Pinchuck 1977: 119ff., zu Partizipialkonstruktionen vgl. Wilss 1978 passim.

2 Der dafür gebräuchliche linguistische Fachausdruck ist „funktionale Satzperspektive". Zu ihrer Bedeutung für die Übersetzung vgl. House 1977: 54, Diller/Kornelius 1978: 50ff., Enkvist 1978 passim, Rohdenburg 1974: 76ff., Stein 1979 passim.

Unter logischen Relationen zwischen Satzteilen verstehen wir Beziehungen wie sie z.B. in der Duden-Grammatik bezeichnet werden als kopulativ (anreihend), temporal (zeitlich), modal (die Art und Weise bestimmend), kausal (begründend), instrumental (das Mittel angebend) usw.[3] Auch die attributive (beifügende) Relation läßt sich in diesen Zusammenhang stellen[4].

Bei der sprachlichen Verwirklichung dieser Beziehungen gibt es Varianten. In den folgenden beiden Sätzen ist jeweils eine temporale Relation zum Ausdruck gebracht.

(1a) Nachdem er seine Arbeit beendet hatte, ging er nach Hause.

(1b) Nach Beendigung seiner Arbeit ging er nach Hause.

Der Nebensatzkonstruktion (1a) und der Konstruktion mit Umstandsangabe (1b) entspricht im Englischen

(1c) After he had completed his work he went home.

(1d) After the completion of his work he went home.

Außerdem hat das Englische aber auch die Möglichkeit einer Partizipialkonstruktion:

(1e) Having completed his work he went home.

In diesem Punkt nun unterscheiden sich die beiden Sprachen. Zum erweiterten *Partizip Perfekt Aktiv* (1e) gibt es im Deutschen keine formale Entsprechung. Der Satz

(1f) *Seine Arbeit beendet habend, ging er nach Hause

ist ungrammatisch. Und die elliptische Form

(1g) Seine Arbeit beendet, ging er nach Hause

ist laut Duden wie alle Partizipialgruppen „vornehmlich ein Stilmittel für Dichter und Schriftsteller"[5] und entspricht damit nicht einer allgemeinen Gebrauchsnorm.

Problematisch ist auch die deutsche formale Entsprechung zum englischen *Partizip Perfekt Passiv.* Betrachten wir dazu ein Beispiel einer attributiven Relation:

(2a) A voice, like a stone flung into a window, cracked the silence.[6]

(2b) Wie ein Stein, geworfen in ein Fenster, unterbrach eine Stimme jäh die Stille.

Wenn wir (2b) mit der Nebensatzkonstruktion

(2c) Wie ein Stein, der in ein Fenster geworfen wurde, unterbrach eine Stimme jäh die Stille

kontrastieren, so wird die stilistische Markierung der deutschen Partizipialkonstruktion deutlich. Sie wirkt „poetisch" oder zumindest ungewöhnlich, während (2c) neutral wirkt. Außerdem gibt es noch die Möglichkeit, das englische Partizip Perfekt Passiv durch ein deutsches Partizip in attributiver Stellung wiederzugeben, also:

(2d) Wie ein in ein Fenster geworfener Stein unterbrach eine Stimme jäh die Stille.

---

3 Duden 1973: 320ff.

4 Duden 1973: 566ff.

5 Duden 1973: 564.

6 Beispiel aus Lamprecht 1962: 316.

Abgesehen davon, daß dieser Satz durch die Wiederholung von „ein" unbefriedigend wirkt, ist auch diese Konstruktion stilistisch markiert. Sie gehört eher der geschriebenen als der gesprochenen Sprache an und ist, wie wir noch sehen werden, besonders typisch für bestimmte Textsorten.

Das gilt auch für die Verwendung des *Partizip Präsens* im Deutschen. Auch dazu ein Beispielpaar:

(3a) Walking along the street I met my old friend John.
(3b) Die Straße entlanggehend traf ich meinen alten Freund John.

Der deutsche Satz wirkt durch das Partizip formell oder „poetisch".[7]

Es ergibt sich also folgender Sachverhalt: Im Deutschen sind das erweiterte Partizip Präsens und das erweiterte Partizip Perfekt Passiv sowie das erweiterte Partizip Perfekt Aktiv in seiner elliptischen Form zwar nach den Regeln des Sprachsystems möglich, sie sind aber stilistisch markiert. Die englischen Partizipien sind dagegen stilistisch neutral.

Beim Übersetzen von englischen Partizipalkonstruktionen müssen wir also in vielen Situationen Nebensätze (wie in 1a) oder Umstandsangaben (wie in 1b) benützen. Dies ist an sich noch nichts Ungewöhnliches und auch nicht weiter problematisch. Sehr oft muß der Übersetzer von einer Ebene zur anderen wechseln. Einzelwörter müssen, wie wir sahen (vgl. S. 90) häufig durch Wortgruppen, Teilsätze, ja ganze Sätze übersetzt werden, und natürlich gilt auch das Umgekehrte. Das eigentliche Problem bei der Übersetzung englischer Partizipialkonstruktionen liegt woanders. In der englischen Partizipialkonstruktion ist die jeweilige logische Relation zum Bezugssatz nur impliziert. Im deutschen Nebensatz und in der Umstandsangabe ist sie explizit gemacht. Wir müssen also die logischen Relationen der englischen Partizialkonstruktion erkennen, und dazu müssen wir den englischen Satz interpretieren. Dabei besteht die Schwierigkeit darin, daß formal sehr ähnlichen Sätzen oft ganz unterschiedliche Bedeutungsrelationen zugrundeliegen. Der Satz

(4a) Having finished his book he emptied his glass and went to bed[8]

ist temporal interpretierbar:

(4b) Nachdem er sein Buch ausgelesen hatte, leerte er sein Glas und ging zu Bett.

Der Satz

(5a) Having forgotten his book he went home and fetched it[9]

enthält zwar auch ein Partizip Perfekt Aktiv, ist aber nur kausal interpretierbar:

(5b) Da er sein Buch vergessen hatte, ging er nach Hause und holte es.

---

7 Bertolt Brecht benützte diese Form sehr gerne, und zwar bezeichnenderweise vor allem in seiner Lyrik, weniger in seiner Prosa. Sein Gedicht „Rückkehr" beginnt z.B. mit den Zeilen

(4) Die Vaterstadt, wie find ich sie doch?
Folgend den Bomberschwärmen
komm ich nach Haus.

(Bertolt Brecht, Gesammelte Werke 10, Gedichte 3 (Werkausgabe Edition Suhrkamp), Frankfurt/Main 1967: 858).

8 Wilss 1978: 215.

9 Wilss 1978: 215.

Wie können wir nun erkennen, welche logischen Relationen vorliegen? Wir greifen dazu ein Verfahren wieder auf, das wir bereits bei der Interpretation von Illokutionsakten angewandt haben (vgl. S. 81). Wir fragen: In welcher Beziehung steht der Inhalt (oder genauer die Proposition) der Partizipialkonstruktion zum Inhalt (zur Proposition) des Bezugssatzes. In Beispiel (5b) ist die Tatsache, daß er sein Buch vergessen hat, der Grund dafür, daß er nach Hause geht und es holt. In Beispiel (4a) geht die Tatsache, daß er das Buch ausgelesen hat, zeitlich dem Zubettgehen voraus. Man könnte (4a) aber auch kausal interpretieren, und daher wäre auch eine Übersetzung möglich wie

(4c) Da er sein Buch ausgelesen hatte, leerte er sein Glas und ging zu Bett.

Fälle, in denen sowohl eine temporale als auch eine kausale Interpretation möglich ist, sind erfahrungsgemäß ziemlich häufig. Bei der Auflösung der Mehrdeutigkeit hilft meist auch der weitere Kontext nicht viel.[10] Auch im Deutschen gibt es die Möglichkeit, die logischen Beziehungen unbestimmt zu lassen. Wir können das Satzgefüge durch zwei aneinandergereihte Hauptsätze ersetzen:

(4d) Er hatte sein Buch ausgelesen, leerte sein Glas und ging zu Bett.

Bei der Entscheidung, ob wir die Bedeutungsbeziehungen explizit machen sollen oder nicht, orientieren wir uns wieder am inzwischen wohlvertrauten Kriterium des notwendigen Differenzierungsgrads. Wenn unsere Übersetzung die Funktion hat, einen Gedankengang in strenger logischer Verknüpfung wiederzugeben, wie dies z.B. bei wissenschaftlichen oder bei argumentierenden Texten der Fall ist, dann empfiehlt es sich, Partizipialkonstruktionen durch konjunktionale Nebensätze oder durch Umstandsangaben zu übersetzen. Wenn unsere Übersetzung die Funktion hat, die logischen Beziehungen nur angedeutet zu lassen, wie dies z.B. für Schilderungen und Erzählungen typisch ist[11], empfiehlt sich eine Übersetzung durch die Koordination mittels „und".

Wählen wir die explizite Wiedergabe, so gibt es, wie gesagt, die Möglichkeit der Konstruktion mit konjunktionalem Nebensatz oder mit Umstandsangabe. Wir müssen uns also nochmals entscheiden. Die in (4a) enthaltene temporale Relation können wir entweder, wie wir es schon taten, übersetzen mit

(4b) Nachdem er sein Buch ausgelesen hatte, leerte er sein Glas und ging zu Bett

oder mit

(4e) Nach Beendingung der Lektüre seines Buchs leerte er sein Glas und ging zu Bett.

Die beiden Versionen unterscheiden sich stilistisch. (4b) ist neutral, (4e) dagegen formell. Anders gesagt: (4b) ist in vielerlei Situationen möglich, (4e) ist auf bestimmte Situationen festgelegt, die u.a. durch die Faktoren geringer Vertrautheitsgrad, geschriebene Sprache und fachspezifischer Verwendungsbereich gekennzeichnet sind. Auch derartige Entscheidungen zwischen stilistisch variierenden Konstruktionen hängen wieder von der Funktion der Übersetzung und damit auch vom notwendigen Differenzierungsgrad ab.

Wir wollen uns das an einem weiteren Beispiel vergegenwärtigen, an dem sich auch zeigen läßt, daß stilistische Entscheidungen von Textsortenkonventionen bestimmt werden.

---

10 vgl. Wilss 1978: 217.

11 vgl. Wilss 1978: 218. Wilss beruft sich auf eine empirische Untersuchung.

In der bereits im Zusammenhang mit der Wiedergabe von Illokutionsindikatoren zitierten englischen Prüfungsordnung für den Magisterabschluß (vgl. S. 78) heißt es:

(6a) The qualification for the degree shall be the pursuance of a full time curriculum of advanced study approved by the Senate for the purpose[12].

Für das erweiterte nachgestellte Partizip Perfekt Passiv (*approved . . .*) stehen zwei Konstruktionen mit verschiedenen stilistischen Markierungen zur Verfügung. Erstens die Wiedergabe durch ein erweitertes Partizipialattribut:

(6b) Voraussetzung für den Magisterabschluß ist die Teilnahme an einem vom Senat für diesen Zweck anerkannten Studiengang für Graduierte

und zweitens die Wiedergabe durch einen Relativsatz:

(6c) Voraussetzung für den Magisterabschluß ist die Teilnahme an einem Studiengang für Graduierte, der vom Senat für diesen Zweck anerkannt wurde.

Beschreiben wir die stilistischen Unterschiede im Rahmen von Textsorten! Das erweiterte Attribut der ersten Version ist typisch für deutsche Gesetzestexte. Als Illustration sei ein Abschnitt aus dem deutschen Schulrecht angeführt:

(7) Auf Grund ihrer Anstalts- und Organisationsgewalt ist die Schule im Rahmen der Vorschriften dieses Gesetzes berechtigt, die zur Aufrechterhaltung der Ordnung des Schulbetriebs und zur Erfüllung der ihr übertragenen unterrichtlichen und erzieherischen Aufgaben erforderlichen Maßnahmen zu treffen und Schulordnungen, allgemeine Anordnungen und Einzelanordnungen zu erlassen.[13]

In diesem Text wurde das Attribut „erforderlichen" sehr stark, man möchte fast sagen bis zum Exzeß erweitert. An diesem extremen Fall zeigt sich noch eine besondere Eigenschaft erweiterter Attribute: sie sind schwerer verständlich als Relativsatz-Konstruktionen. Dieser Gesichtspunkt bestimmt natürlich ebenfalls unsere Entscheidung als Übersetzer. In Gesetzestexten ist jedoch leichte Verständlichkeit nicht gerade ein hervorstechendes Merkmal. Die komplexe Konstruktion unseres Beispiels aus dem Schulrecht ist kein Einzelfall, sondern eher die Regel. Die Schwierigkeiten, die der Durchschnittsbürger beim Verstehen von Gesetzestexten und generell von Rechtstexten hat, haben sicher auch darin ihre Ursache. Die Entscheidungen des Übersetzers im Hinblick auf die Varianten (6b) und (6c) werden von der Funktion der Übersetzung bestimmt. Betrachtet man unsere Übersetzung einer Prüfungsordnung als Subsorte eines Gesetzestextes mit allen daraus erwachsenden rechtlich bindenden Konsequenzen, wird man sich für Version (6b) entscheiden müssen. Soll unsere Übersetzung aber nur ein informativer Text über eine englische Prüfungsordnung sein und damit kein juristisches Dokument, sondern ein Text, der über ein Dokument informiert, dann ist Version (6c) angebracht.

Wir können nun unsere Übersetzungsstrategie bei der Wiedergabe englischer Partizipialkonstruktionen zusammenfassen:

1. Durch eine Interpretation ermitteln wir die logische Relation der Partizipialkonstruktion zum Bezugssatz.

---

[12] University of Bristol 1970: 5.

[13] H. Hochstetter, *Gesetz zur Vereinheitlichung und Ordnung des Schulwesens in Baden-Württemberg*, Stuttgart 1964, § 7, 2.

2. Wir entscheiden, wie explizit diese Relation im ZS-Text wiedergegeben werden soll. Dabei richten wir uns nach der Maxime vom notwendigen Differenzierungsgrad, der wiederum bestimmt wird durch die Übersetzungsfunktion.
3. Besteht eine Auswahl unter in gleichem Maße expliziten stilistischen Varianten, so treffen wir diese im Hinblick auf die ZS-Situation und gegebenenfalls auf die Textsorte. Situation und Textsorte sind dabei wieder abhängig von der Funktion unserer Übersetzung.

2. *Im Brennpunkt*

Wir wenden uns nun der Frage zu, wie durch unterschiedliche Anordnung von Wörtern Bedeutung verändert wird. Schauen wir uns dazu den Anfang von James Joyces Roman *Ulysses* an:

(8a) Stately, plump Buck Mulligan came from the stairhead, bearing a bowl of lather on which a mirror and razor lay crossed. A yellow dressinggown, ungirdled, was sustained gently behind him by the mild morning air. He held the bowl aloft and intoned:
– *Introibo ad altare Dei.*[14]

WOLLSCHLÄGER übersetzte:

(8b) Stattlich und feist erschien Buck Mulligan am Treppenaustritt, ein Seifenbecken in Händen, auf dem gekreuzt ein Spiegel und ein Rasiermesser lagen. Ein gelber Schlafrock mit offenem Gürtel bauschte sich leicht hinter ihm in der milden Morgenluft. Er hielt das Becken in die Höhe und intonierte:
– *Introibo ad altare Dei.*[15]

GOYERT übersetzte:

(8c) Gravitätisch kam der dicke Buck Mulligan vom Austritt am oberen Ende der Treppe: er trug ein Rasierbecken, auf dem kreuzweise ein Spiegel und ein Rasiermesser lagen. Im milden Morgenwind bauschte sich leicht hinter ihm ein gelber, ungegürtelter Schlafrock. Er hob das Becken in die Höhe und stimmte an:
– *"Introibo ad altare Dei."*[16]

Es geht uns hier um die Übersetzung des zweiten Satzes *(A yellow dressing gown . . .)*. Gehen wir zunächst einmal ganz intuitiv vor. Wir lesen die beiden Übersetzungen nochmals und fragen uns dabei, welche Wörter wir im zweiten Satz betonen und hervorheben würden. Wir empfinden dann vielleicht folgendes: In der Übersetzung WOLLSCHLÄGERS sind die Wörter „gelber Schlafrock" und „milde Morgenluft" etwa gleich stark hervorgehoben. In der Übersetzung GOYERTS sind die Wörter „ein gelber, ungegürtelter Schlafrock"

[14] James Joyce, *Ulysses,* London [8]1958: 1.

[15] James Joyce, *Ulysses,* übersetzt von Hans Wollschläger, Frankfurt am Main 1975: 7.

[16] James Joyce, *Ulysses,* Band I. Vom Verfasser autorisierte Übersetzung von Georg Goyert, München 1966: 7.

stärker hervorgehoben. Vielleicht empfinden wir auch gar keinen Unterschied und halten derartige Fragen für übersetzungskritische Pedanterie. Vielleicht fragen wir uns aber auch, wenn wir die Unterschiede zwischen den beiden Versionen erkennen, ob derartige Feinheiten denn überhaupt für die Gesamtfunktion der Übersetzung wichtig sind.

Um diese Fragen beantworten und um derartigen Einwänden entgegentreten zu können, wollen wir etwas weiter ausholen und eine Theorie skizzieren, mit der wir erklären können, wie Wortstellung und wichtige Information zusammenhängen. Dann werden wir wieder auf unser Eingangsbeispiel zurückkommen, und wir hoffen, dann zeigen zu können, daß die Wortstellung in der Tat ganz erhebliche Konsequenzen für den Sinn des ganzen Textes, im vorliegenden Fall für den ganzen Roman hat.

Stellen wir uns folgendes Beispiel vor: Es ist die Rede von Dylan Thomas, dem englischen Schriftsteller. Biographische Daten werden genannt, unter anderem auch sein Geburtsort. In diesem Zusammenhang ist ein Satz denkbar wie

(9a) Dylan Thomas was born in Swansea.[17]

Den höchsten Mitteilungswert hat hier *Swansea.* Dies zeigt sich auch in der Intonation und Betonung. Wenn wir den Satz im hier beschriebenen Kontext lesen, legen wir unwillkürlich den Hauptton auf das Ende des Satzes, also:

(9b) Dylan Thomas was born in Swànsea.

Auch für das Deutsche gilt, daß in einem derartigen Kontext das Satzende (im Deutschen vor dem zweiten Prädikatsteil) den höchsten Mitteilungswert besitzt und damit den Hauptton trägt.[18]

(9c) Dylan Thomas wurde in Swànsea geboren.

Die Tatsache, daß ein bestimmter Teil eines Satzes die wichtigste Information enthält, d.h. den höchsten Mitteilungswert hat, wird in modernen Grammatiken des Englischen sehr treffend als *focus* bezeichnet.[19] Mit diesem aus der Optik entlehnten Begriff wird deutlich gemacht, daß hier etwas in den Mittelpunkt, in den Brennpunkt des Interesses gerückt wird. In unserem Beispiel lag der Fokus auf dem Ende des Satzes *(Endfokus).* Dem scheint ein universales Prinzip zugrundezuliegen. Danach beginnen Sätze mit leicht interpretierbaren Zeichen und bewahren schwerer interpretierbare Zeichen für die Endpositionen auf.[20] In unserem Beispiel ist *Dylan Thomas* leicht interpretierbar, denn der Inhalt dieses Zeichens ist im Vorhergehenden schon „erarbeitet" worden. Swansea ist schwerer interpretierbar, denn der Inhalt dieses Wortes wird vom Leser hier in diesem Kontext erstmals erarbeitet.[21] Die „normale" Mitteilungsstruktur sowohl englischer als auch deut-

---

17 Beispiel aus Quirk/Greenbaum 1976: 407.

18 vgl. Duden 1973: 624.

19 vgl. Quirk/Greenbaum 1976: 406ff., Leech/Svartvik 1975: 171ff.

20 vgl. Lange 1978: 175ff., ferner Duden 1973: 624.

21 Dieser Unterscheidung entspricht etwa das Begriffspaar Thema (=bekannt) – Rhema (=neu). Vgl. dazu Diller/Kornelius 1978: 50f. und House 1977: 54. Wir haben auf die Einführung dieser Begriffe im Text bewußt verzichtet, um den Leser nicht mit zuviel Fachterminologie zu belasten. Auch Quirk/Greenbaum kommen ohne diese Begriffe aus.

scher Sätze sieht also so aus: Die bekannte Information steht am Anfang und die neue Information am Ende. Was nun aber als neu gilt, hängt vom Kontext ab. Wenn z.B. von Swansea die Rede ist und gefragt wird, welche berühmten Leute dort geboren wurden, ändert sich der Fokus. Der Geburtsort ist die bereits bekannte Information, und die neue Information sind dann die Namen der dort geborenen Personen. Der Fokus liegt in unserem Beispiel dann auf *Dylan Thomas.* In der gesprochenen Sprache läßt sich diese Fokussierung durch die Betonung erreichen:

(9d) Dylan Thòmas was born in Swansea.

(9e) Dylan Thòmas wurde in Swansea geboren.

In der geschriebenen Sprache ist es jedoch unüblich, die Betonung zu kennzeichnen. Wir benötigen also andere Mittel. Wir sagten, daß bei „normaler" Mitteilungsstruktur die neue Information gemäß dem Prinzip der leichten Interpretierbarkeit am Ende des Satzes erscheint. Im Deutschen läßt sich diesem Prinzip ohne weiteres Folge leisten, indem man die Wortstellung verändert:

(9f) In Swansea wurde Dylan Thomas geboren.

Die Inversion ist im Deutschen möglich, denn die deutsche Sprache besitzt eine sog. freie Anordnung der Satzteile. Das Englische dagegen ist bis auf wenige Ausnahmen auf die Reihenfolge Subjekt – Prädikat – Objekt/adverbiale Ergänzung (SPO) festgelegt. Im Englischen muß man daher zu anderen sprachlichen Mitteln greifen, um den Endfokus zu erreichen. Ein Mittel dazu sind die sog. konversen Verben, durch die die Rollen von Subjekt und Objekt umgekehrt werden.[22] Für unser Beispiel bietet sich die Lösung an

(9g) Swansea was the birthplace of Dylan Thomas.

Die normale Wortfolge Subjekt – Prädikat – Objekt bleibt erhalten und der Fokus liegt damit auf *Dylan Thomas.*

Es gibt noch einen anderen Kontext-Typ, in dem der Fokus in unserem Beispiel auf *Dylan Thomas* liegt. Nehmen wir an, bei einem Literaturquiz würde die Frage gestellt, welcher bekannte Schriftsteller in Swansea geboren wurde. Jemand behauptet, es sei Roald Dahl. Ein anderer widerspricht ihm und nennt Dylan Thomas. In der gesprochenen Sprache können dann wiederum die Sätze (9d) und (9e) erscheinen. Sie würden dann implizieren: nicht Roald Dahl wurde in Swansea geboren. Diese Implikation wäre in einem derartigen Kontext wohl auch in (9f) und (9g) enthalten, sie läßt sich aber noch wesentlich deutlicher zum Ausdruck bringen.

Ein im Englischen sehr beliebtes und häufig angewandtes Mittel, um diesen sog. *Kontrastfokus* zu erzielen, sind die *cleft sentences* (abgespaltene Sätze).[23] Man könnte im Englischen schreiben:

(9g) It was Dylan Thomas who was born in Swansea.

---

[22] Es handelt sich dabei um Verben und Prädikate wie z.B. *be* und *contain,* „gehören" und „besitzen", „betreten" und „aufnehmen". Vgl. dazu Quirk/Greenbaum 1976: 411, ferner Diller/Kornelius 1978: 53f.

[23] vgl. Quirk/Greenbaum 1976: 414.

Auch im Deutschen ist die entsprechende Konstruktion keineswegs ungrammatisch und durchaus üblich.[24]

(9i) Es war Dylan Thomas, der in Swansea geboren wurde.

In (9h) und (9i) wurde durch die *clefting*-Konstruktion das Subjekt des Satzes hervorgehoben. Im Englischen erscheint die *clefting*-Konstruktion nicht nur in Verbindung mit dem Subjekt, sondern generell mit allen Satzgliedern; also auch zur Hervorhebung des Objekts, z.B.

(10a) It was his best suit that John wore to the dance last night[25]

oder zur Hervorhebung einer Umstandsbestimmung, z.B.

(10k) It was in Swansea that Dylan Thomas was born.

Im Deutschen ist diese „Hervorhebungsformel" (ERBEN 1980: 271) wohl vor allem in Verbindung mit dem Subjekt üblich. Seltener scheint sie im Zusammenhang mit dem Objekt und mit Umstandsangaben vorzukommen,[26] Sätze wie

(10b) Es war sein bester Anzug, den John gestern abend beim Tanzen trug.

(9l) Es war in Swansea, wo Dylan Thomas geboren wurde

wirken wohl tatsächlich auch etwas ungewöhnlich.

Derartige Hervorhebungen des Objekts und der Umstandsbestimmung sind im Deutschen auch gar nicht nötig, denn der Kontrastfokus läßt sich durch die Veränderung der Wortstellung erzielen, während sich im Englischen aufgrund seiner festen Wortstellung jene Hervorhebungsformeln entwickelten. Wenn wir also für das Beispiel (10a) einen Kontext annehmen, in dem davon die Rede ist, daß John entgegen seiner Gewohnheit, bei allen Gelegenheiten in Bluejeans und im T-Shirt zu erscheinen, sich zu der Tanzveranstaltung ausnahmsweise sehr elegant anzog, dann können wir (10a) ohne weiteres übersetzen mit

(10c) Seinen besten Anzug trug John gestern abend beim Tanzen.

Dadurch, daß wir von der normalen Wortstellung (John trug gestern abend beim Tanzen seinen besten Anzug) abweichen und das normalerweise am Satzende stehende Satzglied an den Anfang rücken, heben wir eben dieses Satzglied hervor.

Nun könnte man einwenden, daß wir hier die gleichen syntaktischen Mittel benützen wie in Beispiel (9f), nämlich die Inversion, und daß wir (9f) gerade umgekehrt interpretierten, nämlich als Satz mit Endfokus. Dagegen ist zu sagen, daß wir Sätze ja nie ohne Kontext benützen. Wenn für (10c) der Kontext lautet: „John erschien nicht wie sonst immer im legèren Freizeitlook", dann liegt der Fokus in (10c) eindeutig auf „seinen besten Anzug". Wenn aber der Kontext lautet: „Bei welcher Gelegenheit trug John seinen besten Anzug?" dann liegt der Fokus in (10c) auf „gestern abend beim Tanzen".

---

24 vgl. dazu und zum folgenden Erben 1980: 271, wo eine Fülle von Belegen zitiert werden.

25 Beispiel aus Quirk/Greenbaum 1976: 415.

26 vgl. Erben 1980: 271.

Ganz entscheidend für die Fokussierung ist also der vorausgehende Kontext, der jeweils festlegt, was als neu und was als bereits bekannt zu gelten hat. Wenn keine Hervorhebungsformel (es ist/war ... der/die ...) erscheint, und wenn nur die Wortstellung als Mittel zur Fokussierung dient, dann liegt der Fokus nie auf der bekannten, sondern immer auf der neuen Information. Wenn wir also die Wortstellung deutscher Sätze interpretieren, dann müssen wir uns immer die Frage stellen: Welche Information ist bekannt, welche ist neu? Dies ist der übergeordnete Gesichtspunkt.

Es gibt aber auch Sätze, bei denen der Fokus ohne Kontextinterpretation erkennbar ist. Bei ihnen wird die Hervorhebung durch lexikalische Mittel verwirklicht.[27] In unserem Beispiel läßt sich die Hervorhebung auch durch Adverbien erzielen, z.B.

(10d) Gerade (sogar) seinen besten Anzug trug John gestern abend beim Tanzen.

Das eben Gesagte gilt auch für Beispiel (9k). Wenn der Kontext lautet „London war nicht sein Geburtsort" und wenn dann der Satz folgt

(9m) In Swansea wurde Dylan Thomas geboren

dann liegt der (Kontrast)fokus auf "Swansea". Geht aber der Kontext voraus „Wer wurde in Swansea geboren?", dann liegt der Fokus in (9m) auf "Dylan Thomas". Auch für dieses Beispiel ließen sich lexikalische Mittel finden, um den Kontrastfokus (mit der Implikation: nicht in London) sicherzustellen, z.B.

(9n) In Swansea, und nirgendwo sonst, wurde Dylan Thomas geboren.

Die Wiedergabe englischer Hervorhebungsformeln durch lexikalische Mittel im Deutschen empfiehlt sich auch bei dem durch *what* eingeleiteten Typ, vor allem wenn der Fokus auf dem Verb liegt, z.B.

(11a) What John did was ask his grandmother for a dance.

Der Fokus liegt auf *ask his grandmother for a dance,* und im Deutschen wird man dafür wohl kaum die Entsprechung wählen

(11b) ?? Was John tat, war seine Großmutter um einen Tanz bitten

sondern eher so etwas wie

(11c) John bat seine Großmutter um einen Tanz – kannst du dir das vorstellen?

Wir haben uns mit dem Kontrastfokus und mit Hervorhebungsformeln nicht ohne Grund ausführlich beschäftigt. Wir finden dieses syntaktische Muster in englischen Texten auf Schritt und Tritt und müssen jedesmal entscheiden, auf welche Weise wir es im Deutschen wiedergeben. Ein Beispiel möge für viele stehen.

Am 19. November 1981 erschien im *Daily Telegraph* eine Rede des amerikanischen Präsidenten Ronald Reagan über die Abrüstung, die er kurz zuvor vor dem Presseclub in Washington gehalten hatte. Teile daraus wurden am selben Tag in der *Rheinpfalz* als Übersetzung abgedruckt. Reagan erinnerte in dieser Rede zunächst an einen Brief, den er im April desselben Jahres an den sowjetischen Staats- und Parteichef Breschnjew geschrieben hatte. In diesem Zusammenhang sagte er:

---

[27] vgl. Erben 1980: 175.

(12a) I concluded my letter by saying:
"Mr President, should we not be concerned with eliminating the obstacles which prevent our people – those you and I represent – from achieving their most cherished goals?"
It is in the same spirit that I want to speak today to this audience, and the people of the world, about America's programme for peace and the coming negotiations which begin November 30 in Geneva, Switzerland.

Die Hervorhebung *(It is in the same spirit that . . .)* wurde in der Übersetzung wiedergegeben durch:

(12b) In gleichem Sinne möchte ich heute zu Ihnen und zu den Völkern der Welt über Amerikas Friedensprogramm und die kommenden Verhandlungen mit der Sowjetunion, die am 30. November in Genf in der Schweiz beginnen, sprechen.

Abgesehen davon, daß *spirit* hier treffender mit „Geist" hätte übersetzt werden können, ist die Hervorhebung von *in the same spirit* durch „in gleichem Sinne" wesentlich schwächer. Die Emphase ließe sich leicht durch einen lexikalischen Zusatz verstärken:

(12c) In genau (eben) diesem Geiste möchte ich heute zu Ihnen . . . sprechen.

Wie wichtig ist die Bewahrung der starken Emphase an dieser Stelle? Die Rede Reagans ist, dies könnte man an vielen Stellen zeigen, rhetorisch durchgeformt. Im unmittelbar vorausgehenden Satz zitierte Reagan seinen Appell an Breschnjew, die Hindernisse, die einer Abrüstung entgegenstehen, zu beseitigen. Dieser Appell ist stark emotional formuliert. Reagan spricht nicht von Rußland und Amerika, sondern von „unseren Völkern" *(our people)* nicht von Politikern, sondern von Leuten, die ihr Volk vertreten *(those you and I represent)* und nicht von Waffenreduktion, sondern von der Verwirklichung der Ziele, welche die beiden Völker mit ganzem Herzen erstreben *(achieving their most cherished goals).* Dies ist der Geist, der seinen Brief an Breschnjew durchdrang, und dieser Geist, und kein anderer, durchdringt auch seine Rede heute. Die Wirkung der Rede wird auf entscheidende Weise verstärkt, wenn diese Verbindung zwischen jüngster Vergangenheit und Gegenwart so deutlich wie möglich zum Ausdruck kommt. Dazu dient der Satz: *It is in the same spirit that I want to speak to you today.*

Aus diesen Gründen muß die englische Hervorhebungsformel eine wirkungsgleiche Entsprechung im Deutschen finden. Ohne diese wirkungsgleiche Hervorhebung ist der rhetorische Effekt der Rede geschwächt, und ihre kommunikative Funktion, nämlich die Hörer von Reagans Aufrichtigkeit und Engagement zu überzeugen, wird nicht auf die bestmögliche Art und Weise erfüllt. Die Übersetzung wäre in diesem Fall also unterdifferenziert.

Kommen wir nun auf die oben zitierten *Ulysses*-Übersetzungen zurück und analysieren wir sie mit Hilfe des Beschreibungsmodells der Fokussierung. Der zweite Satz des Originals *(A yellow dressing gown, ungirdled, was sustained gently behind him by the mild morning air)* hat die normale Wortstellung eines Passivsatzes, und der Fokus müßte demnach (genau wie im Beispiel 9a) auf dem Satzende liegen, also auf *the mild morning air.* Fragen wir uns aber, welche Information bekannt und welche neu ist, so kommen wir zu einem anderen Ergebnis. Aus dem Kontext des Beispiels geht hervor, daß die Tageszeit der Morgen ist, denn Bob Mulligan ist dabei, sich zu rasieren. Die Stelle *by the mild morning air* enthält also nur zum Teil eine neue Information, nämlich *by the mild air.* Das syntaktische Prinzip der Wortstellung und das kontextsemantische Prinzip neue vs bekannte Information scheinen hier bis zu einem gewissen Grade einander entgegenzuwirken. Um diesen Wider-

diesen Widerspruch aufzulösen, ordnen wir unserem Satz zwei Foki zu: einen auf *a yellow dressing gown* und einen zweiten auf *mild morning air.*

Bei WOLLSCHLÄGER wird aus dem englischen Passivsatz ein deutscher Aktivsatz mit der gleichen Wortfolge, den wir aufgrund des eben Gesagten ebenfalls als einen Satz mit zwei Foki interpretieren müssen. Ein Fokus liegt somit auf „ein gelber Schlafrock mit offenem Gürtel" und ein zweiter auf „in der milden Morgenluft".

Der Satz der Übersetzung GOYERTS ist anders zu interpretieren. Hier wirken Wortstellung und Kontext-Semantik nicht einander entgegen, sondern zusammen. Durch die Vorausstellung der Umstandsbestimmung, was durchaus ebenfalls der normalen Wortstellung entspricht[28], gelangt „ein gelber, ungegürtelter Schlafrock" in die Endposition und erhält damit gemäß der normalen Mitteilungsstruktur den Endfokus (vgl. (9f)). Außerdem enthalten diese Worte, wie wir bereits sahen, aufgrund des Kontexts die neue Information. Der aufgrund der Wortstellung zu erwartende Endfokus liegt also auf der neuen Information. Syntax und Kontext-Semantik ergänzen sich hier, und die Worte „ein gelber, ungegürtelter Schlafrock" sind damit besonders stark hervorgehoben. Unsere am Anfang beschriebenen Intuitionen (S.110f.) werden also durch die Interpretation der Textstellen bestätigt. Hinzu kommt, daß das ungewöhnliche Wort „ungegürtelt" die Aufmerksamkeit des Lesers auf diese Stelle lenkt. Syntaktische Mittel werden hier also noch durch lexikalische Mittel ergänzt.

Das eigentlich Interessante sind nun die Auswirkungen, welche die Fokussierung an dieser Stelle auf den ganzen Text haben kann. Worum geht es am Anfang des Romans? Hier wird ein Grundakkord angeschlagen: die Travestie der katholischen Theologie. Die hier geschilderte Szene ist eine Parodie auf die heilige Messe der katholischen Kirche. Die Requisiten sind doppeldeutig: das Rasierbecken steht für den Kelch, der gelbe Schlafrock für das Meßgewand. Durch die starke Hervorhebung eines dieser Requisiten verstärkt Goyert den parodistischen Effekt.

Dieser Effekt ist zweifellos von Joyce beabsichtigt. Daß er wahrgenommen wurde, zeigt sich unter anderem an der Rezeptionsgeschichte des Romans. Er war in Großbritannien und in den USA jahrelang von der Zensur verboten. Man wird bei der Übersetzung dichterischer Werke normalerweise das Prinzip der Werktreue, also Funktionskonstanz, zugrundelegen. Die Übersetzung GOYERTS unterstreicht die Parodie und entspricht damit durchaus der Wirkung des Originals, ist also werktreu. An dieser Stelle ist sie pointierter als die Übersetzung WOLLSCHLÄGERS.

Gegenwärtig kann man sich zwar schwer vorstellen, daß Joyces berühmter Roman mit veränderter Funktion übersetzt wird. Grundsätzlich ist eine Funktionsveränderung bei der Übersetzung dichterischer Werke jedoch durchaus möglich. Man denke nur an die Übersetzung von Swifts *Gullivers Travels* und Defoes *Robinson Crusoe* als Kinderbücher oder an verschiedene moderne Shakespeare-Übersetzungen und -Bearbeitungen. Versuchen wir uns einmal vorzustellen, der Übersetzer von *Ulysses* müßte sich dem Geschmack und den Erwartungen seines Leserpublikums anpassen. Dann hätten die beiden vorliegenden Übersetzungen verschiedene soziokulturelle Implikationen. Es könnte z.B. sein, daß die Parodie auf die Kirche in verschiedenen historischen Situationen und in verschiedenen Soziokulturen unterschiedlich aufgenommen würde. Die Szene würde möglicherweise Tabus verletzen und als Profanierung empfunden. Dann würde es sich empfehlen, den parodistischen Effekt zu dämpfen. Dann wäre, falls der Roman überhaupt akzeptiert wird, die Übersetzung WOLLSCHLÄGERS an dieser Stelle angemessener.

28 vgl. Duden 1973: 628.

Welches Fazit können wir aus dem Gesagten für die Strategie des Übersetzens ziehen?

1. Zunächst einmal ist wichtig, daß wir unser Bewußsein dafür schärfen, welche Wirkungen durch die Wortstellung erzielbar sind. Wir sollten die Wörter nicht nur nach den Regeln des Satzbaus anordnen, sondern uns immer fragen: Wie fügt sich die Abfolge der Wörter in den Kontext ein? Wird auch wirklich das hervorgehoben, was neu und wichtig ist?
2. Übersetzungsprobleme können sich dort ergeben, wo aufgrund der syntaktischen Regeln des Deutschen und Englischen unterschiedliche Konstruktionen möglich oder notwendig sind. Ein solcher Fall ist vor allem die *clefting*-Konstruktion. Bei der Wiedergabe der durch sie im Englischen erzielten Fokussierung müssen wir im Deutschen vor allem dann zu lexikalischen Mitteln greifen, wenn der Fokus auf dem Objekt, auf der Umstandsergänzung oder dem Prädikat liegt.
3. Die Frage, wie entscheidend die Wiedergabe der Fokussierung an einer gegebenen Textstelle ist, d.h. welcher Grad der Differenzierung notwendig ist, läßt sich beantworten, wenn wir die Funktion des AS-Textes interpretiert (s. Beispiel der Reagan-Rede) und die Funktion der Übersetzung festgelegt haben. Je nach Übersetzungsfunktion (s. Beispiel *Ulysses*) ist dann auch eine Fokusveränderung legitim.

Wir hoffen, klargemacht zu haben, daß Wortstellung und Fokus nicht isoliert betrachtet werden können. Genauso wie die Wiedergabe der Illokution, der Bedeutung von Wörtern und der logischen Relationen zwischen Satzteilen, jeweils mit ihren stilistischen Markierungen, ist auch die Wortstellung der Übersetzungsfunktion untergeordnet. Durch diesen gemeinsamen Bezugspunkt sind die Dimensionen, innerhalb derer wir uns im zweiten Teil des Buchs mit dem Übersetzen beschäftigten, eng miteinander verflochten. Wenn die Illokution eines Satzes im Rahmen der Übersetzungsfunktion nicht stimmt, dann kann auch die Übersetzung der einzelnen Wörter, aus denen er gebildet ist, entwertet sein. Wenn die Bedeutung entscheidender Wörter nicht funktional richtig differenziert wiedergegeben ist, dann richtet sich möglicherweise die Illokution ins Leere, und wenn die Fokussierung nicht funktionsentsprechend ist, dann erhalten vielleicht weniger wichtige Wörter eine Bedeutung, die ihnen nicht zukommt und wichtige nicht die Bedeutung, die ihnen zusteht.

So hängt alles mit allem zusammen, und wir sollten uns vor Feststellungen und Urteilen hüten wie: „Die Übersetzung ist inhaltlich in Ordnung, hat aber noch einige stilistische Mängel" oder „Die Übersetzung hat einige inhaltliche Fehler, aber sie ist doch immerhin sprachlich sehr gewandt" oder „Die Übersetzung ist insgesamt in Ordnung, aber im Satzbau ließe sich noch einiges verbessern".

Eine Übersetzung ist wie ein Netz: wenn ein Knoten nicht richtig geknüpft ist und das Netz reißt an dieser Stelle, so taugt vielleicht das ganze Netz nichts mehr, denn durch das Loch im Netz entkommen die Fische. Wenn eine Übersetzung an einer Stelle in ihrer Illokution, in der Semantik ihrer Wörter oder im Satzbau nicht stimmt, so ist vielleicht die ganze Übersetzung in ihrem Wert gemindert, denn sie erfüllt dann nicht ihre Funktion und beim Leser bezweckt sie nicht, was sie bezwecken sollte.

AUFGABEN ZU IX

1. Bedeutungsbeziehungen

Aufgabe 1

Der folgende Abschnitt ist einem Artikel über die Mormonen in Salt Lake City entnommen:

> Excommunicated by the Mormon Church, the polygamists nevertheless consider themselves the only true disciples of the church's founder and first prophet, Joseph Smith, who made polygamy a sacred commandment in 1843.
>
> (The Sunday Times Magazine, March 23, 1980)

Ermitteln Sie die logische Relation der durch *excommunicated* eingeleiteten Partizipialkonstruktion zum Bezugssatz. Informieren Sie sich, wenn nötig, über die verschiedenen logischen Relationen in der Duden Grammatik (S. 320ff. u. 575ff.). Übersetzen Sie den Satz und machen Sie die logische Relation explizit.

Aufgabe 2

Im selben Artikel heißt es an anderer Stelle:

> The families own nothing, not even their own homes or cars. Everything belongs to the church and is doled out – money, food, housing – by the church elders, making it hard for anyone to leave, even if they wanted to.

Übersetzung:

> Alles, Geld, Nahrungsmittel, Wohnungen, gehört der Kirche und wird von den Kirchenältesten verteilt, die es jedem schwermachen, die Stadt zu verlassen, selbst wenn er es wollte.

Frage A:
In welcher Relation steht die Partizipialkonstruktion zum Bezugssatz?

Frage B:
Wie explizit muß diese Relation gemacht werden?

Beurteilen Sie die Übersetzung. Verbessern Sie die Übersetzung, falls Ihnen das nötig erscheint.

2. *Im Brennpunkt*

Aufgabe 1

In einem Zeitschriftenartikel wurde ein Film über Buffalo Bill vorgestellt:

> Just how much was truth and how much myth is the story Robert Altman attempts to unravel in his new movie *Buffalo Bill and the Indians.* Playing this superstar of yesterday is a superstar of today – Paul Newman complete with flowing locks, twirled moustache and trim beard.
>
> (*Photoplay,* September 1976)

Die Übersetzung könnte lauten:

> Wieviel Wahrheit nun eigentlich in der Geschichte steckte und wieviel Legende – dies will Robert Altmann in seinem neuen Film *Buffalo Bill und die Indianer* zu enthüllen versuchen. Paul Newman, der Superstar von heute, der mit wehenden Locken, gedrehtem Schnurrbart und kurzgeschnittenem Kinnbart ganz echt wirkt, spielt den Superstar von gestern.

Beurteilen Sie die Fokussierung in der Übersetzung des zweiten Satzes. Wird in der Übersetzung, die Funktionskonstanz beabsichtigt, der für diesen Text notwendige Grad der Differenzierung erreicht? Verbessern Sie die Übersetzung, wenn Sie es für nötig halten.

Aufgabe 2

In der Einleitung zu seinem erfolgreichen Buch *Sense and Nonsense in Psychology* (Harmondsworth [9]1968) versucht H.J. Eysenck den gängigen Vorurteilen gegenüber der Psychologie entgegenzutreten. In diesem Zusammenhang schreibt er (S. 12):

> Yet, the great majority of people still have
> little idea of what it is that the psycho-
> logist tries to do. An oft-repeated reaction
> of the layman – and even more of the lay-
> 5 woman – on being introduced to a psycholo-
> gist is the stereotyped sentence, "Oh dear,
> I bet you'll know all that's in my mind!"
> While the psychologist as a private person
> would occasionally like to know what is in
> 10 the other person's mind, he would certainly
> not regard this as his professional job.
> What he is trying to do is simply to dis-
> cover the laws according to which human
> and animal behaviour takes place; . . .

Beschreiben Sie die Fokussierung des Satzes *What he is trying . . .* (Zeile 12). Welcher Grad der Differenzierung ist bei der Übersetzung erforderlich? Machen Sie einen Übersetzungsvorschlag.

X DIE KRITIK DER KRITIK

Warum gibt es in England so viele Vikare und so wenig Pfarrer? Weshalb bauen die Amerikaner ihre Häuser so großzügig, daß Besucher nach dem Betreten des Hauses zunächst in einer Halle stehen?

Die Antwort auf diese Fragen fallen dem Eingeweihten leicht: Weil es so viele schlechte Übersetzer gibt. Denn für die englischen Wörter *hall* und *vicar* verwenden viele Übersetzer — besonders diejenigen, die für die Synchronisation von Filmen herangezogen werden — die phonetisch naheligenden Wörter *Halle* und *Vikar.* Als „falsche Freunde" bezeichnet man in der Fehleranalyse diese Interferenzen zwischen fremdsprachlichen und muttersprachlichen Wörtern (vgl. S. 88f.), deren Liste sich leicht erweitern ließe.

Erstaunlich ist an diesem bekannten Phänomen weniger, daß es zu diesen banalen Verwechslungen kommt und daß sie so häufig auftreten. Erstaunlich ist vielmehr, daß sie keinen Protest der Leser/Hörer auslösen, denen derartiger Unsinn zugemutet wird. Zum Beispiel auch folgender:

> WIE SPIELEN GUT MIT DIE FERNGESTEUERTEN WAGEN
>
> 1 — Schachteln und ferngesteuerte System sind mit Bestimmung in unsere Fabrik hergestellt und mit Besorgung geprüft. Wenn Sie spielen, seien Sie so sorgfältig wie uns.
>
> .
> .
> .
>
> 5 — Falls das Wagen nicht funktioniert, prüden Sie erst, die Batterie. Sie können abgenutzt oder in falscher Kontakt sein.
>
> .
> .
> .
>
> 8 — Mit weniger Besorgung, Sie werden best spielen . . . und mehr lange.
>
> (Französische Übersetzung einer Gebrauchsanleitung für ein ferngesteuertes Spielzeug).

Wir brauchen keine Übersetzungstheorie, um diesen Text als eine völlig unbrauchbare Übersetzung zu bewerten. Und wenig Intuition ist nötig, um hinter diesem Gestammel einen Übersetzer zu vermuten, dessen Kompetenz in der deutschen Sprache als sehr mangelhaft bezeichnet werden muß.

Nun gibt es bekanntlich bei jedem Produktionsverfahren Ausreißer, und in jedem Berufsstand schwarze Schafe. Beim Übersetzen scheinen die Mißstände jedoch nicht so einfach plausibel gemacht werden zu können, denn die Anzahl der schwarzen Schafe scheint hier die ihrer weißen Artgenossen deutlich zu übertreffen, und keine Kontrollinstanz sorgt im Interesse der Konsumenten dafür, daß eine gewisse Qualität eingehalten wird.

Bissige Bemerkungen über den Zustand der Übersetzung in unserem Land gehören deshalb schon fast obligatorisch in jede Übersetzungskritik. So auch in die Bemerkungen von HELMUT WINTER, die dieser unter dem Titel „Die Schokoladentorte zwickt an mir" in der FAZ (am 16.10.81) veröffentlicht hat. Wir zitieren einige Sätze aus diesem Beitrag:

> Immer häufiger muß man feststellen, daß Romane und Erzählungen aus England oder Amerika dem Leser in deutschen Fassungen angeboten werden, die nicht nur dem Originaltext, sondern auch der deutschen Sprache in einer Weise Gewalt antun, die nicht anders als skandalös zu bezeichnen ist.
>
> Es handelt sich dabei nicht etwa um einige wenige, besonders verunglückte oder besonders fehlerhafte Passagen – die gibt es überall –, nein, die Rede ist von Übertragungen wie sie von renommierten deutschen Verlegern für teures Geld feilgeboten werden, die offensichtlich von keinem Lektor gesehen, von keinem Korrektor gelesen worden sind und die dem Ansehen der zeitgenössischen deutschen Übersetzungen aus dem angelsächsischen Bereich, . . . , schweren Schaden zuzufügen im Begriff sind.
>
> Um es noch deutlicher zu sagen: gemeint sind solche Übersetzungen, die nicht nur schief und unelegant, sondern schlichtweg falsch, verfälschend, ungrammatisch, in vielen Fällen sogar haarsträubend unsinnig sind. Es ist erstaunlich, wie widerspruchslos derartige Bücher gekauft und gelesen werden, wie gleichgültig aber auch die meisten Kritiker dem Phänomen der miserablen Übersetzung gegenüberstehen.

Ähnlich kritisch über den Zustand der Übersetzungen äußern sich auch viele Theoretiker (so WILSS 1977: 280f. und KOLLER 1979: 208).

Das Bild ist einigermaßen trostlos: Wir haben nicht nur schlechte Übersetzer und verantwortungslose Verlage, sondern auch ein völlig unkritisches Publikum. In der Tat: Hätten wir nicht die Übersetzungskritiker, es wäre schlimm bestellt um die Qualität unserer Übersetzungen, denn immerhin sorgen die Kritiker dafür, daß es einen Qualitätsmaßstab – sogar viele Qualitätsmaßstäbe – gibt. Daß diese von den Praktikern nicht beachtet werden, ist deren eigener Schaden.

Erstaunlich bleibt jedoch die Tatsache, daß die Adressaten dieser Übersetzungen, die Leser, Hörer und Zuschauer, sich all dies gefallen lassen. Erstaunlich ist aber auch noch etwas anderes: Dieselben Kritiker und Wissenschaftler, die sich hier so beredt zum Anwalt der Adressaten machen, finden in ihren übersetzungstheoretischen Modellen oft wenig – oder gar keinen – Platz für den Adressaten der Übersetzung. Er ist zwar der logische Endpunkt des Übersetzungsverfahrens, das beim Sender des A-Textes beginnt – etwa so:

$$S_1 \rightarrow T_1 \rightarrow E_1 = \ddot{U} = S_2 \rightarrow T_2 \rightarrow E_2$$

aber er hat keinerlei Einfluß auf die Gestaltung der Übersetzung, ist Verbraucher, aber nicht Kommunikationspartner.

Sollten da gar die – geschmähten – Übersetzer viel sachgerechter orientiert sein als die Kritiker, die sich an den Adressaten der Übersetzung erst erinnern, wenn ihnen sein Protest willkommen wäre? Sollten die Übersetzer gar – instinktiv oder auf Grund kühler Berechnung – sehr wohl wissen, was sie ihrem Publikum zumuten können? Sind sich vielleicht die Übersetzer bei ihrer Tätigkeit der Tatsache bewußt, daß der Konsument eines Trivialromans weder willens noch in der Lage ist, die Qualität der Übersetzung auch nur zu überdenken? Stellen sie sich möglicherweise genau auf den Grad der hier geforderten sprachlichen Differenzierung ein und produzieren so genau die Texte, die der Adressat fordert? Wofür spricht eigentlich die Zufriedenheit der „Konsumenten" von Übersetzungen mehr: Dafür, daß sie das Produkt ablehnen? Oder daß sie es annehmen?

FRITZ GÜTTINGER – selbst Übersetzer – geißelt in seinem Buch *Zielsprache* (Zürich 1963) ebenfalls die Unfähigkeit seiner Berufskollegen. Gleich auf der ersten Seite amüsiert er sich darüber, daß auf einer Verbotstafel im Hauptbahnhof Zürich zu lesen steht:

> Überschreiten der Geleise verboten
> Il est interdit de traverser les voies
> È vietato attraversare i binari
> It is forbidden to cross the lines
>
> (S. 7)

In der Tat muß der englische Satz auf einen Engländer befremdend wirken. Denn in seinem Land werden solche Verbote mit der Formel *No crossing* oder *Do not cross the lines* ausgesprochen.

Allerdings befindet sich der Engländer in diesem Fall nicht in London, sondern in Zürich. Und er wird durchaus erwarten, daß er in der Fremde Befremdendes zu lesen bekommt. Vielleicht wird er schmunzeln, vielleicht auch die Stirn runzeln – aber eines wird er mit Sicherheit nicht tun: Die Geleise überqueren. Denn er hat durchaus verstanden, daß hier ein Verbot ausgesprochen wird. Und er hat außerdem zur Kenntnis genommen, daß er in der Schweiz und nicht in England ist.

Für manche Kritiker sind derartige Fehler ein Grund, den Adressaten über das Vergehen des Übersetzers aufzuklären. Dabei interessiert nicht, ob die Konsequenzen dieser Normverletzung so schwerwiegend sein könnten, wie es vielleicht der Ton der Kritik vermuten läßt. Letztlich geht es dem Kritiker auch gar nicht darum, den Adressaten vor schlechten Übersetzern zu schützen, sondern seine besseren Sprachkenntnisse unter Beweis zu stellen.

Stellen wir GÜTTINGERS Beispiel ein anderes gegenüber: Im Bereich der englischen Rheinarmee wird militärisches Übungsgelände eingezäunt. Eine Warntafel soll die (deutsche) Bevölkerung darauf aufmerksam machen, daß sie dieses Gelände nicht betreten darf.

Der englische Standortkommandant schlägt den in England gebräuchlichen Text vor: *Trespassers will be prosecuted,* und bittet, diesen ins Deutsche zu übersetzen. Resultat: Auf der Warntafel steht: *Rechtsbrecher werden verfolgt.*

Die Konsequenzen dieser übersetzerischen Fehlleistung können schwerwiegender Natur sein: Der Adressat dieses Textes erwartet in seinem Land keine „befremdenden", norm- und konventionsverletzenden Texte. Er denkt also gar nicht daran, diesen Text auf gebräuchliche Konventionen zu beziehen und seine kommunikative Funktion zu erschließen. Insbesondere der Sprechakt „Verbieten" wird von ihm in dieser Verbalisierung nicht realisiert, woraus sich unter Umständen unangenehme Folgen für ihn – und für den Übersetzer – ergeben können.

Selbstverständlich ist die fremdsprachliche – und übersetzerische – Kompetenz der Verfasser dieser beiden Übersetzungen mangelhaft. Die entscheidende Frage für den Übersetzungskritiker muß jedoch die nach den – kommunikativ beschreibbaren – Folgen sein. Es genügt eben nicht, dem Übersetzer „mangelnde Sprachkenntnisse" nachzuweisen; der Kritiker muß zeigen können, was diese beim Adressaten der Übersetzung bewirken.

Es ist eine weitverbreitete Unsitte in der Übersetzungskritik, sich auf die Denunziation zu beschränken: „Der kann doch gar kein Englisch, Französisch, Deutsch . . ." und dann folgen einige Beispiele, an denen die mangelhaften Kenntnisse des Übersetzers exemplifiziert werden. Und nicht selten folgt der hämische Hinweis: „Du solltest erst einmal richtig Englisch, Französisch, Deutsch . . . lernen, bevor Du Dich ans Übersetzen wagst".

Therapie und Diagnose

In der ärztlichen Heilkunst steht vor der Therapie die Diagnose. Von dieser Reihenfolge sollte auch die wissenschaftlich fundierte Übersetzungskritik ausgehen:

Zur Diagnose gehört eine Bestimmung der Funktion der Übersetzung und eine Definition ihres kommunikativen Zwecks. Der zweite diagnostische Schritt muß es sein, Verstöße gegen die sprachliche Norm, Abweichungen von der semantischen Referenz, Veränderungen bei den Illokutionen usw. auf diese kommunikative Dimension des Textes zu beziehen und die Konsequenzen genau zu beschreiben. Dann erst erfolgt die Bewertung mit dem Maßstab des notwendigen Grads der Differenzierung.

Erst dann wird es sinnvoll, therapeutische Anmerkungen zu machen, etwa der Art: „Der Übersetzer hat eine mangelhafte fremdsprachliche bzw. muttersprachliche Kompetenz", oder: „Der Übersetzung liegt keine übersetzerische Strategie zugrunde".

Selbstverständlich sollte es sein, daß bei einer Übersetzungskritik nicht nur die Übersetzung, sondern auch der relevante Ausschnitt aus dem AS-Text zitiert wird. Allzu häufig wird jedoch gegen diese Grundregel fundierter Kritik verstoßen – so auch in dem bereits erwähnten Beitrag von HELMUT WINTER:

> Christa Cooper, die Übersetzerin des „Männerclubs", hat offensichtlich Schwierigkeiten mit der deutschen Elementargrammatik, sonst würde sie nicht Sätze zu Papier bringen wie diesen: „Der ganze Ausdruck seines großen Gesichts und seines Körpers zeigten einen vom Schicksal Gedemütigten" (S. 34), oder „Das Abendessen ist fertig, der Tisch gedeckt, die Kinder gewaschen und warten auf mich" (S. 84), oder „Eine Schokoladentorte, die schon, während ich sie nur erwähne, an mir zwickt" (S. 50).

Eine emotionslose Bestandsaufnahme hätte zunächst davon auszugehen, daß in diesen Beispielen Verstöße gegen die Norm der deutschen Schriftsprache vorliegen, und müßte diese genau beschreiben. Dann wäre die Frage zu stellen, ob der Übersetzer hier funktionsverändernd den kommunikativen Zweck des Textes verändert hat, oder ob – falls er Funktionsgleichheit anstrebt – der Verstoß gegen die Norm kommunikative Wirkung anstrebt. Diese Fragen lassen sich nur anhand des AS-Textes beantworten.

So könnte es z.B. sein, daß hier (Beispielsätze 1 und 2) eine Figur als ungebildet, gehemmt oder sprachlich unbeholfen dargestellt werden soll oder daß (Beispielsatz 3) eine Person unter starkem emotionalem Druck zu einer sehr kühnen Metaphorik greift. Das wäre immerhin möglich – auszuschließen ist ein derartiger Rechtfertigungsversuch nur dann, wenn der relevante Textausschnitt der AS-Vorlage mitgeteilt wird.

WINTER – und das ist typisch für seine Art der Übersetzungskritik – hält sich jedoch gar nicht bei der Frage auf, ob diese Normverstöße eventuell übersetzungsstrategisch oder textkommunikativ motiviert sein könnten. Ihm geht es nicht eigentlich um die saubere Diagnose, sondern um die Therapie. Und diese lautet (unausgesprochen): „Die (Übersetzerin) soll doch erst einmal richtig Deutsch lernen".

Es ist leider üblich, übersetzungskritische Anmerkungen mit einer generalisierenden Pauschalkritik an *den Übersetzern* zu verknüpfen. Diese mag berechtigt sein oder auch nicht – jedenfalls hätte sie sehr viel mehr Durchschlagskraft, wenn diese Übersetzungskritiker ihr Urteil sorgfältiger, detaillierter und methodisch abgesichert vortragen würden. In der hier vorliegenden – und weit verbreiteten – Form mag sie zwar dem Amüsement des Lesers dienen und ihm damit schmeicheln, daß auch er diese „elementaren Fehler" bemerkt und kritisiert hätte. Sie vertieft aber eher noch den Graben zwischen der wissenschaftlichen Untersuchung von Übersetzungen und den gebrauchsorientierten „Praktikern".

Insofern wirkt es tragisch und komisch zugleich, wenn WINTER seinen Beitrag mit einigen Ausfällen gegen „die Übersetzungswissenschaft" abschließt, die in dem Satz gipfeln, sie (die Übersetzungswissenschaft) sei eine „Möchtegernwissenschaft", unfähig, „denjenigen, die mit dem Geschäft des Übersetzens zu tun haben, auch nur halbwegs brauchbare Einsichten an die Hand zu geben".

In ihrer trivialeren Form ist die unwissenschaftliche Übersetzungskritik auch auf Schule und Universität zu finden. Sie ist gekennzeichnet durch ein Übergewicht an fehlertherapeutischen Anmerkungen und einen Mangel an kritisch-diagnostischen Leistungen.

Gängige Fehlermarkierungen wie „Stil!", „Wort!", „zu frei!", „zu wörtlich!" oder auch „kein Deutsch!", „das sagt man doch nicht!" sind symptomatisch für diese Art von „Übersetzungskritik". Nimmt man sie ernst, so führt sie zu der Konsequenz, daß es in der deutschen Sprache *eine* unverrückbar gültige Norm gibt, an der jeder Text – ganz unabhängig von seiner kommunikativen Absicht – gemessen werden kann. Und des weiteren wäre daraus die Forderung abzuleiten, daß jede Übersetzung dieser Norm unterworfen ist – ohne Rücksicht auf die Funktion des AS-Textes und ohne Analyse der Frage nach der Funktionsgleichheit oder – Veränderung bei der Übersetzung.

Worum es eigentlich geht, wird deutlich, wenn bei dieser Art der Übersetzungskritik die Fehler nach ihrer „Schwere" geordnet werden. An erster Stelle steht dabei meistens der „falsche Freund", die lexikalische Interferenz vom Typ *pathetic = pathetisch* oder *sensible = sensibel.* Wenn also z.B. der Satz (1) "She had to climb on a stool when she wanted to wash her hands" mit (1a) „Sie mußte auf einen Stuhl klettern, wenn sie sich die Hände waschen wollte" übersetzt wird, so ist dies für den Kritiker ein „schwerer" Fehler, weil „der Übersetzer nicht einmal weiß, daß *Stuhl* nicht *stool* heißt".

Betrachten wir diesen Fehler jedoch von der diagnostischen Seite, so müssen wir zu einem anderen Urteil kommen: Dem Satz liegt als kommunikative Absicht zugrunde, daß die Person – vermutlich ein Kind – mit einem bestimmten Merkmal ausgestattet werden soll: Sie ist klein. Das wird an der Tatsache veranschaulicht, daß sie zu klein ist, um an die Wasserhähne zu gelangen, wenn sie sich die Hände waschen will. Sie benutzt deshalb ein Hilfsmittel – einen Hocker.

Die kommunikative Absicht der so verstandenen Äußerung bleibt in der Übersetzung erhalten. Der Irrtum betrifft lediglich die Art des Hilfsmittels, wobei ein Stuhl durchaus ein mögliches Hilfsmittel wäre. Wenn wir ausschließen, daß die Art des Hilfsmittels im weiteren Text eine Rolle spielt, entsteht für den Adressaten der Übersetzung hier kein Mißverständnis, und er hat auch keine Schwierigkeiten, den geschilderten Tatbestand mit seiner Kenntnis der Welt in Einklang zu bringen. Entsprechend leicht wiegt deshalb auch der Irrtum *stool = Stuhl.*

Der Kritiker könnte hier vielleicht einwenden: „Aber das ist doch ein reiner Zufall, daß bei dieser Übersetzung eine solch gravierende Interferenz keine entscheidende Rolle spielt. Tatsache ist doch, daß der Übersetzer nicht einmal weiß, daß *stool* nicht *Stuhl* heißt, und das allein disqualifiziert ihn schon als Übersetzer. Deshalb muß man einen solchen Fehler auch entsprechend hart bestrafen".

In der Tat hängt es von der Einbettung eines Lexems ab, welche Folgen ein Irrtum bei seiner Monosemierung hat. Diese Erkenntnis wirkt sich hier „zum Vorteil" des Übersetzers aus, aber er muß auf dieser Grundlage auch akzeptieren, daß bei einer entsprechenden Einbettung sich ein sogenannter „leichter Irrtum" bei der Monosemierung sehr verhängnisvoll auswirkt, und daß diese Konsequenz voll dem Übersetzer angelastet werden muß.

Übersetzungskritik darf nicht mit einer Überprüfung der fremdsprachlichen Kompetenz verwechselt werden. Im folgenden Beispiel „weiß" der Übersetzer zwar viel, aber seine Übersetzung ist trotzdem nicht zu rechtfertigen:

(2) Most of your ideas are as oldfashioned as crinoline.
(2a) Die meisten Deiner Ideen sind so veraltet wie Torpedoschutznetze.

Man muß gewiß gute Sprachkenntnisse haben, um überhaupt über diese Bedeutung von *crinoline* zu verfügen. Trotzdem ist die Übersetzung unbrauchbar, weil der Vergleich mit den „Torpedoschutznetzen" dem Leser unverständlich bleiben muß.

Es gibt eben keine „Genauigkeit" außerhalb der kommunikativ-funktionalen Bestimmung eines semantischen Inhalts, und deshalb kann eine „übergenaue" Übersetzung genau so falsch oder richtig sein, wie eine „ungenaue".

Kritische Klinik

Ein bißchen mehr Gelassenheit täte der Übersetzungskritik sehr gut, wenn sie von den Praktikern ernst genommen werden will. Und gleichzeitig wäre zu wünschen, daß die Kritiker sich mehr um die Interessen der Empfänger der Übersetzung bemühen und die Kritik weniger als eine Möglichkeit zur Selbstdarstellung nutzen.

Auch für eine Kritik muß gelten, was wir für jede Übersetzung für richtig halten: Sie muß so differenziert wie möglich sein. Und das heißt: Es ist nicht nur unnötig, sondern auch unsinnig die Übersetzung eines Trivialromans mit den gleichen Maßstäben messen zu wollen, wie die von James Joyces *Ulysses.* Wer auch nur die entfernteste Bekanntschaft mit der Übersetzungspraxis hat, weiß, daß diese Übersetzungen unter so ganz verschiedenen Bedingungen zustande kommen, daß sie eigentlich zu ganz unvergleichbaren Tätigkeiten führen.

WOLLSCHLÄGER, der Übersetzer des *Ulysses,* hat Jahre für seine Übersetzung gebraucht. Der Übersetzer eines Trivialromans darf für einen Roman vergleichbarer Länge allenfalls Wochen oder Monate brauchen. Selbstverständlich geht es dabei auch ums Geld: Ein Übersetzer von Gebrauchsliteratur bekommt im allgemeinen ein pauschales Honorar für seine Leistungen, und das bedeutet: Je schneller er arbeitet, desto besser verdient er. Übersetzungen von literarischen Kunstwerken dagegen werden selten als Basis des alltäglichen Broterwerbs angesehen. Häufig werden sie im Rahmen einer hochqualifizierten Tätigkeit „nebenher" angefertigt oder durch Freistellung oder finanzielle Zuschüsse unterstützt.

Das sind zweifellos ungleiche Bedingungen, aber es sind gleichzeitig Voraussetzungen, die der Natur der Sache entspringen und letztlich der Sache auch gerecht werden. Denn der Empfänger einer Übersetzung eines Trivialromans ist ein Leser von Trivialromanen. Und als solcher gilt sein Interesse weniger der Differenziertheit des sprachlichen Ausdrucks als dem Fortgang der „Handlung". Verstöße gegen die Norm seiner Muttersprache werden von ihm oft gar nicht bemerkt oder als unvermeidlich akzeptiert, „weil es ja schließlich nur eine Übersetzung ist".

In vielen Fällen werden Ungereimtheiten und Verstöße gegen die Logik nicht nur passiv hingenommen, sondern geradezu erwartet. So gehört das Musical *My Fair Lady* nicht nur in den angelsächsischen Ländern zu den beliebtesten Texten der unterhaltenden Literatur. In der deutschen Fassung geht es so unlogisch zu, daß man sich den Erfolg des Stückes eigentlich kaum erklären kann: Ein Blumenmädchen in London spricht Berliner Dialekt, und wird so zum Studienobjekt des Linguisten Higgins. Der gibt eine Probe seiner diagnostischen Fähigkeiten, indem er einigen Leuten nur kurze Zeit zuhört und ihnen dann auf den Kopf zusagt, wo sie geboren und aufgewachsen sind, welchen Dialekt ihre Eltern sprechen usw. In einer Bühnenfassung allerdings gewinnen Higgins Fähigkeiten geradezu beängstigende Dimensionen, denn da sprechen zwei Männer Schweizer bzw. österreichischen Dialekt, und Higgins diagnostiziert, sie hätten ihre Kindheit in Wales verbracht und in Oxford studiert.

Solche logischen Kapriolen finden sich bereits in der Übersetzung von SHAWS *Pygmalion*[1], wo wir z.B. lesen können:

> *Doolittle* Moin Chef! *(Setzt sich „offiziell")* Ich komme in einer sehr ernsten Sache, Chef.
>
> *Higgins (zu Pickering)* Schätze, aufgewachsen Hounslow, Mutter Wales.

Hier werden unbedenklich die Soziokulturen der AS und der ZS gemischt, aber offensichtlich ist der Leser bereit, diese Ungereimtheiten zu akzeptieren. Streng genommen ist ein solcher Dialog geradezu grotesk, aber der Leser und Zuschauer ist offensichtlich bereit, in einer Übersetzung Gesetze der Logik außer Kraft zu setzen. Er weiß, daß das Stück in England spielt, und daß gerade die gesellschaftlichen Verhältnisse dort sein eigentliches Thema sind. Den Berliner Dialekt versteht er deshalb als ein Mittel, sich in dieser „fremden" Welt der ZS orientieren zu können.

Insofern kann man durchaus behaupten, daß die „Textsorte" Übersetzung ihre eigenen Gesetzmäßigkeiten und Konventionen geschaffen hat. Dies wird noch deutlicher, wenn wir die Übersetzungen von Trivialliteratur oder der Massenware bei der Filmsynchronisation betrachten. Hier muß man zu dem Schluß kommen, daß die Adressaten geradezu erwarten, daß die Übersetzung Ungereimtheiten enthält. Wenn ein (trivialer) Roman in England oder Amerika spielt, dann erwartet der Adressat aufgrund der soziokulturellen Distanz, daß dort „Ungewöhnliches" geschieht — komische, aufregende, abenteuerliche Abweichungen von seiner normalen Welt der alltäglichen Erlebnisse. Die Gattung Trivialliteratur unterstützt und befriedigt diese Erwartungshaltung. Sie weiß, daß sie ihrem Adressaten alles zumuten kann, nur nicht das Gewöhnliche, Vertraute und Bekannte.

Diese Tendenz wird von den Fehlleistungen der Übersetzer noch verstärkt, ohne daß sie aufgrund der Disposition der Adressaten bemerkt werden oder gar zu Protesten führen. Denn Übersetzungen werden allgemein — und außerhalb wissenschaftlicher Betrachtungen — als „Näherungswerte" verstanden, bestenfalls als Kompromisse, im schlechtesten Fall als Verfälschungen. Das amüsante Wortspiel *traduttore = traditore* wird in diesem Adressatenkreis als eine präzise Beschreibung des Sachverhalts akzeptiert. Die Gleichartigkeit der Erwartungshaltung gegenüber trivialer Literatur und Übersetzungen führt so zu einer Überlagerung und Verstärkung dieser Tendenzen mit fatalen Folgen.

---

1 Bernard Shaw, *Pygmalion*. Deutsch von Harald Mueller (Frankfurt, 1970), S. 32.

Die Fähigkeit zum kritischen Nachvollziehen der Handlungszusammenhänge, die Empfindlichkeit gegenüber Verstößen gegen die Norm der Muttersprache werden freiwillig unterdrückt. So läßt sich denn auch verstehen und erklären, daß selbst die hanebüchensten Verstöße ohne Protest und ohne Kommentar hingenommen werden.

Daß diese Übersetzungen ohne Protest hingenommen werden, hat zu Rückkoppelungseffekten geführt, die man aus der Sicht der seriösen Kritik durchaus als Teufelskreis bezeichnen kann: Übersetzer, Lektorate und letztlich auch die Verlage selbst deuten das Ausbleiben der Kritik als positive Rückmeldungen. Entweder sind sie selbst ganz kritikunfähig oder sie nehmen eine zynische Haltung ein – nach dem Motto: „Wenn's der Verbraucher schluckt – warum sollten wir's dann besser machen?".

Die bedauerliche Realität jedenfalls läßt sich nicht leugnen: Es gibt eine pragmatische Textsorte „übersetzte Trivialliteratur", die sich durch mangelnde Logik der Handlungsführung, verwischte Charakterisierung der Person, wirklichkeitsfremde Dialoge, eine undurchsichtige Metaphorik und zahlreiche Verstöße gegen die Norm der deutschen Sprache auszeichnet. Diese Textsorte hat sich schon so fest etabliert, daß sie auf eine komplementäre Erwartungshaltung stößt. Es ist keineswegs sicher, daß sich bei dieser Lage der Dinge die kommunikativ präzisere Übersetzung durchsetzen kann.

Angesichts dieser Tatsachen hat die Übersetzungskritik einen schweren Stand, der sie zu einer Überprüfung ihrer wissenschaftlichen Grundlagen verpflichtet. Im Augenblick werden diese Phänomene häufig so kritisiert, wie wir es anhand der Kritik von WINTER demonstriert haben, also ohne wissenschaftliche Fundierung. Damit soll nicht gesagt werden, daß eine theoretisch untermauerte Kritik an sich bereits einen Weg aus der augenblicklichen Aporie weist. Es kommt darauf an, die *richtige* Theorie zu haben, und das heißt auch in diesem Fall: Eine Theorie, die den Adressaten der Übersetzung mit einbezieht.

Wir möchten im folgenden zeigen, wie eine solche Kritik aussehen könnte. Als Text scheint uns dafür geeignet der Roman *Raise the Titanic!* von CLIVE CUSSLER (New York, 1976), der von WERNER GRONWALD unter dem Titel *Hebt die Titanic!* (München, 1980) ins Deutsche übertragen wurde. Wir können selbstverständlich nicht die ganze Übersetzung diskutieren und wählen deshalb das 18. Kapitel, weil sich hier das kommunikative Ziel beschreiben läßt, ohne daß auf die kommunikative Einbettung in den Gesamttext Bezug genommen werden muß.

1 Four blocks from the Naval Department building, Lieutenant Pavel Marganin relaxed
on a park bench, casually reading a book
of poems. It was noontime and the grassy
5 areas were crowded with office workers
eating their lunch beneath the evenly
spaced rows of trees. Every so often he
looked up and cast an appraising eye
on the occasional pretty girl who wandered
10 by.

At half past twelve, a fat man in a
rumpled business suit sat down on the
other end of the bench and began unwrapping a small roll of black bread and
15 a cup of potato soup. He turned to
Marganin and smiled broadly.

"Will you share a bit of bread, sailor?"
the stranger said jovially. He patted

his paunch. "I have more than enough for
20 two. My wife always insists on feeding
me too much and keeping me fat so the
young girls won't chase after me."

Marganin shook his head no, and went
back to his reading.

25 The man shrugged and seemed to bite
off a piece of the bread. He began
chewing vigorously, but it was an act;
his mouth was empty.

"What have you got for me?" he murmured
30 between jaw movements.

Marganin stared into his book, raising
it slightly to cover his lips. "Prevlov
is having an affair with a woman who has
black hair, shortly cropped, wears expen-
35 sive, size six low-heeled shoes, and is
partial to Chartreuse liqueur. She drives
an American embassy car, license number
USA – one-four-six.

"Are you sure of your facts?"
40 "I don't create fiction," Marganin muttered
while nonchalantly turning a page. "I
suggest you act on my information imme-
diately. It may be the wedge we have been
looking for."

45 "I will have her identified before sun-
set." The stranger began slurping his soup
noisily. "Anything else?"

"I need data on the Sicilian Project."
"I never heard of it."

50 Marganin lowered the book and rubbed
his eyes, keeping a hand in front of his
lips. "It's a defense project connected
somehow with the National Underwater and
Marine Agency."

55 "They may prove fussy about leaks on
defense projects."

"Tell them not to worry. It will be
handled discreetly."

"Six days from now. The men's toilet
60 of the Borodino Restaurant. Six-forty
in the evening." Marganin closed his book
and stretched.

The stranger slurped another spoonful
of soup in acknowledgment and totally
65 ignored Marganin, who rose and strolled
off in the direction of the Soviet Naval
Building.

(pp. 93–94)

―――――

Vier Häuserblocks vom Marineministerium entfernt saß Leutnant Pavel Marganin auf einer Parkbank und war scheinbar in die Lektüre eines Gedichtbands vertieft. Es war Mittagszeit, und im Park verstreut saßen Büroangestellte im Gras und unter den Bäumen und verzehrten ihr Essen.

Um halb eins setzte sich ein dicker Mann in zerknülltem Anzug ans andere Ende der Bank und wickelte ein Stück Schwarzbrot und einen Becher Kartoffelsuppe aus Zeitungspapier. Mit einem breiten Lächeln wandte er sich Marganin zu.

„Möchten Sie auch ein Stück Brot, Genosse?" fragte er und tippte an seinen Bauch. „Meine Frau gibt mir immer zuviel zu essen. Sie meint nämlich, junge Mädchen haben für fette Männer nichts übrig."

Marganin verneinte höflich und las scheinbar weiter.

Der Dicke zuckte mit den Schultern und schien ein Stück Brot abzubeißen. Aber sein Mund blieb leer, und die Kaubewegungen waren nur eine Tarnung, als er leise fragte: „Was haben Sie für mich?"

Marganin hob sein Buch ein wenig, um die Lippen zu verdecken. „Prevlov hat ein Verhältnis mit einer schwarzhaarigen Frau, die einen Wagen der amerikanischen Botschaft fährt:
Kennzeichen USA – eins-vier-sechs."

„Wissen Sie das ganz genau?"

„Ich erfinde keine Märchen", sagte Marganin leise, während er eine Seite umblätterte. „Also werten Sie meine Information sofort aus. Vielleicht gibt uns das die Möglichkeit, auf die wir schon so lange warten."

„Bis heute abend habe ich die Frau identifiziert." Der Dicke begann geräuschvoll seine Suppe zu schlürfen. „Noch etwas?"

„Ich brauche Daten des *Projekts Sizilien.*"
„Noch nie was davon gehört."

„Es ist ein Verteidigungsprojekt, das irgendwie in Verbindung mit dem Nationalen Unterwasser- und Marineamt steht."

„An solches Material ist schwer heranzukommen."

„Sie werden es schon schaffen", sagte Marganin lakonisch.

„Ich versuche es jedenfalls." der Dicke schlürfte wieder einen Schluck Suppe. „Es wird etwas länger dauern."

„Wie lange?"

„Eine Woche."

„Also dann heute in einer Woche um acht-
55 zehn Uhr dreißig bei unserem anderen Treffpunkt." Marganin klappte sein Buch zu und stand auf.

Der Dicke aß weiter, ohne den davongehenden Marganin zu beachten.

(S. 79–80)

Die kommunikative Funktion der Szene ist es, dem Leser von einem konspirativen Treffen zweier russischer Geheimdienstagenten in New York zu berichten. Dabei ergehen folgende Instruktionen an den Leser:

– Bewundere die raffinierte Tarnung der russischen Spione, die es ihnen mitten in New York ermöglicht, ihre gegen die Amerikaner gerichteten Pläne zu verfolgen. (1)

– Bange um das Schicksal der amerikanischen Helden, die das Ziel dieser dunklen russischen Machenschaften sind. (2)

In zwei wesentlichen Punkten wird die erste Instruktion in der Übersetzung verändert (Zeilen 3, 15 und 20 der Übersetzung). Die Instruktion „Bewundern" kann sich nur einstellen, wenn dem Leser erlaubt wird, die Tarnung selbst zu entdecken und zu durchschauen. Dies wird ihm jedoch in der Übersetzung unmöglich gemacht, denn schon bald (Zeile 3, *scheinbar*) wird er – abweichend von der Instruktion des AS-Textes – darauf aufmerksam gemacht, daß die Dinge nicht so sind, wie sie scheinen mögen. Den gleichen Effekt hat *scheinbar* in Zeile 20.

Vollends entschleiert wird der wahre Zusammenhang durch die Anrede *Genosse* (Zeile 15). Diese Überdifferenzierung macht dem Leser schlagartig klar, daß hier zwei sowjetrussische Agenten zusammensitzen, während *sailor* an der gleichen Stelle des AS-Textes lediglich zu erkennen gibt, daß „der Dicke" eine durchaus situationsadäquate informelle Anrede wählt.

Mit diesen beiden Fehlern wird die Instruktion entstellt – an die Stelle des Bewunderns rückt jetzt Bemerken, und der Spannungsbogen der Szene wird in der Übersetzung zerbrochen, bevor er recht aufgebaut worden ist.

Ähnliches gilt für die zweite Instruktion. Hier wirken sich die Auslassungen besonders fatal aus, die an vielen Stellen der Übersetzung zu beobachten sind. Funktionsverändernd wirken in dieser Szene: Es wird nicht deutlich, daß „der Dicke" ein Spion ist, dem es gelungen sein muß, Geheiminformationen im „Nationalen Unterwasser- und Marineamt" anzuzapfen. Und die Lokalisierung der Verabredung in einer Woche – *The men's toilet of the Borodino Restaurant* – unterbleibt, so daß der Leser die korrespondierende Szene (Kapitel 32) im Borodino-Restaurant wesentlich spannungsärmer erlebt, als sie im AS-Text angelegt ist.

Entscheidend ist jedoch, daß der Leser der Übersetzung seine amerikanischen Helden sehr viel weniger bedroht sieht, als sie es im AS-Text sind. Außerdem spielt im weiteren Handlungsverlauf die Demaskierung des „Verräters" auf der amerikanischen Seite eine sehr dynamische Rolle.

Nachdem feststeht, daß die wichtigsten Funktionen der Szene vom Übersetzer geändert wurden, muß die Frage gestellt werden, ob hier eine gezielte Funktionsveränderung vorliegt. Sie läßt sich auf der schmalen Grundlage dieses einen Kapitels nicht beantworten. Entsprechende Untersuchungen zeigen jedoch, daß sich die hier aufgezeigten Veränderungen als symptomatisch verstehen lassen. Der an sich schon triviale Roman wird in seiner Übersetzung noch trivialer, weil die wenigen Ansätze des AS-Textes, den Leser zum Mitdenken zu stimulieren und ihn emotional zu beteiligen, fast systematisch unterschlagen werden. Eine ausführliche Beschreibung dieser Tendenz ist in diesem Rahmen nicht möglich, es läßt sich jedoch nachweisen, daß der ZS-Text für einen wesentlich „bedürfnisloseren" Adressatenkreis verfaßt wurde, der lediglich an der Abfolge der Handlungselemente interessiert zu sein scheint.

Die Identifikation einer solchen Funktionsänderung ist auch bei einem Trivialroman übersetzungskritisch relevant. Dagegen sind andere „Fehler" von untergeordneter Bedeutung. Wir zählen diese nur auf, weil sie bei einer nicht-adressatenspezifischen Übersetzungskritik möglicherweise undifferenziert in ein-und-dieselbe Kategorie von „Fehlern" eingeordnet werden:

– Verstöße gegen die deutsche Sprachnorm:
  im Park verstreut (über den ganzen Park verteilt)
  zerknülltem Anzug (zerknittertem Anzug)

– Über- bzw. Unterdifferenzierung:
  Auslassung von: *Every so often he looked up.*
  Marganin verneinte höflich
  Auslassung von: who has black hair, . . .
  Also werten Sie meine Information sofort aus.
  Vielleicht gibt uns das die Möglichkeit, auf die wir schon lange warten.

  Die zweite Auslassung sowie die unterdifferenzierte Übertragung von *wedge* schwächen die Dynamik der Instruktionen „Bewundere . . . " und „Bange . . . ", während die erste Auslassung kommunikativ ohne Bedeutung ist.

  Achtzehn Uhr dreißig für *Six-forty in the evening* dagegen ändert an der Funktion der Zeitangabe nichts.

  Die Auslassung von . . . *strolled off in the direction of the Soviet Naval Building* wird kompensiert durch die Anrede *Genosse* (vgl. oben), wodurch bereits die Verhältnisse zwischen den Gesprächspartnern offengelegt werden.

Entscheidender Gesichtspunkt bei dieser Übersetzungskritik eines Trivialromans wie bei jeder anderen Übersetzungskritik ist, daß die kritischen Maßstäbe auf die Erwartungen der Adressaten der Übersetzung zu beziehen sind.

Auslassungen oder Normverstöße der hier aufgezählten Art wären in einer anderen Übersetzungskritik an sich schon „schwere Fehler", weil sie gegen absolute Maßstäbe der „Äquivalenz", der „Originaltreue" usw. verstoßen. Vertreter dieser Art von Übersetzungskritik würden sagen: „Ein Fehler ist immer ein Fehler – gleichgültig in welcher textlichen Umgebung oder in welcher kommunikativen Funktion er auftritt."

Wir behaupten dagegen, daß ein Übersetzungsfehler immer nur in bezug auf die kommunikative Funktion der Übersetzung hin zu definieren ist. So muß auch bei einem Trivialroman die Funktion der textlichen Instruktionen erhalten bleiben, denn diese sind gattungsspezifisch auf den Kreis der Adressaten „berechnet".

Beeindruckt zu sein von der Sachkenntnis des Erzählers und um den Erfolg der Helden zu bangen – das sind ganz wesentliche und typische Elemente der Gattung Trivialroman, die man mit den Schlagworten *Authentizität* und *Spannung* bezeichnen kann. Wo sie bei einer Funktionsgleichheit anstrebenden Übersetzung nicht bewahrt bleiben, ändert sich die Funktion des ZS-Textes: Der Trivialroman wird nicht mehr als solcher rezipiert.

Die vorliegende Übersetzung ist also nicht deshalb abzulehnen, weil sie funktionsverändernde Wirkung hat. Wir haben mehrmals, besonders ausführlich bei der Diskussion des Textes *What's in a Name* (S.36ff.), darauf hingewiesen, daß Funktionsveränderungen grundsätzlich möglich und nötig sein können. Wir sehen uns deshalb auch nicht in der Lage, eine scharfe Trennung zwischen einer *Übersetzung* und einer *Bearbeitung* oder *Modulation* zu akzeptieren.[2]

Bei dieser Übersetzung werden jedoch die tragenden Funktionen der Textsorte „Trivialroman" verändert, ohne daß sich aus dieser Veränderung eine neue Textfunktion ergibt und damit ein neuer Kreis von Adressaten angesprochen wird. Der Text bleibt ein Trivialroman, aber er ist jetzt zu einem schlechten Trivialroman geworden.

Alle Veränderungen, die diese Wirkung haben, bewerten wir deshalb als schwere Fehler, während wir andere Veränderungen bei dieser Textsorte nicht für gleich schwerwiegend halten.

Selbstverständlich ist die für den Trivialroman postulierte Fehlerhierarchie nicht absolut zu sehen. Sie muß sich ändern, wenn Texte aus anderen literarischen Gattungen übersetzungskritisch untersucht werden. Bei einem anerkannten literarischen Kunstwerk – um ein Beispiel zu nennen – wird der Verstoß gegen die Norm der Zielsprache eine ungleich größere Bedeutung gewinnen. Hier ist der Kreis der Adressaten geradezu darauf trainiert, aus der Differenziertheit des sprachlichen Ausdrucks Rückschlüsse auf die „Bedeutung" des gesamten Textes zu ziehen, so daß hier in der Tat e i n falsches Wort zu Funktionsveränderungen führen kann.

Es ist jedoch falsch, diese Maßstäbe zu verabsolutieren und sie nach der Devise: „Was hier falsch ist, wird immer falsch bleiben" auf alle literarischen Gattungen auszudehnen. Damit wird man der Sache in doppelter Hinsicht nicht gerecht: Einmal unter Berücksichtigung der jeweiligen Textfunktion und Adressatenerwartung, zum anderen aber geht man auch völlig an der Realität der Übersetzertätigkeit vorbei, die sich in der Regel *nicht* mit literarischen Kunstwerken zu beschäftigen hat.

Ist Übersetzen lehrbar?

Wer Übersetzungen bewertet, betreibt Übersetzungskritik. Das würde bedeuten, daß es an unseren Schulen und Hochschulen Hunderte von Übersetzungskritikern gibt, die allerdings nicht wie die Verfasser einer „Übersetzungskritik" in der Öffentlichkeit wirken.

Sie vermitteln vielmehr ihre kritischen Maßstäbe in der relativen Abgeschlossenheit von „Sprachunterricht" und von „Übersetzungsübungen", und die Erfahrung zeigt, daß die Richtigkeit der angewandten Methode mehr von der Autorität des Lehrenden, als von der einer fundierten Theorie getragen wird.

Das ist umso bedauerlicher, als die Vermittlung derartig subjektiver Maßstäbe notwendigerweise dazu führt, daß Lernende und Außenstehende den Eindruck gewinnen müssen, Subjektivität sei der Maßstab der Kritik, und Übersetzen sei letztlich nicht lehrbar.

---

2 Vgl. WILSS (1977): Kapitel XI.

Die Auswirkungen dieser Theorieferne sind überall festzustellen, nicht zuletzt an der Frustration der Lernenden und der Theoriefeindlichkeit der Lehrenden. Gleichzeitig aber schafft sich dieses atheoretische Bewußtsein im Unterricht selbst Bedingungen, die seine Ablehnung „alles Theoretischen" noch zu bestätigen scheinen.

Wir möchten diese Bedingungen hier nicht als Mängelliste anprangern, sondern vom Standpunkt der hier entwickelten Theorie aus zeigen, welche Folgen sich für einen Unterricht der Übersetzung ergeben, der eine fundierte Strategie zu vermitteln versucht. Wir überlassen es dem Urteil unserer Leser, ihre persönlichen Erfahrungen Punkt für Punkt mit unseren Vorschlägen zu vergleichen:

– Der Übersetzungsunterricht soll dem Lehren der Übersetzung dienen und nicht der Vermittlung fremdsprachlicher Kompetenz.

– Am Anfang jeder Unterweisung in der Strategie, Technik oder Methodik der Übersetzung muß eine Einführung in relevante theoretische Modelle stehen.

– Die zu übersetzenden Texte sollen so gewählt sein, daß sie grundsätzlich zu übersetzen sind. Das heißt: Ein natürlicher Kreis von Adressaten für den übersetzten Text muß identifizierbar und beschreibbar sein.

– Als Übungstexte gut geeignet sind deshalb Texte, die klar und eindeutig einer bestimmten Textsorte angehören, z.B. fachwissenschaftliche und populärwissenschaftliche Texte, Gebrauchsanweisungen, Betriebsanleitungen, Beipackzettel, aber auch geisteswissenschaftliche Abhandlungen, Auszüge aus Trivialromanen, Interviews.

– Denkbar ungeeignet sind als Übungstexte Feuilletons, Satiren und Parodien, die kulturelle, soziale oder politische Mißstände zum Thema haben. Für Texte dieser Art gibt es im allgemeinen keinen natürlichen Kreis von Adressaten in der ZS, und damit fehlen sämtliche Kriterien für die Beurteilung der Übersetzung.

– Bedingt geeignet sind als Übungstexte Auszüge aus literarischen Kunstwerken. Sie sollten als Spezialfall der nicht-fachsprachlichen Übersetzung behandelt werden, bedürfen aber einer besonders sorgfältigen theoretischen Einführung. Keinesfalls sollte der literarische Text den Normalfall der allgemeinsprachlichen Übersetzung darstellen.

– Besonders gut geeignet sind Texte, die bereits in gedruckten Übersetzungen vorliegen. Grundsätzlich ist eine kritische Beurteilung einer Übersetzung besser geeignet, die übersetzerische Kompetenz zu verbessern, als die Bewältigung einer möglichst großen Anzahl von Texten.

– Anleitung zur sinnvollen Nutzung der Hilfsmittel, insbesondere der Wörterbücher, muß Bestandteil jedes Übersetzungs-Unterrichts sein. Entsprechend muß es den Lernenden selbstverständlich gestattet sein, diese Hilfsmittel im Unterricht – und auch bei Klausuren – zu benutzen.

– Wenn Übersetzungen der Lernenden beurteilt werden (Hausarbeiten, Klausuren), muß ihnen schon vor Erbringung der geforderten Leistung erklärt worden sein, nach welchen Kriterien die Leistung beurteilt werden wird.

– Diese Beurteilungskriterien sind auf übersetzungstheoretische Modelle zu beziehen. Die wissenschaftlichen Grundlagen der Beurteilung müssen den Lernenden mitgeteilt werden, und sie müssen von ihnen nachvollziehbar sein.

– Diese Überprüfbarkeit muß auch für die einzelnen Korrekturzeichen und insbesondere für die Abstufung der „Fehler" nach „Schwere" gelten.

— Bei der Rückgabe und Besprechung einer Klausur/Hausarbeit darf nicht der Eindruck erweckt werden, es gäbe nur eine „richtige" Übersetzung des gegebenen Textes. Vielmehr ist es Aufgabe des Unterweisenden, den Rahmen möglichst präzise zu beschreiben, in dem sich alle akzeptablen Übersetzungen bewegen müssen.

In einem Lehrbuch des Übersetzens ist zum Abschluß die Frage zu stellen: „Ist Übersetzen lehrbar?"

Was wir für lehrbar und erlernbar halten, haben wir gesagt. Es gibt jedoch Komponenten der übersetzerischen Kompetenz, die wir hier vorausgesetzt haben, obwohl sie nicht bei jedem Leser — und nicht bei jedem Übersetzer — vorausgesetzt werden können.

Die wichtigste ist die muttersprachliche Kompetenz. Unser Verfahren der Bestimmung des notwendigen Grads der Differenzierung setzt voraus, daß der Übersetzer in der Lage ist, subtile sprachliche Differenzierungen zu bemerken und zu identifizieren. Auf diesem Gebiet läßt sich nach unseren Erfahrungen die Kompetenz nur geringfügig zu verbessern.

Problematisch wird die Antwort auf die Frage „Ist Übersetzen lehrbar?" jedoch aus einem anderen Grund. Wir alle — Theoretiker, Kritiker und Übersetzer — brauchen verbindliche Maßstäbe, mit denen die Qualität einer Übersetzung gemessen werden kann. Ohne diese Kriterien ist ein „Ja" auf diese Frage so unbefriedigend wie ein „Nein".

Wir haben deshalb unser Lehrbuch ganz bewußt mit einem Kapitel zur Übersetzungskritik geschlossen. „Übersetzen lehren" muß für uns in die Vermittlung von Bewertungskriterien einmünden. Wir haben deshalb überall — besonders bei den Aufgaben — unseren kritischen Standpunkt deutlich gemacht. Wir hoffen, daß dieses kritische Engagement der Verständigung mit unseren Lesern gedient hat.

LÖSUNGSVORSCHLÄGE I

Lösungsvorschlag zu Aufgabe 1

Frage A:

(1) – (2a) und (2b)
„Diabetes" ist ein *faithful cognate* von *diabetes.* Insofern müßte NEWMARK hier (2b) vorziehen. Allerdings würde er wahrscheinlich argumentieren, das Wort *diabetes* habe *special connotations.* „Diabetes" hat jedoch keine „besonderen Konnotationen", sondern es wird in anderen Kommunikations-Situationen verwendet als „Zucker". Auf Grund der in (1) skizzierten Kommunikationssituation ist (2a) die bessere Übersetzung, denn in der alltäglichen Unterhaltung ist „Zucker" der normale, stilistisch unauffällige Ausdruck. Entscheidungskriterium ist also die Situation, in der ein Wort verwendet wird, und nicht die Frage nach den Eigenschaften des Wortes.

(3) – (4a) und (4b)
Die Formulierung NEWMARKS *"standard dictionary equivalent"* könnte hier dazu verleiten, (4a) vorzuziehen. Denn in jedem zweisprachigen Wörterbuch kann man finden: *Nobody* = „Niemand", *is* = „ist" und *perfect* = „vollkommen".

Trotzdem ist (4b) die korrekte Übersetzung. Entscheidend ist wiederum, wie die Äußerung in die kommunikative Situation eingebettet ist.

(5) – (6a) und (6b)
(6b) illustriert, was NEWMARK unter *one-to-two relations* versteht: *Ein* Wort der AS wird durch *zwei* der ZS übersetzt. NEWMARK führt als Kriterium dafür, ob ein solches Verfahren angebracht ist, lediglich an *(it) would do better.* Damit gewinnen wir keinen Anhaltspunkt für die Beurteilung von (6a) und (6b). Einerseits könnte man sagen: „(6b) ist genauer", andererseits aber auch: „(6a) hört sich besser an". Entscheidend ist hier, daß Zitate dieser Art griffig und prägnant formuliert sein müssen. Sie gehören in die Textsorte sprichwörtlicher Wendungen, und dieser Gesichtspunkt gibt (6a) den Vorzug.

(7) und (8a); (9) und (10a)
Im vierten Beispiel geht es um die Übersetzung des Verbalsubstantivs. Es wird einmal als Infinitiv (8a), einmal als Verbalsubstantiv (10a) ins Deutsche übertragen. Grund dafür sind die unterschiedlichen Textsorten, also die sprachlichen Konventionen, die sich aus einer fixierten Kommunikationssituation ergeben.

Zu den sprachlichen Konventionen der Textsorte GEBOT/VERBOT gehört die Verwendung des Verbalsubstantivs, während es in anderen Textsorten selten, in mündlich mitgeteilten so gut wie nie verwendet wird. Im Englischen gilt diese Unterscheidung so nicht, so daß sowohl (7) als auch (9) als unauffällige, normentsprechende Äußerungen akzeptiert werden.

Newmark, der Textsorten, kommunikative Einbettung und Funktion der Übersetzung gar nicht in seinen Kriterienkatalog aufnimmt, müßte hier nach dem Prinzip verfahren, daß der Übersetzer nicht ‚ohne Not' von der Syntax der A-Sprache abweichen sollte. Damit ließe sich das – inakzeptable – Verbalsubstantiv in (10a) rechtertigen bzw. damit läßt sich nicht erklären, warum hier der Infinitiv vorzuziehen ist.

Frage B:

Der Zirkelcharakter von (42) läßt sich so andeuten:
„Der Übersetzer sollte Synonyme nur dann verwenden, wenn er sein Ziel nicht auch mit der naheliegendsten Wörterbuchentsprechung erreichen kann"
„Und wann hat er sein Ziel erreicht"?
„Wenn die Übersetzung geglückt ist"
„Und wann ist sie geglückt"?
„Wenn er sein Ziel erreicht hat".

Der Widerspruch zwischen (42) und (41) liegt darin, daß zuerst eine Übersetzungsmethodik in Abhängigkeit von der Gestalt des AS-Textes gefordert wird *(appropriate)*, dann aber Regeln aufgestellt werden, die eben diesen unterschiedlichen Grundcharakter der AS-Texte gar nicht berücksichtigen. Insofern kann auch die Metapher vom „Drahtseilakt des Übersetzens" nicht überzeugen, denn das Balancekunststück findet sozusagen im luftleeren Raum statt. NEWMARK nennt keine gültigen Fixpunkte, an denen der Übersetzer sich orientieren könnte, sondern er definiert ein Qualitätsmerkmal durch ein anderes.

Lösungsvorschlag zu Aufgabe 2

A:

Es handelt sich auch hier um die Tatsache, daß ein Wort in der AS nicht durch (nur) eines der ZS wiedergegeben werden kann. NEWMARK nennt dies *1 : 1 + X relation.* Allerdings räumt GÜTTINGER in solchen Fällen dem Übersetzer scheinbar volle – um nicht zu sagen: dichterische – Freiheit ein.

B:

Der Grund dafür liegt in der Art der übersetzten Texte. Wie im vorliegenden Zitat, wo GÜTTINGER eine Textstelle aus *Moby Dick* diskutiert, bezieht sich sein ganzes Buch vor allem auf literarische Texte. Deren Übersetzung versteht GÜTTINGER letztlich als eine Kunst, die man nicht lehren kann.

Lösung zu Aufgabe 3

Gemeint ist das Buch von WOLF FRIEDERICH, der zwar nicht von Regeln, wohl aber von Gesetzmäßigkeiten spricht:

> . . . diese lexikalisch-syntaktisch-stilistischen Gesetzmäßigkeiten bilden für den Umgang mit zwei Sprachen – das Übersetzen – eine ebenso notwendige und verläßliche Grundlage wie die Gesetzmäßigkeiten der Grammatik für den Umgang mit einer Sprache – den Spracherwerb.
>
> (Op. cit. S. 41)

LÖSUNGSVORSCHLÄGE II

Lösungsvorschläge zu Aufgabe 1

1A:
OTTO KADE:
Der mittlere Kasten ist so bezeichnet:

Übersetzer

E Umko-dierung S'

DILLER/KORNELIUS:
Oben im Kasten ist *Bedeutung* einzutragen, rechts in der Mitte steht S_{ZS}

VERMEER:
In der Mitte ist *Funktion* zu ergänzen, rechts außen *Transfer-*(Phase)

1B:
Lediglich STEIN führt aus, wie der Text kommunikativ in die Sender-Empfänger-Bezüge eingebettet ist. VERMEER deutet mit der graphischen Form von Translandum und Translat an, daß Text nicht nur verbalisierte Gestalt bedeutet, zeigt aber in diesem Modell keine Einzelheiten. DILLER/KORNELIUS und KADE scheinen Text und materielle Textgestalt gleichzusetzen.

1C:
Den größten „Spielraum" hat der Übersetzer zweifellos bei VERMEER. In der Transferphase kann er Sinn, Funktion und Wirkung des AS-Textes (neu) bestimmen. STEIN geht von der Identität der Intention aus, so daß der Übersetzer zwar den kommunikativen Zusammenhängen nachspüren soll, aber letztlich keine Entscheidung treffen darf.

Bei KADE ist der Übersetzer lediglich ein Werkzeug, eine Umkodierungs-Maschine, die ihre Befehle vom sprachlichen Material des AS-Textes empfängt. Bei DILLER/KORNELIUS gilt im Prinzip das gleiche, es wird jedoch eine Abstraktionsstufe eingeschaltet: Der Übersetzer reduziert das sprachliche Zeichen auf seine *Bedeutung* und realisiert diese Bedeutung dann wieder durch ein Zeichen der Sprache Z.

1D:
KADE, allenfalls auch DILLER/KORNELIUS. Sowohl VERMEER als auch STEIN geben in ihren Modellen die verführerische Symmetrie auf und billigen dem Übersetzer einen großen Raum für die eigene Aktivität zu. Dabei sind die STEIN'schen Operationen des retrospektiven Kalküls nicht ohne weitere Erklärungen in entsprechende Handlungen umsetzbar, während VERMEER für die Transferphase Handlungen und Entscheidungen fordert, die nur vom Humanübersetzer geleistet werden können.

Lösungsvorschläge zu Aufgabe 2

a)
Das Rauchen einer Zigarette ist keine auffällige Handlung. Sie entspricht den Normen und Gepflogenheiten unserer Gesellschaft.

Wenn eine Frau jedoch eine Zigarre raucht, so ist dies eine kulturelle Normabweichung, mit der etwas über die Figur *Sally Pringsheim* ausgesagt werden soll. Sie tritt in Wort und Tat sehr nachdrücklich für die Emanzipation der Frau ein, will aber in Wirklichkeit nur die dominierende Rolle des Mannes selbst übernehmen. Dafür ist das Rauchen der Zigarre geradezu eine symbolische Konkretisierung, eine metaphorische Handlung, die durch die Übersetzung *... rauchte eine Zigarette ...* verloren geht.

b)
Durch die Hinzufügung der Floskel *the hell* drückt der Sprecher Verärgerung und/oder Überraschung über einen Tatbestand aus. *The hell* gilt zwar als umgangssprachlich, ist aber durchaus Bestandteil der Alltagskonversation.

Verdammt noch eins wird zwar auf der gleichen sprachlichen Ebene mit dem gleichen Kommunikationsziel verwendet, aber anders in den Satz eingebaut – etwa: Verdammt noch eins, ich weiß nicht ... Durch den Verstoß gegen die syntaktische Regel klingt die Äußerung im Deutschen nicht mehr konventionell, sondern könnte vermuten lassen, daß der Sprecher sich absichtlich einer unkonventionellen Ausdrucksweise bedient (etwa, um seine Verärgerung noch stärker zu betonen, oder um seine individuelle Ausdrucksweise zu demonstrieren). Diese Kommunikationsziele sind jedoch vom Übersetzer gar nicht angestrebt; er will eigentlich eine funktionskonstante Äußerung, die aber wegen der syntaktischen Interferenz mißlingt.

c)
Die idiomatisierte Wendung *there would be, wouldn't there* ist dem Übersetzer von ihrer kommunikativen Funktion her nicht vertraut. Diese ließe sich mit einer Übersetzung wie *Überrascht Dich das?* oder *Hast Du etwas anderes erwartet?* ins Deutsche übertragen.

Da dem Übersetzer diese übergeordnete Funktion jedoch unbekannt ist, begnügt er sich damit, die einzelnen Konstituenten zu übertragen: *there would be = das möchte so sein* und *wouldn't there? = nicht?*. Das Ergebnis dieser Konstituenten-Isolierung ist eine kommunikativ falsche Äußerung, die nicht funktionskonstant zu der Äußerung in der AS ist.

d)
Hier erkennt der Übersetzer nicht, wie stark konventionalisiert die Äußerung in der AS ist. Seine Übersetzung benutzt einen originellen Vergleich, der vom Adressaten des Z-Textes als ungewöhnlich und auffallend registriert werden muß. Eine so individuelle, bildliche Ausdrucksweise ist nicht die Sprache eines „normalen" Hausmeisters. Andererseits gibt es keine Anzeichen im weiteren Umfeld des Romans, daß der Hausmeister nicht als „typischer" Hausmeister vorgestellt werden soll.

Kommunikativ gleichwertig wäre eine Übersetzung mit *Blau wie ein Veilchen* oder *Voll wie eine Haubitze.*

LÖSUNGSVORSCHLÄGE III

Lösungsvorschläge zu Aufgabe 1

a)
Bei allen drei Beispielen ist die kommunikative Funktion der englischen Ausdrücke nicht eindeutig: *Es zieht* z.B. auch in einer Wunde oder in einem Zahn, ein Feuer kann brennen, ohne daß dies gleich Grund dafür ist, die Feuerwehr zu rufen, und auch der Wind kann pfeifen. Der Übersetzungsvorschlag strebt zwar im Verständnis von FRIEDERICH Funktionskonstanz an, kann diese aber bei der ungenügenden kommunikativen Einbettung der Beispiele nicht verwirklichen.

b)
Der englische Satz kann zwei verschiedenen kommunikativen Zwecken dienen: Angesichts der Stärke der Argumente unserer Gegner fiel uns kein vernünftiges Gegenargument ein = Wir konnten dem nichts entgegenhalten. Oder aber: Wir konnten dem schon etwas entgegensetzen, aber in diesem Moment fiel uns einfach nichts ein.

In dem ersten Fall handelt es sich um eine „objektive" Unfähigkeit, hier etwas einzuwenden, während bei der zweiten Interpretation lediglich eine subjektive – möglicherweise auch nur momentane – Unfähigkeit verbalisiert wird.

Die vorgeschlagene Übersetzung: *Uns fiel nichts ein* legt die zweite Interpretation nahe, und schließt die erste aus. Diese Entscheidung wird jedoch nicht aufgrund einer kommunikativen Einbettung nachprüfbar, sondern sie muß dem Leser willkürlich erscheinen. Es wird also Funktionskonstanz angestrebt, aber keine kommunikativ eindeutige Äußerung zu Grunde gelegt.

c)
Hier ist die Äußerung zwar kommunikativ situiert, es wird auch Funktionskonstanz angestrebt, aber sie wird nicht erreicht.

I am waiting to hear your explanation kontrastiert nämlich mit: *I am waiting for your explanation.* Beide Sätze sind syntaktisch korrekt, aber sie werden in jeweils anderen Situationen von anderen Sprechern verwendet. Verkürzt ließe sich der Unterschied mit einem höheren Grad von Förmlichkeit beim ersten Satz beschreiben.

Die angegebene Übersetzung ist jedoch nicht entsprechend als förmlich markiert, und würde so besser als Entsprechung für den zweiten Satz herangezogen.

d)
Die Situierung der Äußerung ist ausreichend. Überraschend ist hier, daß ihr zwei Äußerungen in der Z-Sprache gegenübergestellt werden, die offenbar als gleichwertig und jeweils funktionskonstante Entsprechungen angesehen werden.

Der stilistische Unterschied zwischen den beiden Äußerungen ist jedoch so groß, daß nicht beide Übersetzungen undifferenziert als funktionskonstant angesehen werden können. Die erste Übersetzung klingt sehr förmlich und wäre nur in einer schriftlichen Äußerung akzeptabel.

Es mag zwar Texte bzw. Situationen geben, in denen beide Äußerungen verwendet werden können, weil eine Differenzierung nicht nötig bzw. nicht angestrebt ist, aber grundsätzlich und pauschal können nicht beide Varianten als funktionsgleich angesehen werden. Sollte dies behauptet werden, so wäre eine kommunikative Einbettung anzugeben, in der keine weitere Differenzierung nötig ist.

e)
Der AS-Text ist als Wetterbericht identifizierbar, weil er die in der AS üblichen Formulierungen für Texte dieser Art verwendet.

Diese eindeutige Situierung fällt beim ZS-Text schwer. Dieser Bericht über das Wetter ist so ungewöhnlich formuliert, daß man kaum glauben wird, daß es sich um einen „echten" Wetterbericht handelt. „Eine . . . Kaltfront wird England . . . abkühlen" verstößt nicht nur gegen die Konventionen eines Wetterberichts, sondern auch schon gegen die Norm der geschriebenen Sprache. „Eine Kaltfront kühlt England ab" ist eine höchst ungewöhnliche Kollokation; akzeptabel wäre allenfalls „England kühlt sich ab".

Dazu kommt noch eine wichtige Überlegung, die der Übersetzer hier offensichtlich gar nicht angestellt hat: Für wen ist eigentlich dieser ZS-Text verfaßt? Im allgemeinen gibt es im deutschen Sprachraum wenig Interessenten für einen Wetterbericht des Gültigkeitsbereichs „britische Inseln". Vorstellbar wäre allenfalls ein Interessentenkreis, der sich während der Reisezeit für das Wetter in anderen Ländern interessiert.

Eine solche Übertragung des AS-Textes in die Form eines Reise-Wetterberichts ist durchaus möglich. Strategisch gesehen liegt aber dann eine klare Funktionsveränderung des AS-Textes vor, denn es wird nicht mehr über das Wetter im eigenen Land, sondern über das in einem fremden berichtet.

Entsprechend ändert sich dann auch die Form des Textes: Indem er sich an den Konventionen des Reisewetterberichts orientiert, wird er kürzer und benutzt stereotype Wendungen:

„Die von Nordwesten heranziehende Kaltfront gewinnt langsam Einfluß auf ganz Schottland und weite Teile Englands. Bei sinkenden Temperaturen allmähliche Bewölkungszunahme mit vereinzelten Schauern".

Lösungsvorschlag zu Aufgabe 2

Die Wörter sind in folgender Reihenfolge einzusetzen:

Intentionen – sprachlichen Inhalten – zweiseitigen – Verständigungsebene – Intentionen – Inhalte. Die Wörter *Informationen* und *Pragmatik* passen in keine der Lücken.

Lösungsvorschlag zu Aufgabe 3

A)
Der Primat der sprachlichen Handlung wird auch für das Übersetzen anerkannt, aber sie hat sich an der „gesellschaftlichen Praxis", den „Bedingungen und Forderungen der Kommunikation in der Gesellschaft" (so an anderer Stelle) zu orientieren. Die Rahmenbedingungen der sprachlichen Handlung sind damit ideologisch festgelegt – sprachliches Handeln ist nicht nur soziales Handeln, sondern letztlich auch sozialistisches.

B)
Selbstverständlich ist unter dieser Prämisse die funktionsverändernde Übersetzung nicht nur legitim, sondern geradezu erwünscht. Denn Aufgabe des Übersetzers ist es ja gerade, die AS-Texte auf die „Wirklichkeitserkenntnis" im Bereich der ZS zu beziehen. Insofern, als diese „Wirklichkeitserkenntnis" ideologisch gesteuert ist, wird dem Übersetzer die Funktionsveränderung geradezu vorgeschrieben.

C)
Autor ist A. NEUBERT, „Invarianz und Pragmatik", in *Neue Beiträge zu Grundlagen der Übersetzungswissenschaft,* Hrsg. NEUBERT und KADE; Leipzig, (1973), Zitat S. 22.

LÖSUNGSVORSCHLÄGE IV

Lösungsvorschlag zu Aufgabe 1

A)
Diese Sätze zeigen, wie fatal die Folgen sein können, wenn Übersetzen als ein Austauschen von Wörtern mißverstanden wird. Der soziokulturelle Bereich der Eß- und Trinkgewohnheiten ist stark mit Konventionen durchsetzt, die bei einer Übertragung in einen anderen Sprach- und Kulturbereich beachtet werden müssen:

– *Thanksgiving-Day* ist in den USA ein großes Fest, in dessen Mittepunkt traditionellerweise Truthahnbraten zum Mittagessen gehört. Der Autor des AS-Textes möchte also fragen: „Jedes Jahr machen Sie bei dieser Gelegenheit Truthahn. Haben Sie sich schon einmal gefragt, ob Ihnen Truthahn überhaupt schmeckt"?
– *Pumpkin pie* ist in den USA bekannt, aber schon in England kaum mehr zu finden. In unserem Land sind Bezeichnungen und Gericht völlig unbekannt.
– Der Volkstrauertag wird bei uns nicht als ein Fest empfunden, das soweit in die Familie eindringt, daß sich daraus bestimmte Konsequenzen für „erlaubte" und „unerlaubte" Speisen und Getränke ergeben.
– *Senfgemüse* ist bei uns völlig unbekannt.

Kommunikativ gesehen kann sich als Effekt beim Adressaten des ZS-Textes nur der Eindruck ergeben, er solle doch einmal etwas völlig Exotisches, noch nie Dagewesenes auf den Tisch bringen: Er soll Dinge kaufen, die es bei uns gar nicht gibt (Senfgemüse), Feste feiern, die bei uns nicht gefeiert werden (Erntedankfest), neue Rezepte erfinden (Kürbiskuchen) und Feiertage einmal ganz anders begehen.

Der im AS-Text angestrebte Effekt ist jedoch ganz anders: Man soll einmal die Reihenfolge der Speisen überprüfen, einmal den Zeitpunkt ändern, aber keineswegs alles umkrempeln.

Dieser Effekt ließe sich durchaus auch im Deutschen erzielen. Fertigen Sie bitte eine ensprechende Übersetzung an!

B)
Situation und Grad der Vertrautheit bestimmen, welche Anrede gewählt wird. Das gilt sowohl für das Englische/Amerikanische wie für das Deutsche.

Nehmen wir z.B. an, jemand spricht mich an. Er kann dann unter folgenden Anredeformen auswählen:

DEUTSCH	ENGLISCH
Herr Dr. Hönig Herr Doktor	Dr. Hönig
Herr Hönig	Sir Mr. Hönig
Hönig	Hönig
Hans ... Sie Hans ... Du ...	Hans ... you ...

Wie man sieht, sind beide Skalen sehr differenziert in der Abstufung der verschiedenen Grade von Formalität und Vertrautheit, aber die Abgrenzungen in der Terminologie finden in den beiden Sprachen nicht immer an der selben Stelle statt.

Diesen – eigentlich recht trivialen – Tatbestand macht der Übersetzer zum Gegenstand einer Anmerkung. Er will sich sozusagen dafür entschuldigen, daß er die potentiell in *you* enthaltenen Übersetzungsmöglichkeiten nicht durch *einen* entsprechenden Terminus übertragen kann. Denn in der Tat bleibt ja im AS-Text offen, welchen Vertrautheitsgrad „Vorleser" und „Zuhörer" zueinander haben – notwendigerweise.

Der Übersetzer scheint jedoch allen Ernstes zu glauben, sein Leser könnte die Anweisung so mißverstehen, daß sie nur unter Einhaltung eines bestimmten Vertrautheitsgrades ausgesprochen werden darf. Um dieses „Mißverständnis" auszuschließen, fügt er eine Anmerkung hinzu.

Kommunikativ erreicht er mit ihr genau das Gegenteil seiner Absicht, denn dem Leser wird der Sinn seiner Anmerkung eher Anlaß zu Mißverständnissen sein, als ein Text, der darauf verzichtet hätte.

Der Versuch, die soziokulturell bedingten Unterschiede in der Anrede gerade an dieser Stelle zu verbalisieren, verrät, daß der Übersetzer nicht die Funktion seiner Äußerung im ZS-Text beurteilt, sondern nachträglich eine Kongruenz in der Terminologie herzustellen versucht.

Lösungsvorschläge zu Aufgabe 2

A)

Salisbury Plain ist ein menschenleeres militärisches Übungsgelände im Südwesten Englands, insofern also ein soziokulturelles *Unikum.*

Es hat hier die Funktion, durch plastische Übertreibung auszudrücken, wie findig diese Leute sein können, wenn sie ihrem Amüsement nachgehen wollen.

In der Übersetzung erscheint diese plastische und originelle Ausdrucksweise weniger intensiv, weil der ZS-Adressat die Funktion von „in Salisbury Plain" nicht erkennen kann. Das Erhalten der englischen Lokalität ist in dieser Äußerung weniger wichtig, als die Übertragung der Intensität der Ausdrucksweise. (... mitten in der Wüste ... wäre hier eine akzeptable Lösung gewesen.)

B)

Die Metapher *slanteye heaven* weist nicht nur darauf hin, daß Craw sein Leben unter einem „schlitzäugigen Himmel" zu beschließen gedenkt – also in Hong Kong –, sondern sie verweist auch durch die Verwendung von *heaven* (im Gegensatz zu *sky*) auf die religiösen Konnotationen des Todes.

Die Übersetzung „unter einem gelben Himmel" führt in ganz andere Bereiche, denn obwohl in „die gelbe Gefahr" die Farbbezeichnung für „asiatisch" steht, erinnert die Kombination von „gelb" mit „Himmel" mehr an Bilder des Unheils und des bevorstehenden Unglücks.

Die eindeutige soziokulturelle Lokalisierung des AS-Ausdrucks wird in der ZS zu einer diffusen Metaphorik.

C)

Bei uns ist es recht ungewöhnlich, daß ein Wirt „Sperrstunde" ruft. Er wird dies – wenn überhaupt – nur gegenüber besonders hartnäckigen Gästen tun, die auf freundlichere Aufforderungen zum Gehen nicht reagiert haben. Wenn also „Sperrstunde" verwendet wird, dann tief in der Nacht und gegenüber trinkfreudigen und angetrunkenen Gästen.

Diese Voraussetzungen sind im AS-Text nicht gegeben: Jerry trinkt nur sehr mäßig, es ist Vormittag, und der Ruf *Time* ist in einer *pub* – in England wie in Hong Kong – etwas ganz Normales.

Die Substitution von „Sperrstunde" für *time* ist also ein ganz untauglicher Versuch, dem Adressaten die Soziokultur im Bereich der AS näherzubringen. Genau das Gegenteil tritt bei dieser Übersetzung ein: Der Leser wird soziokulturell desorientiert, Jerry wird indirekt falsch charakterisiert, und die Abfolge der Ereignisse dieses Tages wird für den Leser schwer verständlich.

D)

Die kommunikative Wirkung von *blue period* erschöpft sich nur scheinbar in der Anspielung auf Picassos „Blaue Periode". Eine solche Anspielung wäre – bzw. ist – bei der gegebenen kommunikativen Einbettung der Äußerung auch völlig unverständlich.

Dem Übersetzer entgeht, daß *blue* – neben anderen – die metaphorische Bedeutung „melancholisch" hat (z.B. "I'm feeling blue"). *Blue* wird also im AS-Text zu einem Wortspiel benutzt – die *blue period* bezeichnet Smileys melancholische Phase. Damit wird Guillam, der diesen Ausdruck verwendet, indirekt als witziger Kopf charakterisiert.

Diese Wirkung geht in der Übersetzung völlig verloren, weil durch sie nur der soziokulturelle Gegenstand – Picassos Frühwerk –, nicht aber das witzige Spiel mit diesem Gegenstand erkennbar wird.

LÖSUNGSVORSCHLÄGE V

Lösungsvorschlag zu Aufgabe 1

– *schrumpfende Vermögen:* überdifferenzierend, besser: „sinkenden Wohlstands".
– *betrachten:* überdifferenzierend, besser: „sehen, erkennen".
– *im eigenen Land:* überdifferenzierend, besser: „zu Hause".
– *Klubs:* unterdifferenzierend, besser: „Selbst die Mitgliedsgebühr für ihre Clubs können sich viele Briten nicht mehr leisten".
– *Statistiken:* überdifferenzierend, besser: „Die Statistik".

.....

– *Notlage:* überdifferenzierend, besser: „schwierige Lage".
– *praxisbezogene Berufsausbildung:* überdifferenzierend, besser: „fundierte Berufsausbildung".
– *Aber warum akzeptieren sie das alles?* unterdifferenzierend, besser: „Aber warum lassen sie sich das alles gefallen".

Lösungsvorschläge zu Aufgabe 2

Wir beschränken uns bei unseren Lösungsvorschlägen nicht darauf, nur *eine* Antwort zu geben. Wir benutzen vielmehr die Gelegenheit, um Literaturhinweise zu geben und unsere Argumentation noch einmal zusammenzufassen und zu vertiefen. Vom Leser wird also nicht erwartet, daß er seine Antworten ähnlich detailliert formuliert hat.

1 STIMMT NICHT

Die Länge der Übersetzung läßt sich nicht mit der „Kompliziertheit" des Sprachsystems der Z-Sprache erklären. Selbstverständlich gibt es in jeder Übersetzung aus dem Englischen Stellen, an denen wir im Deutschen „mehr Worte machen müssen". Das gilt jedoch auch für die umgekehrte Richtung. Verantwortlich für die Länge der Übersetzung ist also nicht das Sprachsystem der AS oder der ZS, sondern der Vorgang der Übersetzung selbst.

(Zur „Kompliziertheit" des englischen und des deutschen Sprachsystems bietet FRIEDERICH (1969) interessantes Material.)

Es gilt dabei zwei Ursachen zu unterscheiden: Zunächst eine psychologische, die wir als eine „Absicherungsstrategie" des Übersetzers bezeichnen und die auf einen Mangel an theoretischem Verständnis zurückzuführen ist. Es ist ein psychologischer Zwang zur Überdifferenzierung, der letztlich auch beweist, daß der Übersetzer in der Tat ein ganz spezifischer Empfänger des AS-Textes ist.

Er glaubt nämlich zu erkennen, daß in einem Wort oder in einer Formulierung „sehr viel steckt". Er möchte sich auf gar keinen Fall den Vorwurf einhandeln, etwas übersehen zu haben, und deshalb verfährt er nach der Devise: „Zuviel ist in jedem Fall besser als zuwenig". Er wird also alles an möglichen – manchmal auch unmöglichen – Implikationen des AS-Textes verbalisieren, weil der Übersetzer nicht gelernt hat, seinen eigenen Text unter kommunikativ – funktionalen Aspekten zu verfassen. Diese – laienhafte – Strategie wird noch unterstützt durch eine Übersetzungskritik, die lediglich überprüft, ob der Übersetzer „alles aus dem AS-Text herausgeholt hat", sich aber niemals die Frage stellt, ob der Übersetzer den jeweils notwendigen Grad der Differenzierung getroffen hat.

Unvermeidlich und strategisch richtig sind dagegen Verbalisierungen des soziokulturellen Hintergrunds der AS, wenn sie für den Adressaten der Übersetzung funktional notwendig sind. Da grundsätzlich jeder Text soziokulturell eingebettet ist, werden solche Verbalisierungen relativ häufig nötig. Sie sind der eigentliche Grund dafür, daß Übersetzungen grundsätzlich und tendentiell länger sind, als die jeweiligen AS-Texte.

Der Übersetzer – und der Übersetzungskritiker! – sollten sich in Zweifelsfällen die Frage stellen: Dient die wortreichere Übersetzung dem Ziel, den notwendigen Grad der Differenzierung zu treffen, oder bewirkt sie eine Über- oder Unterdifferenzierung (vgl. GÜTTINGER 63; 214, sowie unser Kapitel IV und V).

2 STIMMT

Da der jeweils notwendige Grad der Differenzierung immer nur in Abhängigkeit von der Funktion des ZS-Textes bestimmt werden kann, ist eine klare Vorstellung von den Adressaten des ZS-Textes die Voraussetzung dafür, daß ein Text optimal übersetzt – und die Übersetzung fundiert kritisiert – werden kann.

Die Identifikation der ZS-Adressaten kann implizit und explizit erfolgen: Implizit durch die Textsorte, explizit durch einen vom Auftraggeber geäußerten Übersetzungsauftrag. Letzterer ist in der Übersetzungspraxis sehr viel häufiger, als dies von der Übersetzungstheorie anerkannt wird. Wenn jedoch kein expliziter Übersetzungsauftrag vorliegt, bedeutet dies eben gerade nicht, daß der Übersetzer auf eine Vorstellung von den Adressaten seines Textes verzichten kann. Er kann nicht d i e Übersetzung eines Textes schaffen, sondern nur die jeweils optimale. Ob sie dieses Kriterium erfüllt, läßt sich nur an den Erwartungen eines identifizierbaren Adressatenkreises messen (vgl. VERMEER 80 und STEIN 80, sowie unser Kapitel II).

3 STIMMT NICHT

Wir haben die funktionsverändernde und die funktionskonstante Übersetzung als gleichberechtigte Grundtypen herausgearbeitet. Als Beispiele für diese beiden Typen wurden die Texte *What's in a Name* und *Decadence – or Maturity?* ausführlich besprochen. Dabei wurde deutlich, daß bei der funktionskonstanten Übersetzung der ZS-Text als unvermittelte Kommunikation mit den ZS-Adressaten empfunden werden muß, während bei der funktionsverändernden Übersetzung der Übersetzer als Sprach- und Kulturmittler sichtbar werden kann.

Übersetzen wir z.B. *What's in a Name* funktionskonstant, so erhalten wir einen Werbetext, der auf deutsche Verhältnisse zugeschnitten sein muß. Ändern wir jedoch die Funktion, indem wir etwa den ZS-Adressaten verdeutlichen, wie in England Werbung „gemacht" wird, so muß der Übersetzer seinen Text als Übersetzung erkennbar machen.

Selbstverständlich sind beide Verfahren gleich legitim — letztlich entscheiden Auftrag und/oder Textsorte über die jeweils anzuwendende Strategie. Dazu läßt sich — grob vereinfachend — anmerken, daß sich bei stark konventionsgebundenen pragmatischen Textsorten die funktionskonstante, bei anderen Texten eher die funktionsverändende Übersetzung anwenden läßt. Diese Wahrscheinlichkeit entbindet den Übersetzer jedoch nicht von der Verpflichtung, seine Strategie in jedem Einzelfall zu überprüfen und zu begründen (vgl. HOUSE 77, DILLER/KORNELIUS 78 sowie unsere Kapitel II und IV).

4 STIMMT NICHT

Natürlich hängt es auch von der (mutter- und fremd-)sprachlichen Kompetenz eines Übersetzers ab, als wie schwierig er die Übersetzung eines Textes empfindet. Um diese individuellen Unterschiede geht es in unserer Frage nicht, sondern sie setzt einen durchschnittlich kompetenten Übersetzer voraus.

Allerdings läßt sich unsere Frage auch von der Kompetenz her angehen: Einem Übersetzer, der sich auf Fachtexte (etwa medizinische) spezialisiert hat, können wir gezielte Hinweise geben, wie er seine übersetzerische Kompetenz verbessern kann. Wir empfehlen ihm z.B., sein medizinisches Fachwissen zu vergrößern, die Fachterminologie zu lernen und sich eine Kartei konventionalisierter Standardformulierungen anzulegen. Wenn der Übersetzer diesen Ratschlag befolgt, wird er mit Sicherheit bessere Übersetzungen hervorbringen können.

Was aber sagen wir einem Übersetzer allgemeinsprachlicher Texte? Hier müssen wir uns mit recht unbefriedigenden Hinweisen begnügen: Du solltest viel lesen, Dein (mutter-)sprachliches Ausdrucksvermögen verbessern. Selbst wenn der Übersetzer diese Hinweise befolgt, wird er mit Sicherheit damit allein noch kein guter — oder auch nur fähiger — Übersetzer allgemeinsprachlicher (oder gar literarischer) Texte.

Für seine Kompetenz ist nämlich ein sehr subtiles sprachliches Differenzierungsvermögen Voraussetzung, das sich nur bei entsprechender Begabung erlernen läßt. Dem Fachübersetzer dagegen wird auf Grund der Konventionsgebundenheit seines sprachlichen Materials die Differenzierungsarbeit weitgehend abgenommen.

Weil seine Texte sich auf eine nachprüfbare, konkrete Realität beziehen, gibt es für den Fachübersetzer klare Qualitätskriterien. Der Weg zur „guten" Fachübersetzung mag schwierig sein, aber er ist vorgezeichnet. Für die allgemeinsprachliche Übersetzung fehlen diese konkreten Kriterien, es fehlt der Bezug auf eine nachprüfbare, außersprachliche Realität; der Übersetzer ist darauf angewiesen, daß seine internalisierte Kontrollinstanz, sein sprachliches Differenzierungsvermögen, ihn vor Fehlern schützt. Insofern ist seine Aufgabe schwieriger (vgl. WILSS 77, S. 148ff., KOLLER 78, 65ff. sowie unsere Kapitel V und X).

5 STIMMT NICHT

Hier ist zunächst der Hinweis angebracht, daß das Begriffspaar „wörtliche – freie" Übersetzung in sehr vielen Verkleidungen auftreten kann. Häufig finden sich diese in der Übersetzungskritik, besonders bei der Korrektur von Übungsarbeiten: „Zu wörtlich" bzw. „zu frei" kann dann auftauchen als „Bleiben Sie näher am Text!", „Das steht doch gar nicht da!", „Das ist doch kein Deutsch!", „So sagt man aber bei uns nicht!" usw.

Auch hinter der beliebten Differenzierung zwischen „stilistischen" und „inhaltlichen" Fehlern verbirgt sich sehr gerne das Urteil „zu frei" bzw. „zu wörtlich". Es ist ganz zweifellos ein sehr weit verbreitetes Instrument zur Beurteilung von Übersetzungen. Daran kann auch die Tatsache nichts ändern, daß es einer vor-theoretischen und unwissenschaftlichen Betrachtungsweise angehört.

Reduziert man diese Betrachtungsweise auf ihre Grundlagen, so lassen sich folgende falsche Annahmen isolieren:

- Ein Wort hat eine Grund- oder Kernbedeutung.
- Sie ist zu erschließen aus der etymologischen Herkunft des Wortes oder der „konkreten" Referenz des Wortes.
- Beim Übersetzen geht es darum, jeweils ein Wort zu finden, das sich möglichst kongruent zu dem ausgangssprachlichen Wort verhält: in seiner „Bedeutung", aber auch in Wortart, Wortlänge und Wortklang.
- Eine „ideale" Übersetzung wäre auf dieser Grundlage etwa: „Der Schuh ist braun"
"The shoe is brown".

  Bei dem Satz „Der Mann ist blau" würde man unter diesen Voraussetzungen von der Notwendigkeit einer „freien" Übersetzung reden.

Es dürfte klar sein, daß eine solche Betrachtungsweise sich mit unserer kommunikativen Sprachbetrachtung überhaupt nicht vereinbaren läßt (vgl. besonders unser Kapitel III, aber auch die Kapitel VII und X).

Weitere – zum Teil überraschende – Ausführungen zu „wörtlicher" und „freier" Übersetzung finden sich bei ALBRECHT 1973 51ff., CATFORD 1965 und WILSS 1977: VIII.

6 STIMMT NICHT

Bei der Beantwortung dieser Frage können wir an die Argumentation bei der Beantwortung der 5. Frage anschließen: Auch das Wörterbuch kann keine „Grund-" oder „Kernbedeutungen" festlegen.

Vielmehr werden im zweisprachigen Wörterbuch dem ausgangssprachlichen Wort zielsprachliche Wörter zugeordnet, die unter bestimmten kommunikativen Voraussetzungen dafür eintreten können. Die Anordnung richtet sich dabei meistens nach der statistischen Häufigkeit: Zuerst werden die zielsprachlichen Wörter aufgeführt, die erfahrungsgemäß besonders häufig in Frage kommen.

Damit kann – und soll – jedoch keine Entscheidung darüber getroffen werden, welches Wort dem ausgangssprachlichen nun „am besten" oder „am wörtlichsten" entspricht. Ausschlaggebend für die Selektion des jeweils richtigen Worts kann deshalb auch nicht die Orientierung nach der Häufigkeit sein, sondern die Entsprechung der kommunikativen Voraussetzungen.

So gesehen ist ein Wörterbuch desto brauchbarer für den Übersetzer, je präziser es diese kommunikativen Voraussetzungen definiert: Durch (authentische) Belegstellen und durch Anmerkungen wir *formal, slang, colloquial,* die Hinweise auf die Situation geben, in der dieses Wort Verwendung findet. Diese differenzierten Hinweise sind im einsprachigen Wörterbuch präziser und häufiger, als im zweisprachigen (vgl. unsere Kapitel III und VIII).

7 STIMMT NICHT

Beginnen wir mit einer banalen Tatsache: Wenn ein Text – etwa aus dem Englischen – übersetzt wird, dann geschieht dies zum Nutzen von Leuten, die kein (oder zuwenig) Englisch verstehen. Durch den Übersetzer soll ihnen der fremdsprachliche Text verständlich gemacht werden.

Was verständlich bedeutet, läßt sich nur aus der jeweiligen Interessenlage des Adressaten der Übersetzung ableiten. Es kann durchaus verständlich genug sein, wenn der Übersetzer einen streng fachlichen Vortrag für einen bestimmten Kreis von Adressaten popularisiert. Streng genommen wird er dadurch sogar erst verständlich.

Verständlich machen heißt jedoch keineswegs soviel wie vereinfachen. Vorstellbar wäre durchaus auch der Fall, wo ein Patient seine subjektiven Beschwerden schildert, und der Übersetzer diese für Mediziner einer fachsprachlichen Ausdrucksweise annähert.

Auch – unmotivierte, unwillkürliche und unbeabsichtigte – Verstöße gegen die Normen der Ausgangssprache müssen unter diesem Gesichtspunkt der Kommunikation mit dem Adressaten der Übersetzung beurteilt werden: Wenn ein türkischer Gastarbeiter vor Gericht seine Aussage zu einem Verkehrsunfall macht, dann wird der Dolmetscher nicht versuchen, die dialektgebundene, „fehlerhafte" Verwendung der Muttersprache in seiner Übersetzung nachzuahmen.

Einen Text übersetzen heißt, den Kreis seiner Adressaten erweitern, ihn also für andere als die „Original-Empfänger" verständlich zu machen. Wie verständlich – besser gesagt: wie differenziert – eine Übersetzung sein muß, läßt sich nur aus der Funktion des ZS-Textes für seine Adressaten ableiten. Eine absolute – vom Kommunikationspartner losgelöste – Verständlichkeit gibt es nicht, und deshalb wird der Komparativ „verständlicher" der Sache nicht gerecht (vgl. REISS 1976 und unser Kapitel V).

8 STIMMT NICHT

Auch bei dieser Behauptung ist letztlich eine „wörtliche" Übersetzung der Ausgangspunkt. Denn nur wenn ein Wort des AS *einem* Wort der ZS zugeordnet wäre, könnten wir von einer solchen Reversibilität des Übersetzungsvorgangs ausgehen.

Da diese Voraussetzungen jedoch nicht gegeben sind, stellt der Fall der „totalen Rückübersetzbarkeit" nicht ein Ideal, sondern einen Ausnahmefall dar.

No Smoking = Rauchen verboten! oder *Quiet, please = Ruhe bitte!* sind Beispiele für solche Ausnahmefälle. Der Grund für die totale Kongruenz dieser Ausdrücke liegt darin, daß sie jeweils in einer genau definierbaren Situation gebraucht werden, wobei das Verhältnis zwischen Sender und Empfänger eindeutig und standardisiert ist.

Da diese Voraussetzungen – normierte Situationen, konventionsgebundenes Verhältnis zwischen Sender und Empfänger – eher die Ausnahme darstellt, ist auch die totale Rückübersetzung ein Ausnahmefall. Es leuchtet ein, daß ihr Vorkommen eng verknüpft ist mit der Verwendung textpragmatischer Konventionen. Texte dieser Art können jedoch keinesfalls als „Idealfall" angesehen werden (vgl. KOLLER 1979: 89ff. und unser Kapitel III).

9 STIMMT NICHT
Wir hegen die Hoffnung, daß nach der Lektüre des ersten Teils unseres Buches die meisten Leser dieser Aussage nicht zustimmen. Und daß sie zeigen können, daß sie wissenschaftlich nicht haltbar ist. Die Argumentation wäre weitgehend eine Wiederholung dessen, was zur 6. Frage gesagt wurde.

Trotzdem bleibt der Sachverhalt bestehen, daß in der Tat das (zweisprachige) Wörterbuch als eine Art von Rückversicherung in den Übersetzungsvorgang einbezogen wird. Dieses Phänomen ist besonders bei Teilnehmern von „Übersetzungsübungen" zu beobachten. Sie fühlen sich in der AS-Sprache unzureichend kompetent, und glauben deshalb, ihre Kompetenz durch häufiges Heranziehen des Wörterbuchs verbessern zu können.

Soweit dies bei den sogenannten „unbekannten" Wörtern geschieht, ist dieses Verfahren einigermaßen sinnvoll (obwohl durchaus zu erwägen ist, ob das einsprachige Wörterbuch hier nicht bessere Dienste leisten kann – vgl. Kapitel: *Die Tücken der Wörter*).

Häufig wird aber versucht, die „hier gemeinte" kommunikative Funktion eines Wortes dem zweisprachigen Wörterbuch zu entnehmen. In diesen Fällen ist das Wörterbuch ein unzureichendes – manchmal auch geradezu gefährliches – Hilfsmittel. Eine Besinnung auf die kommunikativen Komponenten des Textes führt hier wesentlich sicherer zum Ziel (vgl. DILLER/KORNELIUS 78: 1ff. und unser Kapitel II).

10 STIMMT NICHT
Wörter sind an sich nicht übersetzbar – sei sei denn, sie stellen eine Äußerung vom Typ: „Hilfe!", „Idiot" oder „Feuer" dar. Der Unterschied zwischen einem Wort wie z.B. *Stuhl* und dem Wort *gemütlich* oder *gentleman* liegt lediglich darin, daß das Bedeutungspotential von Stuhl kleiner ist und sich auf ein konkretes Objekt bezieht, während *gemütlich* und *gentleman* breitgefächerte Bedeutungspotentiale haben, die nicht auf Konkreta hinweisen und außerdem durch ihre soziokulturelle Einbettung aus der Sicht einer fremden Sprache und Kultur „befremdender" erscheinen.

Für alle Wörter gilt jedoch, daß sie ihre aktuelle Bedeutung nur aus der Funktion erhalten, die sie innerhalb der Äußerung tragen, in der sie verwendet werden. Da diese Funktion in jedem Fall definiert werden kann, läßt sie sich auch – je nach Übersetzungsstrategie – erhalten oder sichtbar machen (vgl. WILSS 1977: 52ff. und KOLLER 1979: 134ff. sowie unser II. und IV. Kapitel).

11 STIMMT (SO) NICHT
Mit dem Vorwurf der Subjektivität der Bewertungsmaßstäbe muß sich jeder auseinandersetzen, der Übersetzungskritik betreibt, oder nach den wissenschaftlichen Grundlagen der Übersetzungstheorie sucht.

Daß der Vorwurf der Subjektivität des Urteils soviel Gewicht hat, verdanken wir einer Situation, die einigermaßen paradox ist:

Einerseits wird behauptet, bei der Kritik von Übersetzungen gäbe es letztlich nur subjektive Urteile, andererseits wird gerade von den Vertretern dieses Standpunkts eine übersetzungstheoretische Fundierung als „zu abstrakt" oder zu wenig praxisbezogen" abgelehnt.

Das Beweismaterial für subjektive Maßstäbe finden diese Kritiker deshalb vorzugsweise bei den Kommentatoren einer Übersetzung, die entweder keine Theorie haben oder sich nicht zu ihr bekennen.

Natürlich gibt es die *einzig richtige* Übersetzung nicht – aus dem gleichen Grund (vgl. oben, 8), aus dem es keine kongruente Rückübersetzung geben kann.

Es ist nicht die Aufgabe der Übersetzungskritik, eine Version gegen alle anderen als die „korrekteste" durchzusetzen. Sie muß vielmehr in der Lage sein zu zeigen, wodurch sich alle akzeptablen Versionen von nicht akzeptierbaren unterscheiden.

Mit unserem Verfahren der notwendigen Differenzierung haben wir einen methodischen Weg zu diesem Ziel gezeigt: Wie schon der Ausdruck *notwendige* Differenzierung zeigt, gibt es eine Vielzahl von möglichen Verbalisierungen, die diesem Kriterium genügen. Andererseits aber werden Verstöße gegen die kommunikative Funktion des ZS-Textes mit diesem Instrument an jeder Stelle erkennbar – sie können identifiziert und nachgewiesen werden.

Damit scheint uns dem „subjektiven" Element bei der Übersetzung ausreichend und an der richtigen Stelle Raum gegeben zu sein: Die Variationsbreite der möglichen und dabei akzeptablen Versionen liegt nicht in der Relativität des kritischen Maßstabs begründet, sondern in der Redundanz des sprachlichen Zeichensystems (vgl. KOLLER 1979: 134ff., WILSS 1977: 279ff., unsere Kapitel V und X).

LÖSUNGSVORSCHLÄGE VI

Lösungsvorschlag zu Aufgabe 1

Relevant ist vor allem der Faktor Vertrautheitsgrad. *My dear fellow* impliziert einen hohen Vertrautheitsgrad. (Bei einer Anrede wie *Mr. Legrand* z.B. wäre der Vertrautheitsgrad wesentlich geringer.) Die soziale Relation ist gleich zu gleich. (*Sir* würde z.B. die Relation tiefer zu höher implizieren.) Bezüglich des Faktors Zeit ist die Anrede zwar nicht differenziert, doch sollte man diesen Faktor im Hinblick auf die Übersetzung ins Deutsche im Auge behalten.

Die Funktion der Anrede besteht darin, eine leichte Mißstimmung des Gesprächspartners zu beseitigen. Der Erzähler hatte sich erlaubt festzustellen, Legrand sei wohl kein großer Künstler, worauf Legrand leicht verärgert daran erinnerte, daß er immerhin guten Zeichenunterricht genossen habe. Indem der Erzähler nun die Anrede *my dear fellow* gebraucht, verleiht er dem engen Vertrautheitsgrad zwischen ihm und Legrand sprachlichen Ausdruck und appelliert damit sozusagen an die gegenseitige Freundschaftsbeziehung.

Die Übersetzung berücksichtigt nicht nur die situativen Faktoren in keiner Weise, sondern ist grundsätzlich als Anredeform völlig ungeeignet. Es gibt im Deutschen keine Situation, in der die Anrede „mein lieber Kerl" üblich ist. Die Wortkombination „lieber Kerl" ist nur in Feststellungen über Dritte üblich, z.B. „Er ist ein lieber Kerl".

Welche Anrede wäre im Deutschen situationsentsprechend? Normalerweise würde man hier wohl den Vornamen benützen. Diese Anrede ist hier jedoch nicht möglich, denn im vorliegenden Text nennt der Erzähler seinen Freund beim Nachnamen (Z. 4). Wir schlagen die Übersetzungen „mein lieber Legrand", „mein Lieber" oder „lieber Freund" vor. Sie sind zwar heutzutage unüblich, passen aber in die Zeit vor 200 Jahren und verleihen dem Text damit historisches Kolorit.

Lösungsvorschlag zu Aufgabe 2

Die Anrede „Euer Ehren" ist heute veraltet. Sie war früher üblich und brachte die soziale Relation „tiefer zu höher" zum Ausdruck. Früher paßte sie wohl auch zum Verwendungsbereich „Gericht", „Rechtssprache". Die Frau berücksichtigt in ihrer Anrede den Faktor

Zeit nicht, und damit wirken diese Worte unangemessen und tragen auch den anderen beiden genannten situativen Faktoren nicht Rechnung.

Die eigentlich interessante Frage lautet hier jedoch: Ist bereits die Synchronisation unangemessen oder erst die Anrede der jungen Frau? Die Anrede „Euer Ehren" in der Filmsynchronisation ist angemessen. Sie darf ruhig seltsam und „fremdländisch" klingen, denn in Krimis spielt normalerweise der englische bzw. amerikanische Hintergrund eine nicht unerhebliche Rolle. Er schafft „Atmosphäre". So werden z.B. auch ausländische Namen nicht eingedeutscht und Anredeformen wie *Miss, Mrs, sir* übernommen. Mit anderen Worten: Die Krimis werden nicht in die deutsche Soziokultur eingebettet.

Der Fehler passierte, als die Fernseh-Zuschauerin die Anredeform in einer deutschen Gerichtsverhandlung gebrauchte. Hier hat eine ausländisch klingende Form keine vernünftige Funktion und wirkte daher, wie aus der Zeitungsnotiz hervorgeht, höchst überraschend, wenn nicht gar befremdlich. Mit anderen Worten: Der Fehler bestand darin, daß die Frau die formale Entsprechung der englischen Anredeform auf die deutsche Soziokultur übertrug.

LÖSUNGSVORSCHLÄGE VII

Lösungsvorschlag zu Aufgabe 1

(1)
Als Analysemethode empfiehlt es sich hier, das Verhältnis der Propositionen der beiden Äußerungen zueinander zu bestimmen. Zunächst ist ganz allgemein die Rede von viel Geld, dann wird genau gesagt wieviel es war. Die Propositon der ersten Äußerung steht also zur Proposition der zweiten Äußerung im Verhältnis Feststellen zu Präzisieren. *Actually* ist damit Illokutionsindikator des Sprechakts Präzisieren. Eine Substitution von *actually* durch die performative Wendung *to be precise* bestätigt unsere Analyse:

He earned a lot of money last year; £ 20 000, *to be precise.*

(2)
In der zweiten Äußerung wird der ersten etwas hinzugefügt, was zwar thematisch mit ihr in einem Zusammenhang steht, sie jedoch nicht präzisiert. Daß es sich um den Sprechakt Hinzufügen handelt, läßt sich wiederum durch eine Substitution explizit machen:

We are in for a pay rise. *Let me add that* I am too.

(3)
Die Äußerung von A ist eine Bitte um Erlaubnis, die von B eine Erlaubnis. Eine Substitution mit performativem Verb ergibt:

A: *I request you to allow me to* go to the pictures tonight.

B: *I allow you to* go to the pictures.

Die Illokution der Äußerung von A können wir uns auch durch eine Kontrastierung verdeutlichen. Bei Anwendung des Reduktionstests erhalten wir

A: I go to the pictures tonight.

Durch *may* wird die Feststellung in eine Bitte verwandelt.

(4)
Hier zeigt *may* einen anderen Sprechakt an. Eine Substitution wie in (3) würde die Illokution der Äußerung im vorliegenden Kontext verändern:

John is very busy these days. *I allow him to* come to the party though.

Diese Illokution würde außerdem gar nicht in den Kontext passen, denn der Sprecher befindet sich nicht in einer Situation, in der er John eine Erlaubnis erteilen könnte. Kontextentsprechend ist dagegen die Interpretation der Äußerung als Vermutung. Die Illokution bleibt erhalten, wenn wir substituieren:

John is very busy these days. He will come to the party though, *I suppose.*

(5)
Should ist Illokutionsindikator des Sprechakts Vorschlagen, denn die explizite Substitution würde in diesem Kontext so aussehen:

It's late. *I suggest (that)* we leave now.

Die Illokution ließe sich hier auch gut durch einen Bericht über das sprachliche Geschehen deutlich machen.

He/she said that it was late and *suggested* that we should leave.

(6)
Eine Substitution wie in (5) ergibt hier keinen Sinn:

It's ten o'clock. *I suggest that* he be home by now.

Im Kontext sinnvoll ist folgende Substitution:

It's ten o'clock. *I suppose/I am pretty sure that* he is home by now.

Es handelt sich hier also um eine Vermutung, und zwar mit hohem Wahrscheinlichkeitsgrad. *Might* würde z.B. einen geringeren Wahrscheinlichkeitsgrad zum Ausdruck bringen.

Lösungsvorschlag zu Aufgabe 2

Die Illokution des Sprechakts läßt sich ganz allgemein so beschreiben: Sowohl im Englischen als auch im Deutschen soll der Leser dazu gebracht werden, etwas nicht zu tun. Diese Illokution ist in der Übersetzung erhalten geblieben. Die Frage ist jedoch, ob dies ausreicht. Was nicht erhalten blieb, ist die situative Angemessenheit. Vorrangig relevante Faktoren sind hier die soziale Relation und der Vertrautheitsgrad zwischen Sender und Empfänger (vgl. S. 66f.). Der Sender ist dem Empfänger aufgrund seiner Autorität, die sich auf eine Institution (US Military Forces) gründet, übergeordnet, und der Vertrautheitsgrad ist, da der Sender den Empfänger ja nicht kennen kann, sehr gering. Diese Faktoren sind in der deutschen Übersetzung nicht genügend berücksichtigt. Die persönliche Anrede („Sie") entspricht nicht dem geringen Vertrautheitsgrad, und ob der Imperativ das Verbot für deutsche Leser genügend explizit macht, ist fraglich. Der Deutsche erwartet die Formulierung

Überschreiten der Geleise verboten.

Diese Formulierung wird in solchen Situationen fast ausnahmslos gebraucht. Derartiges ist auf Verbotstafeln üblich. Man vergleiche: „Betreten der Baustelle/des Grundstücks/des Rasens usw. verboten". Es handelt sich hier durchaus um eine Konvention, und da konventionelle Formulierungen konstitutiv für Textsorten sind (vgl. S. 49), kann man hier in der Tat von einer Textsorte sprechen. Im allgemeinen Sprachgebrauch spiegelt sich dies in der Bezeichnung „Verbotstafel". Nur wenn die Übersetzung die Textsortenkonventionen beachtet, ist sie hier ausreichend differenziert, und nur dann hat die Tafelaufschrift mit Sicherheit die Illokution „Verbot". Die Formulierung „Überschreiten Sie nicht die Geleise" wird vom Leser möglicherweise gar nicht als Verbot, sondern als Bitte, als Vorschlag oder als guter Rat verstanden, und es ist sehr die Frage, ob er es dann nicht doch riskiert, über die Geleise zu gehen.

Lösungsvorschlag zu Aufgabe 3

Welchen Sprechakt leitet *anyway* ein? Wormold hat bereits von seiner finanziellen Lage gesprochen und kommt nun wieder darauf zurück. Man könnte den Sprechakt, den er hier vollzieht, als „Thema wiederaufnehmen" bezeichnen. Folgende Substitution ist dann möglich:

Milly, what nonsense you talk. *To get back to the topic,* I'm not ruined yet.

Für diesen Sprechakt stehen im Deutschen Adverbien und Wendungen zur Verfügung wie „jedenfalls", „wie dem auch sei", „immerhin". Das Adverb „außerdem" in der vorliegenden Übersetzung indiziert den Sprechakt Hinzufügen. Wie ist die Illokutionsveränderung gegenüber dem Original zu beurteilen? Wormold versucht, Milly klarzumachen, warum sie nicht bei Señor Perez Hauslehrerin werden kann. Sein erstes Argument lautet: *He's living with his fourth wife, you're a catholic.* Als Milly versucht, dieses Argument zu entkräften, führt er ein weiteres Argument an: *I am not ruined yet.* Entscheidend für den Dialog ist, daß Wormold noch dieses weitere Argument hat. Letztlich nicht entscheidend ist, ob er bereits darüber gesprochen hat oder nicht. Die Funktion seiner Äußerung als weiteres Argument im Gesamtzusammenhang des Dialogs wird durch „außerdem" genau genug zum Ausdruck gebracht. Gemäß dem Prinzip des notwendigen Differenzierungsgrads ist also gegen die Übersetzung nichts einzuwenden, obwohl der Sprechakt verändert wurde.

LÖSUNGSVORSCHLÄGE VIII

Lösungsvorschlag zu Aufgabe 1

In einsprachigen Lexika finden sich unter *bustle* folgende Definitionen:

DCE: to be busy, often with much noise: *She is bustling about the house.*
ALD: (cause to) move quickly and excitedly: *Tell him to bustle,* hurry. *Everyone was bustling about/in and out,* appearing to be very busy.

Welche Seme werden im vorliegenden Kontext aktualisiert? Mrs. Sappleton hat ihren Besuch warten lassen, vermutlich weil sie gerade noch etwas zu tun hatte, oder dies zumindest vorgab. Dadurch und im Zusammenhang mit der Textstelle *with a whirl of apologies* kommt es zu einer Aktualisierung des Sems ⟨+ busily⟩.

Die in der Übersetzung gewählte Wendung „. . . gestürmt kam" enthält in erster Linie das Sem ⟨+ große Geschwindigkeit⟩. Die Aktualisierung dieses Sems wirkt hier geradezu komisch. Eine nicht mehr junge, offensichtlich auf Etikette und gutes Benehmen bedachte Dame „stürmt" niemals in ein Zimmer, schon gar nicht, wenn Besuch da ist, sondern kommt höchstens eilig oder geschäftig herein. Letzteres wäre eine mögliche Übersetzung von *bustled,* also

> . . . als die Tante endlich unter einem Schwall von Entschuldigungen, weil sie so spät erschiene, geschäftig (eilig) ins Zimmer kam (das Zimmer betrat).

Lösungsvorschlag zu Aufgabe 2

Der für die Monosemierung von *speak* und *talk* entscheidende Kontext ist zunächst einmal die Gegenüberstellung der beiden Wörter selbst: *She doesn't speak – she talks.* Es müssen hier offensichtlich Sememe aktualisiert werden, die im Gegensatz zueinander stehen. Entscheidend ist ferner die Gleichsetzung: *she talks – she communicates with her fingers in American Sign Language.*

Welche Sememe haben die beiden Wörter? Schauen wir uns die Definition im *Dictionary of Contemporary English* (DCE) an.

speak: 1 to say things; express thoughts aloud; use the voice; talk: *Don't speak with your mouth full of food. / to speak to a friend in the street . . .*

2 to express thoughts, ideas, etc. in some other way than this: *The book speaks of the writer's childhood. / Actions speak louder than words. Everything at the party spoke of careful planning.*

talk: 1 to use human words; have the power of speech; produce words; speak: *Human beings can talk; animals can't.*

. . . . .

4 to express thoughts as if by speech: *People who cannot speak or hear can talk by using signs.*

Die jeweiligen Definitionen unter 1 zeigen, daß *speak* und *talk* zumindest in einer ihrer Bedeutungen übereinstimmen. Anders gesagt: sie haben zumindest ein Semem gemeinsam. Für unseren Kontext müssen wir jedoch ein Semem suchen, in dem sich die beiden Wörter unterscheiden. In diesem Zusammenhang ist die Definition 4 von *talk* interessant. Aus ihr geht hervor, daß *talk* eine potentielle Bedeutung (ein Semem) hat, in der das Merkmal (Sem) ⟨gesprochen⟩ oder ⟨mittels der menschlichen Stimme⟩ nicht enthalten ist. Zwar sieht es zunächst so aus, als käme Definition 2 von *speak* hier ebenfalls in Frage, doch aus den Beispielen, die sich an die Definition anschließen, geht hervor, daß das unter 2 definierte Semem von *speak* nur in Verbindung mit unbelebten Subjekten aktualisiert wird. Der Unterschied zwischen *speak* und *talk* besteht also darin, daß *speak,* wenn es von Menschen gesagt wird, immer eine Bedeutung hat, zu der gehört, daß dieser Vorgang mittels der Stimme, der Sprechwerkzeuge vor sich geht. *Talk* dagegen kann auch eine Bedeutung haben, zu der gehört, daß die sprachliche Äußerung nicht mit den Sprechwerkzeugen, sondern mit anderen Mitteln vollzogen wird. Genau dies geht aus dem Kontext hervor. Im folgenden Satz des englischen Textes lesen wir, daß Moja nicht ihre Stimme, sondern ihre Finger als Mittel des sprachlichen Ausdrucks benützt. Das Sem ⟨gesprochen⟩ oder ⟨Stimme⟩ ist also für unseren Text höchst relevant, denn indem es konkretisiert bzw. nicht konkretisiert wird, wird die für diese Textstelle entscheidende Information vermittelt.

Der notwendige Differenzierungsgrad ist in der Übersetzung erreicht, wenn die Seme ⟨+gesprochen⟩ bzw. ⟨–gesprochen⟩ vom ZS-Leser aktualisiert werden können. In der Übersetzung A ist dies nicht der Fall, denn die beiden Wörter „sprechen" und „reden" unterscheiden sich, wenn sie nicht weitere Zusätze erhalten, durch das Merkmal ⟨gesprochen⟩ nicht. In der Übersetzung B wird diese Unterscheidung durch einen Zusatz zum Ausdruck gebracht: „sie spricht eine unhörbare Sprache", und als nächstes folgt dann eine weitere Präzisierung: „sie gebraucht die amerikanische Zeichensprache". Die Übersetzung B ist die bessere, denn sie konkretisiert das in diesem Kontext relevante Sem.

Lösungsvorschlag zu Aufgabe 3

Semantisch nicht ausreichend differenziert ist die Übersetzung des Wortes *education* (Z. 10). *Education* hat die potentiellen Bedeutungen (nach dem DCE):

1 (the results of) teaching or the training of mind and character: *She has a good education* 2 a field of knowledge dealing with how to teach effectively: *He trained to be a teacher at a college of education.*

Daß in unserem Text Semem 1 aktualisiert wird, ist aufgrund des Kontexts (es geht ja nicht um Pädagogik) offensichtlich. Um Semem 1 im Deutschen vollständig wiederzugeben, könnte man eine Kombination von Wörtern benützen; z.B. „Erziehung, Ausbildung und Bildung". Auf welchen der drei Aspekte kommt es aber hier an? Das Erstaunliche an Paddy Devereaux ist, daß er es ohne *education* sehr weit gebracht hat: er fährt einen großen Mercedes und ist Millionär. Der Gegensatz zwischen seinen persönlichen Voraussetzungen und seinem Erfolg wird durch „Erziehung" nicht zum Ausdruck gebracht. Normalerweise braucht man heutzutage eine gute berufliche Ausbildung, um im Leben erfolgreich zu sein. Diese Voraussetzung hat Paddy Devereaux nicht. Eine Übersetzung wie „Er hat . . . keine Berufsausbildung . . . " wäre hier also ausreichend differenziert.

LÖSUNGSVORSCHLÄGE IX

1. Bedeutungsbeziehungen

Lösungsvorschlag zu Aufgabe 1

Das Stichwort für die logische Relation ist hier *nevertheless,* das ein konzessives Verhältnis zum Ausdruck bringt. Die Partizipialkonstruktion „enthält einen Gegengrund zu dem im Trägersatz genannten Sachverhalt. Dieser Grund reicht jedoch nicht aus, um den im übergeordneten Satz genannten Sachverhalt zu beeinflussen.“ (Duden Grammatik 1973: 579). Diese Relation läßt sich durch Konjunktionalsätze wiedergeben, die durch „obgleich, obwohl, wenn auch, zwar“ u.a. eingeleitet werden, also etwa

> Obwohl sie von der Mormonenkirche exkommuniziert wurden, betrachten sich die Polygamisten dennoch als die einzig wahren Jünger des Kirchengründers und ersten Propheten Joseph Smith.

Lösungsvorschlag zu Aufgabe 2

Die Partizipialkonstruktion bezieht sich nicht nur auf das vorausgehende Wort wie in der Übersetzung, sondern auf den ganzen vorausgehenden Satz. Dann ergibt sich folgender Sinnzusammenhang: Da die Familien kein Eigentum besitzen, sind sie finanziell an die Kirche gebunden und somit kaum in der Lage, sich selbständig zu machen und die Stadt zu verlassen. Die Partizipialkonstruktion steht zum Bezugssatz im Verhältnis Folge – Ursache. Die Satzteile sind also durch eine kausale Relation miteinander verbunden.

Die kausale Relation muß hier explizit gemacht werden. Es genügt hier nicht, die beiden Satzteile z.B. mit „und“ zu verknüpfen und zu übersetzen

> Alles ... gehört der Kirche und wird von den Kirchenältesten ... verteilt, und es wird jedem schwergemacht, die Stadt zu verlassen, selbst wenn er es wollte.

Denn dann könnte man den Satz auch anders interpretieren; etwa so, daß die Kirchenältesten durch zusätzlichte Repressalien versuchen, die Leute am Wegziehen zu hindern. Diese

Fehlinterpretation muß ausgeschlossen werden.

Möglich sind hier Übersetzungen durch Konjunktionalsätze bzw. Hauptsätze, die mit „da", „weil", „dadurch" u.a. eingeleitet sind, also z.B.

> Alles . . . gehört der Kirche und wird von den Kirchenältesten verteilt. Dadurch wird es jedem schwer gemacht, die Stadt zu verlassen.

2. Im Brennpunkt

Lösungsvorschlag zu Aufgabe 1

Der Fokus des englischen Satzes liegt auf *a superstar of today – Paul Newman . . .* Der Endfokus wird durch eine in diesem Fall im Englischen mögliche Umkehrung der normalen Wortstellung erzielt. Statt der Wortfolge SPO *(Paul Newman, complete with . . . is playing this superstar of yesterday)* erscheint hier die Wortfolge POS.

Der Satz der Übersetzung hat die normale Wortfolge SPO. Dadurch ergibt sich eine Fokus-Veränderung. Der Fokus liegt nun auf „Superstar von gestern".

Ist diese Fokusveränderung im Rahmen des notwendigen Differenzierungsgrades akzeptabel? Im englischen Text wird der Hauptdarsteller des Films, Paul Newman, vorgestellt. Er wird in den Mittelpunkt gerückt. Sein Name und sein Aussehen in der Rolle als Buffalo Bill sind die neue Information. Paul Newman hat hier sozusagen seinen Auftritt. Er ist der Star. Dies wird durch den Endfokus des englischen Satzes erreicht.

Im entsprechenden Satz der Übersetzung steht nicht Paul Newman, der Superstar von heute, sondern Buffalo Bill, der Superstar von gestern, im Mittelpunkt. Der Zweck des Textes, nämlich die Präsentation des Hauptdarstellers ist damit verfehlt. Die Übersetzung ist also an dieser Stelle nicht ausreichend differenziert. Die Fokussierung des englischen Satzes muß erhalten bleiben, und eine Übersetzung könnte lauten:

> . . . Den Superstar von gestern spielt ein Superstar von heute – Paul Newman, der mit wehenden Locken, gedrehtem Schnurrbart und kurzgeschnittenem Kinnbart ganz echt wirkt.

Lösungsvorschlag zu Aufgabe 2

Durch eine *clefting*-Konstruktion erhält der Satzteil *discover the laws according to which human and animal behaviour takes place* einen Kontrastfokus. Der implizierte Kontrast ließe sich etwa so beschreiben: Die Aufgabe des Psychologen besteht nicht darin, herauszubekommen, was die Leute jeweils gerade denken, sondern darin, die Gesetzmäßigkeiten des menschlichen und tierischen Verhaltens zu erforschen. Der Kontrastfokus hat hier eine wichtige Aufgabe: Durch ihn wird deutlich unterstrichen, worum es in der Psychologie geht, und dadurch werden zugleich falsche Vorstellungen beseitigt. Er sollte also eine Entsprechung in der Übersetzung finden. Nur dann ist die Übersetzung ausreichend differenziert.

Eine formale Entsprechung der *clefting*-Konstruktion ist in diesem Fall im Deutschen sehr unüblich (vgl. Beispiel 11). Es empfiehlt sich, hier lexikalische Mittel zur Fokussierung zu verwenden, z.B.

> Er versucht vielmehr (Er versucht nichts anderes als) die Gesetzmäßigkeiten zu erforschen, die dem menschlichen und tierischen Verhalten zugrunde liegen.

LITERATURVERZEICHNIS

Albrecht, Jörn (1973): *Linguistik und Übersetzung* (= Romanistische Arbeitshefte 4), Tübingen.

Austin, J.L. (1962): *How to do Things with Words,* Oxford.

Blanke, Gustav H. (1973): *Einführung in die semantische Analyse* (= Hueber Hochschulreihe 15), München.

Blanke, G.H./Kußmaul, P. (1977): "Politics and Politician in American English", in: *Lebende Sprachen* 1/1977: 8–12.

Carstensen, Broder (1969): „Grammatik und Wörterbuch. Kriterien zur Abgrenzung syntaktischer und semantischer Information", in: *Neusprachliche Mitteilungen* 1, 1969: 8–17.

Catford, J.C. (1965): *A Linguistik Theory of Translation. An Essay in Applied Linguistics.* London.

Chafe, Wallace L. (1976): "Givenness, Contrastiveness, Definiteness, Subjects, Topics, and Point of View" in: Charles N. Li (Hrsg.): *Subject and Topic*, New York, 25–55.

Crystal, David/Davy, Derek (1969): *Investigating English Style,* London.

Dictionary of Contemporary English (DCE) (1978), London.

Diller, Hans-Jürgen / Kornelius, Joachim (1978): *Linguistische Probleme der Übersetzung* (= Anglistische Arbeitshefte 19), Tübingen.

Duden. Grammatik der deutschen Gegenwartssprache (1973), Mannheim.

Duden. Stilwörterbuch der deutschen Sprache 1963, Mannheim.

Enkvist, Nils Erik (1978): "Contrastive Text Linguistics and Translation" in: L. Grähs, G. Korlén, B. Malmberg (Hrsg.): *Theory and Practice of Translation* (=Nobel Symposium 39), Bern, 169–188.

Erben, Johannes (1980): *Deutsche Grammatik. Ein Abriß,* München.

Friederich, Wolf (1969): *Technik des Übersetzens. Englisch und Deutsch.* München.

Güttinger, Fritz (1963): *Zielsprache.* Theorie und Technik des Übersetzens. Zürich.

Habermas, Jürgen (1972): „Vorbereitende Bemerkungen zu einer Theorie der kommunikativen Kompetenz", in: Horst Holzer, Karl Steinbacher (Hrsg.): *Sprache und Gesellschaft,* Hamburg.

Hönig, Hans G. (1976): „Zur Analysephase beim Übersetzen aus der Fremdsprache", in: Horst W. Drescher, Signe Scheffzek (Hrsg.), *Theorie und Praxis des Übersetzens und Dolmetschens,* Bern, 48–59.

Hörmann, Hans (1976): *Meinen und Verstehen. Grundzüge einer psychologischen Semantik,* Frankfurt am Main.

House, Juliane (1977): *A Model for Translation Quality Assessment,* Tübingen.

Hüllen, Werner (1976): *Linguistik und Englischunterricht 2,* Heidelberg.

Koller, Werner (1972): *Grundprobleme der Übersetzungstheorie.* Unter besonderer Berücksichtigung schwedisch-deutscher Übersetzungsfälle, Bern und München.

Koller, Werner (1979): *Einführung in die Übersetzungswissenschaft,* Heidelberg.

Königs, Frank G. (1979): *Übersetzung in Theorie und Praxis: Ansatzpunkte für die Konzeption einer Didaktik der Übersetzung.* Bochum.

Kußmaul, Paul (1974): „Die Bedeutung von Texttypen, Normentsprechungen und Normabweichungen für das Übersetzen", in: *Lebende Sprachen* 3, 1974: 88–92.

Kußmaul, Paul (1977a): „Englische Modalverben und Sprechakte" in: *Neusprachliche Mitteilungen* 4, 1977: 202–207.

Kußmaul, Paul (1977b): „Auffordern im Englischen" in: *Kongreßberichte der 8. Jahrestagung der Gesellschaft für Angewandte Linguistik GAL e.V.* Mainz 1977, Stuttgart.

Kußmaul, Paul (1978a): „Kommunikationskonventionen in Textsorten am Beispiel deutscher und englischer geisteswissenschaftlicher Abhandlungen", in: *Lebende Sprachen* 2, 1978: 54–58.

Kußmaul, Paul (1978b): "In fact, actually, anyway . . . : Indikatoren von Sprechakten im informellen gesprochenen Englisch", in: *Die Neueren Sprachen* 3/4, 1978: 357–368.

Kußmaul, Paul (Hrsg.) (1980): *Sprechakttheorie. Ein Reader,* Wiesbaden.

Lamprecht, Adolf (1962): *Grammatik der englischen Sprache,* Berlin.

Lange, Klaus-Peter (1978): *Syntax und natürliche Semantik im Deutschen,* Tübingen.

Langenscheidts Großes Schulwörterbuch Englisch-Deutsch, Deutsch-Englisch (1977), Berlin.

Langenscheidts Enzyclopädisches Wörterbuch, Englisch-Deutsch, Deutsch-Englisch (1969), Berlin.

Leech, Geoffrey/Svartvik, Jan (1975): *A Communicative Grammar of English,* London.

Lyons, John (1971): *Introduction to Theoretical Linguistics,* Cambridge.

Neubert, Albrecht/Kade, Otto (1973): *Neue Beiträge zu Grundfragen der Übersetzungswissenschaft,* Leipzig.

Newmark, Peter (1973): "Twenty-three Restricted Rules of Translation", in: *The Incorporated Linguist,* Vol. 12, No. 1, 1973: 12–19.

Newmark, Peter (1979): "Sixty further Propositions on Translation (Part 2)", in: *The Incorporated Linguist,* Vol. 18, No. 2, 1979: 42–47.

Nida, Eugene A. (1974): "Semantic Structure and Translating" in: Wolfram Wilss, Gisela Thome (Hrsg.): *Aspekte der theoretischen, sprachenpaarbezogenen und angewandten Übersetzungswissenschaft II,* Heidelberg: 33–63.

Oxford Advanced Learner's Dictionary of Current English (1975), London. (ALD)

Pinchuk, Isadore (1977): *Scientific and Technical Translation,* London.

Quirk, Randolph/Greenbaum, Sidney (1976): *A University Grammar of English,* London.

Reiß, Katharina (1971): *Möglichkeiten und Grenzen der Übersetzungskritik,* München.

Reiß, Katharina (1976): *Texttyp und Übersetzungsmethode. Der operative Text,* Kronberg/Ts.

Reiß, Katharina (1977): „Textsortenkonventionen. Vergleichende Untersuchung zur Todesanzeige", in: *Le Langage et l'Homme* 35, 1977: 60–68 und 36, 1978: 46–54.

Rohdenburg, Günter (1974): „Äquivalenzprobleme bei sprachspezifischen Subjektivierungen und Objektivierungen", in: Wolfram Wilß, Gisela Thome (Hrsg.): *Aspekte der theoretischen, sprachenpaarbezogenen und angewandten Übersetzungswissenschaft,* Heidelberg.

Rundle, S. (1946): *Language as a Social and Political Factor in Europe,* London.

Sapir, Edward (1921): *Language.* An Introduction to the Study of Speech, New York.

Schmidt, Siegfried, J. (1973), *Texttheorie,* Heidelberg.

Searle, John R. (1965): "What is a speech act?" in: M. Black (Hrsg.): *Philosophy in America,* London, 221–239.

Searle, John, R. (1969): *Speech Acts. An Essay in the Philosophy of Language,* New York und London.

Seleskovitch, Danica (1976): „Interpretation. A Psychological Approach to Translating", in: R.W. Brislin (Hrsg.), *Translation. Applications and Research,* New York, 92–115.

Stein, Dieter (1980a): *Theoretische Grundlagen der Übersetzungswissenschaft,* Tübingen.

Stein, Dieter (1980b): „Korrespondenz in kontrastiver Lexik", in: *Linguistik und Didaktik* 2, 1980: 160–167.

The Concise Oxford Dictionary (COD) (1976), London.

Thome, Gisela (1980): „Die Aufforderung in der französisch-deutschen Übersetzung", in: Sven-Olaf Poulsen, Wolfram Wilß (Hrsg.), *Angewandte Übersetzungswissenschaft,* Arhus/Dänemark, 58–81.

Vermeer, Hans J. (1978): „Ein Rahmen für eine allgemeine Translationstheorie", in: *Lebende Sprachen* 3, 1978: 99–102.

Vermeer, Hans J. (1979): „Vom ‚richtigen' Übersetzen" in: *Mitteilungsblatt für Dolmetscher und Übersetzer* 4, 1979: 2–8.

Vermeer, Hans J. (1980): „Die Sitten des Staates, die zwei Übel verwüsteten – ein Kapitel angewandte Translationswissenschaft", in: *Linguistica Antverpiensia* XIV, 1980: 251–276.

Wahrig, Gerhard (1968), *Deutsches Wörterbuch,* Gütersloh.

Whorf, Benjamin L. (1956): *Language, Thought, and Reality,* Cambridge/Mass.

Wilss, Wolfram (1977): *Übersetzungswissenschaft. Probleme und Methoden,* Stuttgart.

Wilss, Wolfram (1978): „Syntaktische, semantische, textsortenspezifische und übersetzungsdidaktische Probleme der Wiedergabe von englischen Partizipialkonstruktionen (Pkn) im Deutschen", in: *Linguistik und Didaktik* 2 und 3, 1978: 207–232.

Wunderlich, Dieter (1972): „Zur Konventionalität von Sprechhandlungen", in: Dieter Wunderlich (Hrsg.): *Linguistische Pragmatik,* Frankfurt am Main.

Wunderlich, Dieter (1976), *Studien zur Sprechakttheorie,* Frankfurt.

REGISTER

A Sachregister

Bezeichnungen für Sprechakte und englische Begriffe erscheinen *kursiv*.

B Namenregister